曹操

从西园校尉到乱世枭雄

李金海 著

北京理工大学出版社
BEIJING INSTITUTE OF TECHNOLOGY PRESS

图书在版编目（CIP）数据

曹操：从西园校尉到乱世枭雄 / 李金海著.

北京 ：北京理工大学出版社，2025. 5.

ISBN 978 - 7 - 5763 - 5237 - 5

Ⅰ. K827=342

中国国家版本馆 CIP 数据核字第 2025Y12Z01号

责任编辑：芈 岚　　　　　文案编辑：芈 岚
责任校对：刘亚男　　　　　责任印制：李志强

出版发行 / 北京理工大学出版社有限责任公司
社　　址 / 北京市丰台区四合庄路6号
邮　　编 / 100070
电　　话 / （010）68944451（大众售后服务热线）
　　　　　（010）68912824（大众售后服务热线）
网　　址 / http：//www.bitpress.com.cn

版 印 次 / 2025 年 5 月第 1 版第 1 次印刷
印　　刷 / 天津睿和印艺科技有限公司
开　　本 / 880 mm × 1230 mm　1 / 32
印　　张 / 13.5
字　　数 / 320 千字
定　　价 / 82.00 元

序言

东汉末年，由于皇帝昏聩无能，导致外戚专权和宦官干政，政治腐败，朝廷卖官鬻爵、官场污浊不堪，贪官污吏横行，鱼肉百姓，致使民不聊生。走投无路的民众，只好揭竿而起，爆发了轰轰烈烈的黄巾起义。

此时的东汉王朝，已是摇摇欲坠，在政权生死危亡之时，只好将中央权力下放给各地的地方官府，允许其自主募兵和筹集钱粮，用来镇压农民起义。

黄巾起义虽然被镇压下去，但各地军阀却借机崛起，朝廷自此再也无力约束地方。从此，天下诸侯割据，东汉朝廷名存实亡，曹操正是在这场政治巨变中应时而生。

可以说是历史的大潮，将曹操推到了舞台的中央，同时，他也深刻改变了东汉后期及三国时期中国历史的走向。所谓时势造英雄，亦是英雄创时势。

自曹操去世之后的一千八百年来，关于他的争议，从来就没有停止过。纵观历史，曹操性格之复杂无人能出其右。他慷慨激昂，又阴险狡诈；他雍容大度，又睚眦必报；他招贤纳士，又杀戮名士；他一诺千金，又反复无常。总之，很难用一句话形容曹操的性格。

一个人性格的形成，与成长环境有莫大的关系。曹操出身宦官家庭，这使他不像传统士大夫子弟那般循规蹈矩，做人处事"任侠放荡"，不被传统主流社会的观念所约束。

曹操博览群书，他的诗词文章无论是在当时，还是在整个中国古代文学史中，皆是一流大家之作，与其子曹丕、曹植并称"建安三曹"。其诗风苍凉悲壮，冠绝一时。然而，终其一生，曹操最主要的身份还是政治家和军事家。

曹操善谋多断，对敌我双方力量的分析拿捏得十分到位，一步步从弱小发展至强大，直到剪除群雄、雄踞北方，为其子曹丕代汉奠定了坚实的基础。

曹操富有谋略且善于用势，能巧妙地借力，联合和利用对自己有用的力量，精准打击敌人，做到以弱搏强。董卓、袁绍、袁术、吕布等人，或兵力强盛，或地盘广大，或人脉盘根错节，或作战勇猛无比，但最终都被曹操一一消灭。

本书的写作初衷，无意颠覆历史，而是在严格尊重史实的基础上，通过层层剖析，试图还原一个血肉丰满的曹操，剥离历史岁月留在他面庞上的粉尘，让其回归本来面目。

曹操，其实从来就未曾远离我们，关于他的故事，围绕他的争论和褒贬，会一如既往地持续下去。

目录

第一章

身世迷雾

熟悉的陌生人

很多三国时期的故事可谓家喻户晓、妇孺皆知，关于三国时期的戏剧、绘画、文学、影视等各种文艺作品数不胜数。

每一个人都可以在三国中找到自己的偶像，比如聪慧多智、鞠躬尽瘁的诸葛亮，比如英姿威武、武艺超群的赵云，比如忠厚老实、顾全大局的鲁肃……但是在所有三国人物中，唯有一个人，人们对他的感情很复杂，可谓爱恨交加，对他的争论，至今仍然没有停止。

当你酒至半酣、壮志踌躇时，会吟出一句"何以解忧，唯有杜康"；当你处在两难境界、很难抉择时，会有一种"味如鸡肋，食之无肉，弃之可惜"的感觉；当你和朋友正在议论某人而他却冷不丁窜出来时，大家会立刻大笑道："说曹操，曹操到"。

对，我们要说的人物正是曹操。

关于曹操，我们很熟悉，却又很陌生。

说熟悉，是因为我们从小就通过戏剧舞台、电视荧屏等途径开始接触他。提起他，我们就能想到舞台上那个画着白色脸谱的奸诈形象，还会想到语文课本中他的那些诗句，"老骥伏枥，志在千里""东临碣石，以观沧海"等。

奸臣与良将、阴谋家和政治家、屠夫和诗人，这些看似矛盾的关键词，同时汇聚到一个人身上，会让我们感到困惑：关于他，我们究竟了解多少呢？

西晋文豪陆机著有关于曹操的档案文书，留存于世的还比较多。陆机任著作郎，在整理曹操的遗令时，就觉得此人性格比较矛盾：一方面，英雄盖世，建立了不朽功业；另一方面，临死前长吁短叹，交代后事与凡夫俗子别无二致。

又过了数百年，在北宋文豪苏轼笔下，曹操却是一个功败垂成的人物，纵然酾酒临江、横槊赋诗，虽英雄一世，但最终也是黯然收场。

在罗贯中的《三国演义》中，曹操已经沦为"宁教我负天下人，不教天下人负我"之徒，为了达到自己的目的，就算与整个天下作对，也在所不惜。

哪一个才是真正的曹操？

我们以往所知的曹操，真的是他本来的面目吗？

曹操的多张面孔

古今中外，多重性格的人很多，但曹操的性格之复杂，绝对超出了我们的想象。他既大度又狭隘，既诚实又狡诈，既仁义又狠毒，既多情又寡义，多种性格集于一身，却又毫不违和。

那么，不妨让我们从几件事来看看曹操的多面人生。

一是，忠臣与逆贼。

三国时期，东吴大将周瑜对曹操有一句评语：托名汉相，其实汉贼。就是说曹操此人表面是做汉朝的臣子，其实野心勃勃，想取而代之。

周瑜作为东吴的大将，其话语的真实性要打个折扣，那么曹操究竟是救世忠臣，还是腹黑逆贼？

A面：热血青年。

董卓之乱，洛阳变成人间地狱，曹操第一个站出来反对，为此不惜散尽家财，招募义师，讨伐董卓。战斗中他冲在第一线，差点丢了性命，一心想扭转乾坤、重整山河，但是后来发现东汉王朝早已病入膏肓、无可救药，遂心灰意懒，只好另找出路。

B面：跋扈权臣。

晚年时的曹操，随着手中权力的稳固，加之感到一统天下已无望，便开始飞扬跋扈，公然不把朝廷放在眼里，排除异己、毫不手软。董承"衣带诏"事件，牵连到汉献帝、董贵人，当时董贵人已有身孕，曹操全然不顾汉献帝的苦苦哀告，将其绞杀。献帝皇后伏寿，在另外一次政变中，被从夹壁中拽出，披头散发，最终被幽闭至死，皇帝却吓得都不敢求情。其手段之残暴，与董卓如出一辙。

二是，宽容与狭隘。

曹操曾在诗中以"周公吐哺，天下归心"自诩。实事求是地讲，从某种程度而言，他的确做到了。许多人才源源不断地投奔到他帐下，其中还有些人是来自敌对阵营的，这体现了他海纳百川的胸襟，但同时，曹操也是个报复心极强的人。

A面：既往不咎，宽以待人。

古人交战，讲究个名正言顺。为了壮大声势，瓦解敌方士气，两军对垒时，往往要发布一份檄文。曹操和袁绍开战前，陈琳替袁绍写了一篇檄文。陈琳是文章圣手，一篇文章写得义正词严、气势磅礴。檄文传到许都时，曹操正在生病，看了一眼檄文，但见文中将自己贬得一文不值，又气又急之下，出了一身冷汗，病竟很快好了。

虽然陈琳的檄文写得好，但战场上还是要靠刀枪真功夫。官渡之战，袁绍战败，陈琳也成了俘虏，曹操觉得陈琳是个人才，不但没有杀他，还让他做自己的幕僚。

B面：睚眦必报，阴狠毒辣。

如果认为曹操有着菩萨心肠，对所有人都宽容以待，那只能说明你看错了人。得罪了曹操的人，往往都没有好下场，可以说，曹操是个心肠歹毒、手腕狠毒之人，哪怕只是一点小问题，只需惹恼了他，都会被他毫不客气地除掉。比如，有个叫桓邵的人，背后发牢骚，说了几句埋怨的话，传到曹操耳中，立刻就被曹操下令逮捕。

桓邵是典型的士人性格，别看嘴硬，一旦下狱，立刻吓得魂飞魄散，他苦苦哀求，希望能给条活路。曹操一听，更加来气！现在后悔了？害怕了？告诉你，晚了！拉出去，斩了！

三是，自律和任性。

A面：严于律己，以身作则。

汉朝以来，奉行礼不下庶人，刑不上大夫，曹操则不然。他推崇法家，无论理政还是治军，均严格依法办事，而且带头从自身做起。

东汉末年战乱不休，对民生破坏很严重，故而，曹操对军纪要求很严。有一次，曹操带领大军出征，路过一片庄稼地，曹操下令让将士们都下马，牵着马小心地穿过庄稼地，若有人胆敢践踏庄稼，定斩不饶。

然而，谁也没料到发生了意外事件，曹操自己的马受惊了，践踏了庄稼。毫无疑问，曹操给自己出了个难题。曹操当下便要求执行军法。曹操是带军统帅，谁敢执法？但要是不执行，等于曹操自打嘴巴。最后，还是采取了一个变通的方式：曹操以发代首，当场割了一绺头发，以示受到惩戒。

B面：滥杀无辜，肆意妄为。

与严于律己相反的是，曹操在其一生的征战中，有过多次屠城行动。屠城指的是在战争中对没有任何战斗力的平民进行大规模杀戮。初平四年（公元193年），曹操攻下徐州，为了泄愤，对城中老百姓展开屠杀，数十万无辜生命枉死。屠城行动过后，徐州城内已是鸡犬不留，累积如山的尸体，堵塞了泗水，昔日繁华的徐州，成了荒无人烟之地。

　　每个人来到这个人世间，都是一张白纸，其不同的性格都是后天形成的。

　　一个人的性格形成与其家庭和所处的时代都有直接关系。曹操如此复杂的性格，又是如何形成的？是否与他的成长环境有关？

雾里观花的族谱

　　曹操的家庭出身很不好。他出生在一个宦官家庭，他的养祖父是当时显赫一时的大宦官曹腾。

　　宦官是什么人？

　　皇宫内院，打扫卫生、服侍起居等，需要大量人手，但是后宫是皇帝眷属所在地，嫔妃无数，男女共处，难免有瓜田李下之嫌。于是为了避嫌，就人为制造了一群阉人送到宫中，秦汉时称作宦官，后世称作太监。

　　从理论上来说，宦官是没有生育能力的，那么，曹操是从哪里来的？

　　这还要从曹操所处的时代说起。

　　如果用一个词来形容曹操所处的时代，那就是乱世。

　　乱世特征的具体表现是社会秩序崩溃，原有的道德、法律根本约束不了人心。为什么会出现这种现象？

　　其主要原因包括两个方面：宦官干政，外戚专权。

　　这是皇权社会的畸形状态，破坏了朝廷的权力架构。

　　按照主流意识形态，朝廷权力应当是皇族和士大夫分享，但随着宦官和外戚轮流把持朝政，士大夫阶层的权力不断受到压缩，这势必引起他们的不满和反扑，社会动荡在所难免。

　　那么问题来了，宦官本来只是一群宫廷仆役而已，怎么一下子就掌握了朝廷的核心权力？

　　这要从东汉王朝本身说起。从理论上来说，封建王朝的最高权力属于皇帝，但是除了开国初期的光武帝、汉明帝、汉章帝外，其余皇帝都不长命。

　　东汉后期的几个皇帝即位时，都不过是数岁的孩童，有的甚至还在襁褓之中，他们当然没有处理朝政的能力，只能由太后代为处理政务。

　　太后掌权后，自然要提拔和倚重娘家人。一朝太后换一门外戚，他们把持着朝廷要职，左右国家大事，卖官鬻爵、飞扬跋扈、无恶不作。

　　但是，小皇帝终究有一天会长大，他们自然不甘心大权旁落，势必会与娘舅家夺权。

　　外戚们自然不甘心将已经到手的权力再乖乖交出去。

　　如此一来，权力斗争就不可避免地出现了。

　　宦官由于长期照顾年幼皇帝的起居，很容易和小皇帝建立亲密关系，博得皇帝信任。他们在皇帝的支持下，发动政变，帮助皇帝从外戚手中夺权，事后自然被大肆封赏。

　　宦官多数出身低微，有的还因身体残疾造成心理扭曲，一旦大权在握，做事异常狠毒，朝堂上的大臣只有做他们的帮凶和走狗，才能保住位子，一旦与他们作对，轻则被罢官，重则下狱被迫害致死，很少有人能够"独善其身"。

宦官和外戚的斗争都集中在皇帝身上，都无不想着将皇帝控制在自己手中。

外戚们甚至为了防止皇帝势力变得强大，不惜害死皇帝。

汉质帝年方九岁，但非常聪慧，他当着群臣的面指着外戚梁冀说，此乃跋扈将军。童言无忌，却招来梁冀的嫉恨。

小小年纪，就敢如此，长大还了得！

很快，小皇帝被梁冀毒杀。

皇位空虚，梁冀便迎立十五岁的蠡吾侯刘志为帝，是为汉桓帝。不过，梁冀最终也没落得什么好下场。延熹二年（公元159年），汉桓帝联合宦官单超、徐璜、具瑗、左悺、唐衡等发起政变，梁冀自杀，其家人全部被处死。

事后，单超等五人因拥立之功，被封为县侯，号称"五侯"，一时间，权倾天下。

在单超发起的这次政变中，曹操的养祖父曹腾并没有参与。

曹腾此人手段阴柔，长袖善舞，游刃于各方势力之间，虽然他身为宦官，却喜欢结交士大夫，为朝廷推荐了不少人才。虞放、边韶、延固、张温、张奂等名士，都得到过曹腾的提携，位至公卿。

曹腾后来受封费亭侯，升为大长秋（宦官最高职位），先后侍奉四朝皇帝，历经数次政治事件，可无论外戚和宦官斗争如何风云变幻，他却一直屹立不倒。

曹腾有一名养子，取名曹嵩，曹嵩的儿子就是曹操。

曹操字孟德，小字阿瞒，沛国谯（今安徽亳州）人，汉桓帝永寿元年（公元155年）出生。

曹家门第显赫，门前常常华盖云集，来往者都是朝廷显贵。在这种家庭里长大的曹操，没有经受过窘迫生活的压力，自然与贩席卖履的刘备不一样。

就曹操来说，首先他衣食无忧，无需为一日三餐发愁。

其次，曹操的人生起点很高。

他的养祖父曹腾就不用说了，他的父亲曹嵩虽然资质平庸，没啥过人的成绩，但也依靠养父历任司隶校尉、大司农、大鸿胪等要职，后来还坐上了太尉的高位。

然而，凡事都有两面性。曹操的家庭条件给他带来种种利好，但也是他此后一生的政治包袱，成为对手打击他的借口。

可以说，宦官家庭出身既为曹操提供了职场登天梯，也成了他的隐形枷锁。

那么，曹操是如何来应对的呢？

东汉时，世人很看重门第，像曹操这种宦官子弟是被人瞧不起的。曹操后来位极人臣，是魏国的实际奠基人，但对自己的家世讳莫如深，以至于其家谱一直云遮雾罩，世人无法看清。

《三国志》称曹操为西汉相国曹参之后，一看就是为了抬高门第编的瞎话，就算曹腾是曹参后裔，也跟养子曹嵩八竿子打不着，因为两人之间根本没有血缘关系。

估计《三国志》的作者陈寿都觉得，这种说法在逻辑上行不通，便随后加了一句"莫能审其生出本末"。说白了，曹操祖上究竟是谁，谁也搞不清。

汉朝时，绵延数百年的显赫家族很多，这些家族根系庞大、枝繁叶茂，相互之间的关系盘根错节，如果曹操真的属于显赫世家，自然会大肆吹嘘，绝不会语焉不详。

那么，曹操的族源究竟来自何方？

陈琳在声讨曹操的檄文中，称曹操父亲曹嵩是"乞丐携养"。

声讨檄文难免会夸大其词，丑化对方，但也不会太离谱，毕竟天下人都在看。曹嵩究竟是不是乞丐养大的，不得而知，但出身低微，恐怕是当时世人的共识。

曹操自然要反驳，他特意写了一篇《家传》，称祖先是周文王儿子曹叔振铎，因封地在曹，取地名为姓氏。但这种说法拿不出完整的传承族谱来支撑，所以世人并不买账。

也有人因为曹氏和夏侯氏关系很密切，互为姻亲，便认为曹操族源出自夏侯氏，但一切都只是推测罢了。

恶搞少年

曹操出生在显赫的宦官世家，自小过着衣食无忧的少爷生活，作为家中长子，备受宠爱。父亲曹嵩平日政务繁忙，加上对儿子十分溺爱，自然就对他疏于管教。

少年时期，曹操的日子过得可谓非常舒坦自在，想干啥就干啥，整日游手好闲、到处瞎逛。

看着曹操整日一副吊儿郎当的样子，作为家里长辈，他叔叔实在看不下去了，便对曹嵩劝告道："你该好好管教一下阿瞒（曹操小字阿瞒）了，再这样下去，这孩子就废了。"

曹嵩一听，便把曹操叫来，数落了一顿。

一来二去，曹操挨了老爹不少训，心中很郁闷，觉得这个老叔怎么就那么爱管闲事，总得想个法子整治一下他才行。

有一天，曹操远远看到叔叔走了过来，便假装倒地，眼睛翻白、口吐白沫，叔叔一看，大吃一惊，急忙问："孩子，你这是咋了？"

曹操一副气若游丝的样子说："快通知我爹，我中风了！"

叔叔情急之下，赶忙跑去通知曹嵩，曹嵩得知，大惊失色，三步并作两步，急忙赶来，却看见曹操若无其事地在那里玩耍。

曹嵩顿时一头雾水，一时转不过弯来，便问他："你叔叔说你中风了，到底咋回事？"

曹操一脸无辜："哪有的事，我知道我不讨叔叔喜欢，但他怎么能这样说呀！"

叔叔一时语塞，百口莫辩。

此后，无论叔叔再说什么，曹嵩都根本不听。

人小鬼大的曹操仅凭三言两语，就破坏了叔叔在他父亲心中的形象。

这件事，表面上看，不过是一个小孩子的恶作剧，但其实不然。

我们都知道，童年生活对一个人的性格塑造等方面至关重要，在成年人看来一个不起眼的举止，对孩子的成长却会影响深远。

童年时期，正是一个人人生观和价值观的形成期，此时，一定要让他树立正确的善恶是非观念，如果孩子犯错，不立马纠正，那么就很容易让他混淆对世界的认识。

其实，被曹操捉弄的何止他叔叔一个，生活中，不少人都受到过他的戏弄。

曹操十岁时，常到谯水嬉水。有一次他遇到了蛟（估计是鳄鱼之类的水生动物），他奋力拼搏，将蛟击退（一个小孩子能够做到这一点，实在很难想象，姑妄信之），然后，从容洗浴完毕上岸，一副若无其事的样子。

毫不知情的同伴们纷纷脱衣下水，不料发现水中有蛟，吓得大呼小叫，惊慌失措地爬上岸。惊魂未定，大家都纷纷责问曹操："你早就知道水中有蛟，却为何故意隐瞒，不告诉大家，究竟是何居心？"

看着小伙伴们的狼狈样，曹操笑得前俯后仰，说："我刚才还以为不过就是一条大蛇呢，将它赶走后，也没当回事。"

在一个人的成长过程中，与其朝夕相处的朋友很重要，朋友圈可以从侧面反映一个人的地位。以曹操的家世，平民子弟肯定混不进他的朋友圈。和曹操一起厮混的不是大官子弟，就是贵族阔少，其中就有后来的死对头袁绍。

曹操和袁绍后来势不两立，不过在少年时期，两人还是志趣相投的玩伴。

在古代社会，娱乐项目有限，时间久了，也玩不出啥新花样，日子过得实在很乏味。有一天，正当曹操和袁绍百无聊赖之时，遇到一家人正在举行婚礼。曹操眉头一皱，计上心头，觉得在这种喜气洋洋的氛围中恶搞一下，实在太有趣了，便和袁绍商量，一起去偷新娘子，捉弄一下这家人。

两人一拍即合，说干就干。

汉代婚俗，新人结婚时，要搭建新房，称作青庐。举办婚礼时，这户人家的亲朋好友都聚在青庐，热热闹闹地为新人祝福，到处一片喜气洋洋的景象。

婚礼现场，曹操站在院中，突然大吼了一嗓子："有人偷孩子！"

听到外面有动静，人们全都涌了出来，到处张望，看究竟是怎么回事，将新娘子一人留在青庐内。

在混乱之中，曹操趁机溜进去，拔出刀将新娘子劫持出来，和袁绍一起，撒开脚丫子就跑。走在半道上，袁绍落在后面，不小心掉到荆棘丛中，衣服被扯住，动不了了。

眼看天色将亮，再不走来不及了。

曹操急中生智，便又喊了一声："大家快来看，偷孩子的贼就在这里！"

袁绍一听，吓得惊慌失措，全力挣脱开来，两人才总算安然逃脱。

看到了吗？曹操的思维方式从小就与常人不一样。一般人在逃窜中，如果同伴被困，无外乎两种选择，要么赶紧帮助同伴摆脱困境，要么丢下他，只顾自己逃命。但曹操却不按常理出牌，反其道而行之，通过将同伴置于绝境，激发他的潜能，然后成功摆脱险境。

刺杀未遂事件

　　小说《三国演义》中，有一段曹操刺杀董卓未遂的故事，非常精彩，然而历史上并没有这回事。不过，曹操早年时，的确有过一次独自行刺行动，不过刺杀对象并非董卓，而是当时炙手可热的大宦官张让。

　　永康元年（公元 167 年），桓帝驾崩，无子嗣，皇后窦妙与父亲大将军窦武商议后，迎立解渎亭侯刘宏为帝，是为汉灵帝。

　　窦武出身名门，精通经学，在士人中颇有威望。掌握大权后，他下令释放在押的名士，起用被罢官在家的陈蕃为太傅，共掌朝局。

　　窦武、陈蕃痛恨宦官的倒行逆施，便暗中商议，打算一举将宦官铲除干净，永绝后患。但没想到，还没来得及行动，密谋就遭到泄露，并传到了宦官们的耳中。

　　先下手为强，后下手遭殃。宦官们自然不会坐以待毙，决定抢先一步下手，中常侍曹节、王甫等矫诏将窦武、陈蕃处死，幽禁窦太后，随即又将李膺、杜密等名士一百余人杀害，将其家眷妻儿流徙边关，李杜门生遭到禁锢永远不得出仕。

经此事件后，宦官们的权力急剧膨胀，他们直接从后宫走上朝堂，曹节甚至担任起尚书令，这可是此前朝代从未有过的事情。

汉灵帝身边围绕着张让、赵忠等十名大宦官，人称"十常侍"。他们将汉灵帝哄得团团转，汉灵帝甚至说，"张让是我父，赵忠是我母"，皇帝认宦官做爹娘，真是滑天下之大稽！

张让等人有了皇帝撑腰，权势熏天，根本不把朝中大臣放在眼里，但是他们万万没想到，有人竟敢太岁头上动土，上门来行刺。

一天夜里，张让府上闯入一名不速之客，径自进入内室，幸亏张让警觉，发现得早，逃过一劫。

张让府上自然少不了一大帮子看家护院的"护卫"，他们将来人团团围住。饶是如此，也奈何不了他，但见此人将手中一杆戟舞得和风车一般，其他人根本近不了身，最后，他们只好眼睁睁地看着不速之客翻墙逃走了。

此次密谋行刺张让之人，正是曹操。

曹操虽然出自宦官世家，但眼看着朝廷被这些宦官弄得暗无天日，心中也是气愤不已，遂毅然孤身一人前往刺杀张让。

青年曹操是一个胸怀正义、身手了得、敢作敢为、有胆有识的热血青年。

人才鉴定书

东汉之时，想要出人头地，步入仕途，必须要靠在朝廷担任要职的官员推荐。但怎样才能引起这些手握人事举荐权的大人物的注意呢？当时，考试制度还没建立，社会上一些有声望之人的评语，是推荐官员的重要参照。

曹操想要步入仕途，单靠家世肯定不行，因为当时，虽说朝政把握在宦官手中，但舆论领袖人物都是名士，纵然宦官有权有势，也管控不了。

起先，曹操去拜访宗承（此人生平不详），宗承家院子里挤满了前来拜访的人，他根本靠近不了。曹操先后跑了好几次，但是连个影子都没见到。终于有一次，趁着宗承上厕所的间隙，好不容易将其逮住了，曹操急忙去拉手，表示亲近，谁知宗承一听他是宦官家庭出身，一甩手，根本理都不理他。

曹操碰了一鼻子灰，悻悻地溜了出来。

但并非所有人都像宗承这样看人，也有不少人看好曹操，比如桥玄。

桥玄，字公祖，梁国睢阳人，先后担任过河南尹、大鸿胪、司空、司徒，最后位至太尉，因多年生病，退休在家。桥玄一生为官清廉，在士林中威望很高，曹操遂去拜访他，想听听他的建议。

桥玄久历宦海，阅人无数，当见到曹操时，眼前一亮，发现眼前这位年轻人，对目前朝政局势看得很透彻，并有自己独特的见解，觉得此人将来前途无量。

面对朝廷昏暗局面，桥玄深感无奈，自己已是风烛残年，来日无多，但长期以来，胸中的悲愤、抑郁、凄凉，聚集在心头，难以释怀。曹操的出现，让他有了些许希望，大汉未来国运，就只能寄托在这些年轻人身上了。

为了激励曹操，也为了安慰自己，桥玄感慨道："天下即将大乱，安抚拯救黎民百姓这些大事，就看你了，我死后，我的妻儿就多多拜托你来照顾了。"

桥玄的一番话使得曹操备受感动，要知道，长期以来，虽然家门显赫，但由于是宦官之后，曹操备受歧视，桥玄是第一个和他推心置腹之人。

很多年以后，曹操已身居高位，带兵征战，路过桥玄故居，此时斯人已逝，坟头草木离离，他还亲自到墓前致祭。

虽然时隔多年，当年两人会面的情景依然历历在目。曹操动情地说："桥公当初和我开玩笑说，他去世以后，我要是路过他的坟头，不带上鸡酒去祭奠一番，车马往前走三步，就害我肚子疼。虽然是一席戏谑之词，但若不拿我当自己人看，能说这番话吗？"

言语未尽，悲从心来，他泪流满面。

不过，曹操当时不过是一名毛头小子，桥玄为何就看好他，笃信他将来一定能担起拯救乱世的重任呢？

首先，有能力。曹操虽然早年飞鹰走狗，游荡不羁，但年纪稍长后，便开始刻苦读书。爱读书是曹操终生的习惯，他尤其爱读兵书，曾为《孙子兵法》做注，其文流传至今。

其次，有魄力。曹操敢作敢当，敢做别人不敢做的事，就连对皇帝身边红得发紫的大宦官张让都敢下手，这绝不是一般被冲昏了头的热血青年做得出来的。

最后，有资本。曹操家世背景显赫，能够游刃于宦官与士人两大集团之间。在乱世来临之际，想要有所作为，单凭个人的能力和魄力还远远不够，如果没有足够的财力和势力，别说想开天辟地，就连站稳脚跟都很难。

跟曹操一比，刘备一直颠沛流离，自始至终处于很被动的状态。原因很简单，他除了有个皇室贵胄的虚名外，要钱没钱、要人没人，没有"根据地"，只能寄人篱下。单凭理想和英雄豪情，想要脱颖而出，谈何容易？

曹操之所以对桥玄念念不忘，还有一个重要缘由，就是当初桥玄推荐他去见许劭。

许劭乃当时的资深人物评论家，著名的人才鉴定师。他开办了一个论坛，名曰"月旦评"，每月初一，都会开坛对当时人物进行点评。如果世人能获得他的一番肯定，必然会身价倍增，声名大噪。因此，天下士人无不希望能够获得许劭的评语。

曹操经桥玄指点后，带着厚礼，前往拜见许劭。

不过，许劭对曹操摆出一副爱理不理的样子，他内心很鄙视曹操这种出身宦官家庭的阔少。但曹操不死心，死缠烂打起来。许劭经不住软磨硬泡，便给了他一句评语："君清平之奸贼，乱世之英雄。"曹操听完后，哈哈大笑，扬长而去。

许劭这句话后来被演化为"治事之能臣，乱世之奸雄"，成了对曹操最著名的评语，对后世影响极其深远。

许劭风评天下英杰，眼光自然很毒，他看出曹操性格的多重性，且能力出众，如此人物，一旦社会格局发生变化，定然会掀起惊涛骇浪，至于是成为能臣英雄，还是乱世奸雄，就得看历史发展大势了。

看好曹操之人，远不止桥玄和许劭。当时，还有不少人看好曹操，预言他将来定能成就一番大业。

袁绍和袁术哥俩因家中母亲去世，扶灵归葬汝南老家。袁家显赫，前来观礼致祭的多达三万余人。曹操也在人群当中，他看出了袁家庞大的势力，遂对旁边的名士王俊说："如今天下即将大乱，作乱的肯定是他们二人。为了百姓，若不先除掉他们，恐怕现在就要大乱了。"

王俊在旁边若无其事地说："如果照你这样说，能够安定天下的，除了你，找不出第二个了吧？"

说完，两人相视哈哈大笑。

有了名士的点评加持，曹操开始渐有名气，已具备入仕条件。熹平三年（公元174年），他被举荐为孝廉（汉代察举制考试科目之一），任为郎（皇帝的近卫、侍从一类的官）；没多久，又被提拔为洛阳北部尉，负责京城北部的治安工作。

这一年，曹操刚满二十岁。

第二章
锋芒乍露

担任洛阳北部尉

人活一辈子，总有那么几个关键转折点，毫无疑问，初次迈入职场门槛，是个很重要的考验。

从青年学生到职场新人的转变，要经历许多挑战。如何尽快熟悉工作环境，如何和领导同事处理关系……无时无刻不在考验着一个人的应变能力。

二十岁的曹操，担任洛阳北部尉。洛阳是东周故都，汉高祖刘邦建立大汉之初，曾一度想定都洛阳，后来出于种种考虑，才放弃洛阳，建都长安。但长安经历数次战乱，早已破败不堪，因此，光武帝刘秀统一天下后，决定定都洛阳。

作为天下首善之县，洛阳荟萃天下风物，是大汉王朝的中枢所在地，天子脚下，华盖云集，豪门比邻而居。

然而，洛阳地界的官不好当，基层官吏的日子，更是不好过。

曹操担任的北部尉，就是一份棘手的差事。

东汉时期，县一级的官府一般设置县令（小县称县长）一人，下属县丞一人、县尉二人（小县一人），县丞负责民政、税收、文书等，县尉负责缉盗、刑狱、治安等。

洛阳是首都所在地，管辖面积大，人口众多，各项事务繁杂，两人肯定忙不过来，故而设置东西南北四位县尉（据《汉旧仪》和《唐六典》记载），曹操担任的北部尉，主要负责洛阳北部地区的社会治安。

曹操的这份差事，是由尚书右丞兼京兆尹司马防（大名鼎鼎的司马懿就是他的儿子）推荐的。

但是，曹操很不满意，他心中属意的是洛阳县令，而不是洛阳北部尉。

汉朝官员任命程序大概为：先是地方上提名推荐一些品德高尚（比如孝敬父母，团结兄弟和邻人）和才学优异的人，授予孝廉、秀才等称号；经考察后，推荐到宫中出任郎官（皇帝的侍从官）；试用一段时间后，再量才使用，安排到相应岗位上。

这套制度的设计初衷是尽可能地发现人才，使之为朝廷所用，但是再好的制度，时间一长，就变质了。等到东汉末年，举孝廉制度沦为朝廷官员相互安插亲信的工具，人才的提拔完全被豪门大族垄断，至于寒门子弟，根本就没有上升通道。

故而，大多被推荐的人根本没有真才实学，当时一首在市井之间流传很广的童谣就说明了真相：

举秀才，不知书。

举孝廉，父别居。

寒素清白浊如泥，

高第良将怯如鸡。

正因如此，曹操内心很不快，知道自己被推荐为官，基本上是他爹曹嵩官居太尉的缘故。既然是"拼爹"，自己老爹位列三公，就不能拿一个区区洛阳北部尉来敷衍，更何况，他自认为自个儿有真才实学，完全可以担任洛阳县令。因此，他内心很郁闷，这件事令他久久难以释怀。

很多年后，曹操已位极人臣，贵为魏王，但对当初被举荐为洛阳北部尉一事依然耿耿于怀。有一天，君臣聚会，司马防在座，曹操用揶揄的语气笑着问司马防："司马公，你看孤今日还可以做个县尉吗？"

听话听音，司马防是何等聪明的人，当下便明白过来是怎么回事了，他没想到，这么多年过去了，曹操还耿耿于怀哪！

司马防当下打哈哈道："臣推荐大王出任洛阳北部尉那时候，可是正合适啊！"

曹操以胜利者的姿态居高临下地一番讽刺后，虚荣心得到了满足。

不过，司马防说的并非完全是奉承话，其实当时推荐曹操出任洛阳北部尉，确实是经过多方面考虑后，做出的稳妥安排。

曹操上任洛阳北部尉之时，首都地区治安很坏，主要原因是，那些皇亲国戚、高官子弟根本没拿大汉的法律当回事，尤其是倚仗皇帝撑腰的宦官们，根本不把地方上小小的县尉放在眼里，整日横行霸道、为非作歹，地方官吏对他们丝毫没有办法，只有躲得远远的，这可就苦了地方百姓。

司马防推荐曹操出任洛阳北部尉，一方面是看中他身上有一股敢闯肯干的狠劲，另一方面也是看中他的背景。他爹曹嵩是当朝太尉，养祖父曹腾又是位高权重的大宦官，有了这层背景，就算他闯下天大的乱子，也不会有什么事儿。

司马防果然没看走眼，曹操一上任，就狠狠打击了洛阳地方的官员，但谁也没想到，他率先开刀的竟然是宦官势力。

新官上任三把火

　　二十岁的年龄，在现代还是大学未毕业，其时的曹操已经担负起一方的社会治安了。

　　曹操的前任们大多是没干几天，要么提前自动去职，要么就是混日子。曹操上任后，发现衙署里没有一点生气，破败不堪，门前荒草丛生，办事人员个个吊儿郎当，一副无精打采的样子。

　　对于曹操的到来，许多人都不看好，觉得他的结局不会比以前那些县尉好到哪里去，所以都在敷衍，该干吗还干吗。

　　曹操很生气，就这种工作氛围，怎么能搞好治安？他当即下令修葺官署，将门面修缮一新，还要求手下都打起精神努力干活。

　　大家一看，这位新来的县尉与以往的截然不同，都不敢怠慢，立刻端正工作态度，全身心投入工作中。

　　一个部门、一个单位的工作成效，很大程度上取决于领头人的工作态度。

　　为了表明决心，曹操下令，在衙门口竖起十数根五色大棒，同时放出话来，谁要是胆敢以身试法，就拿五色大棒伺候。

虽然曹操已摆出整顿社会治安的态度，但洛阳地界的权宦们根本没当回事。在他们看来，曹操也不过是做个姿态罢了，难不成还真拿自己人开刀？

按照当时的法令，晚上实行宵禁，也就是天黑之后，除非特殊情况，都必须待在家中，严禁在街上走动。这些禁令以往只是针对平民百姓，作威作福的权宦们根本就不予理睬，宵禁的法令根本禁不住他们对夜生活的向往，夜晚的洛阳街头，时常能看见他们的身影在到处游荡。

曹操上任没多久，就有人因为犯宵禁被抓，并被押解到洛阳北部尉衙门。

曹操决定亲自会会他，看看究竟是什么人如此胆大妄为，敢顶风作案。

一问才知道，此人是蹇硕的叔叔蹇图。蹇硕是汉灵帝御前红得发紫的宦官，所以，蹇图平常欺男霸女、无恶不作。

如今虽然被缉拿，但蹇图根本没将曹操放在眼中，以为只要他说出侄子的名头，眼前这位年轻人肯定会吓破胆，忙不迭地给自己道歉，并将他礼送出门。他暗自盘算如何好好给曹操一个下马威，教训一下他，好让他长点记性。

但蹇图万万没想到，曹操得知他的身份后，非但没有露出惊慌失措的神情，反而一脸从容，只是从牙缝里挤出一个字："打！"

北部尉衙门的办案人员起初还以为听错了，在那里发怔，但再看看曹操的脸色，马上明白了，此人并不好惹。

大伙儿早就对蹇图这些人恨得牙痒痒，听到上司一声令下，顿时高举五色大棒，铺天盖地的棒子落到蹇图身上，不一会儿，蹇图就一命呜呼了。

曹操棒杀蹇图的消息像长了翅膀一样，很快在洛阳大街小巷传开了，闻者无不拍手称快。

曹操为何敢棒打蹇图，难道就不怕被蹇硕打击报复？

表面上看，曹操当时不过是个二十出头的愣头青，在这个年龄阶段，由于缺乏人生经验，容易被一时热血冲昏头，做事不考虑后果。但种种迹象表明，曹操棒杀蹇图绝非图一时之快，更不是被热血冲昏了头，恰恰相反，他是经过了仔细盘算的。

曹操依法行事，合情合理，不会给对方留下把柄，至少从法律角度看，蹇硕不能拿他怎么样。

那么，曹操还有没有其他想法？应该有。

曹操知道自己是宦官家庭出身，说出去总觉得不光彩，他就是想借此事向世人表明，他曹操虽然出生在宦官家庭，但绝不是靠不正当手段上位的，而是完全凭自己本事在做官；同时，坚决与宦官阶层划清界限，表明自己不会与蹇硕之辈同流合污。

另外，曹操也想借此事提高自己的知名度。汉朝是一个很看重名誉的朝代，一个士人想要在朝廷站稳脚跟，除了本事外，知名度也是必要的条件之一。

可以说，曹操棒打蹇图一举多得，既净化了社会风气，同时又扬名立万，打出了威风。这样一来，洛阳地界上那些平日为非作歹的权贵，嚣张气焰收敛了许多。

蹇图死于曹操棒下，消息自然很快传到蹇硕耳中，不出曹操所料，他一时半会儿也拿曹操没办法，虽然恨得咬牙切齿，但也只能暂时打掉牙往肚里吞。

蹇硕心中很清楚，曹操的处置合理合法，从法律角度根本找不到反驳的理由，同时，曹操身后高耸着曹嵩和曹腾两座大山，尤其是曹腾，历侍四朝皇帝，虽说他此时已不在人世，但作为宦官圈内的后起之秀，蹇硕也不得不有所顾忌。

自己的亲叔叔就这样死在曹操棒下，蹇硕还要强装笑颜，对皇帝称赞曹操年轻有为，是个不可多得的人才。

蹇硕等宦官明白，现在整个洛阳都在称赞曹操，加上他身后强大的背景，根本扳不倒他；但如果让他继续留在洛阳地头当官，恐怕往后他还会动不动给人添堵。这样的人，决不能让他继续在眼皮底下晃悠。

宦官们合计一番后，跑到汉灵帝面前说，曹操此人难得，让他担任洛阳北部尉，实在是大材小用、埋没人才，朝廷理应提拔，将他安排到更重要的岗位上去，以充分发挥其才能，为朝廷效力。汉灵帝听后连连点头。

没过多久，曹操接到调令，出任顿丘县县令。

表面上看，曹操升职了，但明眼人都看出来了，这是明升实降，就是当地权贵们想着法子将他赶出洛阳。

其中原委，曹操自然一清二楚。

曹操走马上任。出任顿丘县令后，他依然不改初心，努力工作，使得这个偏远小县的面貌焕然一新。

许多年后，曹操和儿子曹植谈话时，提到他在顿丘县令任上的事，依然表示无怨无悔。

可惜的是，曹操纵然有满腔抱负，但在任不过短短一年，便因受到牵连被罢免了。

勃海王刘悝的王后与汉灵帝的宋皇后是姑侄。中常侍王甫诬陷刘悝夫妇，使其冤死，他很害怕遭到宋皇后的报复，便向皇帝打小报告，称宋皇后用巫蛊之术诅咒皇帝。

　　宋皇后本就不大受皇帝宠爱，且宫中觊觎她后位的嫔妃不少，于是趁机落井下石，联合向汉灵帝诬告她。

　　汉灵帝是个没主张的糊涂蛋，听信谗言后，下令收回宋皇后的印绶，将她打入冷宫，没多久，她便抑郁而终。宋皇后被废后，家人受到牵连，父亲宋酆和兄弟宋奇都被株连，死于狱中。

　　从这件事可以看出汉灵帝是何等昏聩，宦官的权势又是何等了得。就算平常民间夫妻，也不能因为旁人三言两语就轻易离婚，何况是堂堂皇家？但就是这般看似不可思议的荒唐事却实实在在地上演了，皇帝因为家奴的一席谗言，便把皇后给废了。

　　宋皇后的弟弟宋奇也受到波及，不过好歹逃过了一劫，仅仅被罢官。

　　曹操风华正茂，抱着一腔热血步入官场，一心想有所作为，扭转官场的黑暗局面，然而，迎接他的不是掌声和鲜花，而是一次次的冷水。

　　最后，他只好带着懊丧和失落，回到了家乡。

　　数年的官场生涯让曹操明白了许多，他不再是一名青涩的职场人，开始逐渐成熟起来。

仗义执言

　　尽管屡受挫折，但曹操并没有就此一蹶不振。在家休养的日子，曹操没有放纵懈怠，而是选择闭门苦读，给自己充电。很快，他的学业突飞猛进，与此同时，他娶妻丁氏、纳妾卞氏，可谓学业和成家两不误。

　　都说一个成功男人的背后，离不开一个伟大的女人，此话用在曹操身上也很贴切。曹操一生女人无数，但对他影响深远的唯有丁夫人和卞夫人。

　　遗憾的是，丁夫人没有生育能力。曹操有一位刘夫人，为曹操生下长子曹昂，不过很不幸，刘夫人早死，曹昂由丁夫人一手拉扯大，虽并非亲生骨肉，但母子二人感情非常深厚。宛城之战时，曹昂死于乱军之中，丁夫人悲痛万分，夫妻二人感情也由此破裂。曹操同意她再嫁，但丁夫人终生未再嫁。

　　丁夫人性格异常决绝，曹操封王后，卞夫人还从中周旋，劝曹操将她接回来，但丁夫人坚决不同意，最后只好作罢。丁夫人去世后，卞夫人为她张罗后事，劝曹操接灵枢到邺城安葬。

与丁夫人不同，歌伎出身的卞夫人识大体顾大局且善于周旋，她先后生下曹丕、曹彰、曹植、曹熊四个儿子。曹操后来常年在外征战，卞夫人则持家有方，确保曹操无后顾之忧。

曹操对丁夫人和卞夫人一直念念不忘，估计是与当初被罢官在家，有了她们的相扶相持他才得以走出人生低谷有关。

一个人无论事业做得有多大，家庭永远是其出发点和落脚点，一个温馨的家庭，对于人生征途所起的作用，超过其他任何因素。

通过在家数年的勤奋苦读，曹操已成为一个博古通今的人。机遇都是留给有准备的人的，光和三年（公元180年），曹操再次以"能明古学"被朝廷征辟，拜为议郎。

议郎是个闲差，没有具体负责的工作内容，就是备皇帝提问咨询而已，说白了就是个名誉顾问。

对于大多数人来说，到了这样的岗位肯定满腹牢骚，觉得被屈才了，索性就此得过且过。

但对于一个真正想有所作为、想做事的人来说，无论处在什么样的岗位上，都会发挥自己的才能，报效国家，做出一番事业。曹操正是这样一个人。

在曹操看来，议郎虽然是个无权无势的职位，但它不是可有可无的；恰恰相反，在这个岗位上，他可以接近皇帝，在朝堂上发出正义的声音。

在昏暗的东汉朝廷上，正义缺位已经太久了，长期以来，宦官、奸人当道，正直之士遭到迫害和打压，黑白颠倒，是非不分！

比如，大将军窦武和太傅陈蕃因为反对宦官专权而惨遭杀害，许多名士受到牵连，或被关在牢中，或被禁锢，终身不得为官。

窦武和太傅陈蕃是蒙冤的，朝野上下人人皆知，但迫于宦官的权势，谁都不敢站出来。得罪宦官是什么下场，大家都心里有数。

这件事本来与曹操无关，在许多人眼中，像曹操这样出身宦官家庭之人，本身就是宦官集团的一分子，没人能够指望他站出来伸张正义。

但谁也没想到，第一个站出来给窦武和陈蕃喊冤的，竟然是曹操。曹操上书汉灵帝，言辞恳切，直指当今之世，奸佞当道，言路堵塞，真正的忠贞之士反而被打压，正义无法得到伸张。

面对黑白颠倒、豺狼横行的朝堂，敢于发出呐喊，对这个不公正的世界提出质疑，这需要极大的勇气。要知道，这样做很有可能遭到打击报复，付出沉重的代价。

洛阳北部尉的遭遇，历历在目，其中的利害关系，曹操岂能不知？但他还是毅然决然地站出来，到底是什么力量驱使他这样做？

曹操出自宦官家庭，以他的出身，论理应该和宦官们站在同一条战线上，但他却对自己的阵营反戈一击。

在宦官们看来，曹操处处跟他们过不去，在洛阳北部尉任上，对自己人下手，现在好不容易混了个议郎的闲差，就该识相点，远离朝廷政治斗争旋涡，才是明智之举。

要知道，这些宦官做事，从来都不按照游戏规则出牌，他们是一群贪婪、凶残、无耻和没有道德底线的权力野兽，像毒蛇一样静静地潜伏着，趁对方不备之时，他们会突然一跃而起，喷出毒液，将其置于死地。

桓灵以来，无数人被害得身首异处、家破人亡，难道曹操对这些心中没有数？

就算有父亲曹嵩庇护，但总不能一辈子都活在父辈的羽翼之下！

曹操上书皇帝是经过深思熟虑的，是正义和良知促使他毅然站出来，为正义呐喊。

然而，皇帝早已被宦官们团团包围，曹操的声音根本传不到皇帝耳中，上书后，便如石沉大海般杳无音信。

尽管如此，曹操对大汉王朝依旧怀着救世之心，希望通过努力，可以让它起死回生。

只是大汉王朝的各个机构，上至朝廷中央各部门，下到地方州郡，皆已糜烂透顶，所有岗位差不多都把持在宦官和豪门世族手中，正直官吏处处受到排挤打压，根本没法做事。

不过，就算宦官和豪门大族能只手遮天，却没法堵住天下人的嘴，各种讽刺官场的段子满天飞，甚至还被编成了儿歌，在洛阳的大街小巷传唱。

事情闹到这种地步，皇帝也不能再装聋作哑，至少要做个姿态。光和五年（公元182年），汉灵帝下诏，地方州县，凡是工作不称职、遭到舆论非议的官员，都要被罢免。

从表面上看，这是一件好事，能使官员们闻者足戒，消除怠政现象，净化官场生态。但在实际操作过程中，根本不是这么回事。

组织这次官员考核活动的，是以三公为首的朝廷高层官员，他们趁机利用手中的考察权力大肆敛财、排除异己。

只要交钱，哪怕你恶名昭彰，照样给你评高分；如果拿不出钱来"孝敬"，他们就大笔一挥，立刻让你收拾包袱离开。

至于那些贪赃枉法的宦官子弟，他们根本不敢碰，这就苦了一些真正做事的清廉官吏。他们中有些人不服气，跑到皇宫外要求朝廷主持公道。

曹操得知后，便和司徒陈耽联合上书，称在此次人事考核活动中，公卿们无不党同伐异，种种做法，好比放走鸱鸮，却把鸾凤困在笼中。

大概连皇帝都觉得实在闹得不像话了，于是将主持本次考核的太尉许馘和张济召来，训斥了一顿，同时，安抚那些上访的官吏，让他们都担任议郎。

许馘和张济虽然位列三公，但早就沦为宦官的鹰犬。陈耽和曹操的意外搅局，让他们恼羞成怒，没多久，便胡乱编造了个罪名，将陈耽打入大牢，不久其便死在牢中。

至于曹操，侥幸逃过一劫。

一场本来可以整顿官场的考核监察活动就这样结束了，考核的结果是，劣币驱逐良币，官场更加污浊。

经过此事，曹操总算明白了，这个黑暗的世界，修修补补已无济于事，于是，自那以后，他选择沉默，再也不对时局发表任何看法。因为他知道，无论如何争取，都会无疾而终。

无边的黑暗吞噬着一切，唯有一场暴风雨，才能洗刷王朝上空的阴霾。

没过多久，这场暴风骤雨就来了。

苍天已死，黄天当立

东汉末年，朝廷上下唯知敛财，大小官员一门心思敲骨榨髓、搜刮民财，百姓被逼得走投无路。与此同时，绵延不断的汉羌战争，掏空了东汉官府。

地方豪强日趋壮大，不断蚕食、兼并百姓的土地，与此同时，各种天灾接踵而至，让黎民百姓挣扎在死亡线上，被迫卖儿卖女，不少地方甚至出现了人相食的惨剧。

一场摧垮大汉王朝的暴风雨将要来临，民间的零星暴动，不过是暴风雨的前兆罢了。

当人们对残酷的现实感到绝望时，往往会从宗教中寻求慰藉。东汉王朝的腐朽统治为宗教传播提供了温床。道教就在这种情况下悄然登场，在社会上流行开来。它分为两派：一派为沛国丰邑（今江苏丰县）人张陵创立的五斗米道（因入教信众需要交纳五斗米而得名），主要在巴蜀一带流传；另一派为巨鹿（今河北平乡）人张角创立的太平道。

汉朝时期，黄老思想备受推崇，琅邪道士于吉根据黄老思想创作《太平经》（又称作《太平清领书》，关于它的作者是否为于吉，史学界有争议），后传给张角。

张角略懂医术，他利用给百姓治病的机会秘密传教，号称"大良贤师"，号召民众团结起来推翻东汉王朝的统治。

许多穷苦百姓因张角的救治得以活命，对他无比信任，于是追随他的弟子越来越多。张角派人到青、徐、冀、幽、兖、豫、扬、荆等州传道。经过十几年的发展，太平道信众已达三十多万。

后来，太平道甚至传入皇宫中，有不少宦官都成了太平道信徒。

张角将信徒分成三十六方，每方从六七千人到一万人不等。每方设方帅一名，张角自任教主。

中平元年（公元184年），张角觉得时机已成熟，遂决定于当年三月五日发动起义，规定义军一律头裹黄巾，故称为"黄巾军"。

黄巾军到处散布"苍天已死，黄天当立，岁在甲子，天下大吉"的预言，中平元年为甲子年，苍天指东汉朝廷，黄天指黄巾军，暗示黄巾军这年将要推翻汉朝。

为了达到出奇制胜的目的，张角决定在敌人心脏地带——洛阳发动起义，给朝廷致命一击，一举推翻东汉王朝。

为了方便锁定攻打目标，起义军暗中在洛阳大小衙门的大门上都写上"甲子"二字。

为了配合洛阳起义，张角命令马元义等发动荆、扬两州数万教徒北上转移到邺地（今河北临漳）。马元义成功将中常侍封谞、徐奉等几名高层宦官发展为教徒，让他们在皇宫做内应，配合黄巾军起义，里应外合，快速占领皇宫。

起义活动按照规划有序进行，朝廷上下还浑然不知，如果不出意外，黄巾军一夜之间就会控制洛阳，将朝廷君臣一锅端。

然而，百密一疏，谁也没料到，就在起义前夕的节骨眼上，义军内部出了叛徒。张角的弟子唐周叛变，向朝廷告发。

汉廷上下闻之大惊失色，紧急出动官兵搜捕潜伏在洛阳境内的义军人士，仓皇之间，马元义来不及逃脱，被捕后被处以车裂，太平教徒一千余人被捕处死。

一场本来计划周详的起义就此被镇压，以失败告终。

张角得知洛阳起义失败后，只得下令各地太平道信众提前举事。

张角自称"天公将军"，其弟张宝称"地公将军"，张梁称"人公将军"。消息传开，各地黄巾军纷纷揭竿而起，有数十万之众，他们拿起武器、攻入官府、杀死官吏、开库放粮、救济穷人，没多久，义军起义之势便席卷全国。

镇压黄巾军

　　黄巾军本想突然在洛阳发动起义，虽然最终失败，但仍将汉廷君臣杀了个措手不及，使汉灵帝惊慌失措。

　　黄巾军从冀州、颍川、南阳三面进逼洛阳，朝廷上下一片慌乱。由于前后两次党锢，朝廷中有能力的大臣，要么被诛杀，要么被夺取官职，剥夺了出仕的资格，就剩下一群祸国殃民的宦官和只知拍马溜须的跳梁小丑。他们平常捞钱、欺压百姓在行，但指望他们平定黄巾军，无疑是白日做梦。

　　汉灵帝一面下令各地州郡加强武器装备，操练军队，在关隘做好防守，阻止黄巾军向洛阳靠近，一面命大将军何进率领左右羽林五营士修整武备，镇守京城，以防万一。

　　北地太守皇甫嵩上书，对当前国家形势进行了剖析，指出想要解决目前的危机，唯有赶紧解除党禁，起用因党锢之祸受到牵连的官员和士人。汉灵帝总算明白过来，就目前的局面，除了接纳皇甫嵩的意见别无他法，便下令解除党禁，拿出府库钱财做军资，调发西园厩马武装军队。

汉廷下诏，任命尚书卢植为北中郎将，持节（代表朝廷，可以权宜行事），率军征讨张角；任命皇甫嵩为左中郎将、朱俊为右中郎将，率领北军五校士、三河骑士及募精勇四万多人，前往颍川镇压黄巾军。

中平元年四月，朱俊率官兵赶赴颍川。

朱俊估计是太小瞧对手了，认为黄巾军不过是一群没有经过任何军事训练的泥腿子，必然会一触即溃，谁料却被黄巾军击败。

皇甫嵩觉得目前的局面对己方不利，便下令暂且屯兵长社（今河南长葛东北），再做打算。不料，被汹涌而来的黄巾军团团包围，形势非常危急。

敌我双方人数一对比，官军明显处于劣势，望着一望无边的黄巾军，汉军开始心中发怵。好在皇甫嵩久经沙场，作战经验丰富，镇定自若，军心才稍稍安稳下来。

皇甫嵩登上城楼观察敌情。黄巾军毕竟大多数是农民，打仗时，完全凭借一股血气，乱哄哄地一拥而上，依仗着人多的优势，再加上汉军不少将领是无能之辈，故而取得了一系列胜利。但他们根本不懂行军布阵，安营扎寨更谈不上有何章法，竟然将营寨安扎在草木茂盛之处，这种做法，犯了兵家大忌，让皇甫嵩一眼就看出了破绽。

夜幕降临之际，天色突变，大风骤起，皇甫嵩趁机派人潜出城外，悄然绕到黄巾军营地后方，点燃了枯草。很快，火势借着风力蔓延开来，烧向黄巾军营地。

汉军在城头看到自己人得手，便举着火把呐喊助威，一时间，漫天大火，铺天盖地的喊杀声从四面八方传来，黄巾军顿时被吓蒙了，他们不知道汉军究竟来了多少人，再也无心恋战，纷纷狼狈逃窜。皇甫嵩趁机杀入军营，一举解除了长社之围。

时年五月，朝廷拜曹操为骑都尉，率兵赶赴战场，与皇甫嵩、朱俊合兵一处，歼灭黄巾军数万人。

骑都尉官秩两千石，属于中层军官，这是曹操首次被授予军职。亮相疆场，他手握军权，自然与以往在行政衙门当差有了很大不同，自此，曹操的人生迎来了转机。

皇甫嵩、朱俊乘胜转战汝南郡（今河南平舆北六十公里）和陈国（都城在今河南淮阳），先后败黄巾军波才于阳翟（今河南禹州），败彭脱于西华（今河南周口西），后攻东郡（今河南濮阳南）黄巾军，败卜己于苍亭（今山东阳谷北），共斩杀七千余人。

至此，颍川黄巾军彻底覆灭。

此时，冀州有黄巾军共二十万之众，由张角亲自统领。中平元年六月，北中郎将卢植、东中郎将董卓受命前往镇压。

两军交锋初期，黄巾军受挫，被卢植打败，斩首万余人，张角被迫转移至广宗，战局对汉军有利。谁料就在这个节骨眼上，朝廷却临阵换将，换下卢植，由董卓取代他的位置，统领作战事宜。结果，董卓被黄巾军在下曲阳（今河北晋州西）打败，狼狈逃回。

董卓损兵折将，朝廷震怒，将其下狱，命皇甫嵩率军北上，攻打冀州黄巾军，朱俊带兵南下，围剿南阳黄巾军。

皇甫嵩率军至冀州巨鹿郡，与黄巾军人公将军张梁交战于广宗，未能取胜。皇甫嵩觉得，汉军兵力少于黄巾军，正面交锋，未必有多少胜算，只有出奇方可制胜，遂下令闭营不出。

黄巾军见状，以为汉军怯战，便放松了警惕。

深夜时分，黄巾军皆已入睡，皇甫嵩趁其不备，率军杀出。黄巾军根本来不及组织抵抗，被汉军杀了个七零八落，三万余人被歼灭，张梁也死于混战之中。

溃败后，逃离战场的黄巾军争抢渡河，慌乱之中，不少人跌入水中，溺毙者五万余人。

此前，张角已病逝，然汉廷对他这位黄巾起义的首倡者和太平道的教主，并没有人死就放过，皇甫嵩下令将张角的棺椁挖出来，拽出尸体，割下头颅，传首洛阳。

十一月，皇甫嵩与巨鹿太守郭典联合率军攻打下曲阳的地公将军张宝，黄巾军兵败，张宝战死，十万义军皆被斩首。皇甫嵩下令，在下曲阳城东高高垒起十万人的头颅，其场面惨不忍睹。

张角兄弟从中平元年二月起兵，到十一月被剿灭，历时九个月，以失败告终，但各地余部仍然在坚持战斗。

就在皇甫嵩剿灭冀州张角兄弟三人时，朱俊正在宛城与黄巾军对峙。

南阳黄巾军于中平元年三月占领南阳郡治宛城（今河南南阳），太守褚贡被斩，汉廷命秦颉接任南阳太守，秦颉击杀义军头领张曼成。

张曼成虽死，但义军在赵弘的带领下，愈加壮大，达十多万人。

朱俊和秦颉合兵一处，麾下兵力达一万八千人。汉军围困南阳三月有余，久攻不下，城池依旧掌握在黄巾军手中。

汉军人少，不利于长期僵持，况且此时，朝廷对朱俊已有不耐烦，要不是司空张温拦着，朱俊早被罢职了。

恰好此时，赵弘战死，韩忠继任为黄巾军主将。趁敌军换帅、军心未稳之际，朱俊决定改变作战策略，下令在宛城城外西南堆起一座土山，让士兵们站在土山上摇旗击鼓，摆出一副俯冲入城的架势。黄巾军果然上当，集中全部力量防御西南，导致东北出现空虚。

朱俊趁机率精兵五千，潜至城东北，趁其不备，杀入城中。等韩忠反应过来，为时已晚，他只好放弃外城，退守小城，眼看无法长久对峙下去，便提出向汉军投降。

众人都认为，现在官军皆已人困马乏，应该接受投降，唯有朱俊坚决不同意。为了防止黄巾军被逼急了拼个鱼死网破，朱俊决定用诱敌之计，佯装撤走包围小城的军队，暗中潜伏下来。

城内黄巾军发现城外的汉军一夜之间不见了，便大胆冲了出来。

困在城中时间太久了，大家都只顾自己逃命，三三两两，不成队形。朱俊趁机率汉军突然从后面杀出，黄巾军慌乱中且退且战，被斩杀一万多人，韩忠也被秦颉斩首，余皆瓦解星散。

黄巾军暂时被镇压下去了，但自此东汉王朝也彻底走上了不归路。为了剿灭黄巾军，朝廷下诏，同意将财政、募兵等权力下放给地方，有些地方撤销刺史，设置州牧，地方州郡权力大大增强。

权力下放容易，想再收回来却难上加难。各地刺史、太守、州牧等地方大员将财政军大权集于一身后，逐渐不将中央朝廷放在眼里，形成诸侯割据之态。自此，大一统的中央王朝一去不复返，朝廷被逐渐架空。

因镇压颍川黄巾军有功，曹操被朝廷任命为济南相。

时势造就英雄。天下大乱之时，英雄辈出，曹操也开始一步步走上历史的大舞台。

第三章

乱世求存

将反腐败进行到底

汉朝时期，地方上实行郡国制度，郡县太守、县令等官员由朝廷直接任命，此外，还有一部分封国，封给同姓宗亲。

汉景帝时，发生七国之乱，叛乱平息后，朝廷吸取教训，为了防止封国势力过大，对朝廷构成威胁，规定藩王除了享受地方上的赋税外，不得插手一切军民事务。此后，藩王权力被剥夺殆尽，封国的实际权力掌握在由朝廷任命的国相手中，所以，曹操出任的济南相，其权力基本上与太守相差无几。

济南国治所在东平陵县（今山东章丘西），国境临海，下辖今山东济南、章丘、济阳、邹平等地。

曹操上任济南相后，发现济南国一片混乱，官场腐败不堪，大小官吏与当地豪强勾结，贪赃枉法，祸害百姓。

国相由朝廷委派，而地方官吏多是本地人，他们之间关系盘根错节，形成进退与共的利益同盟。他们不但在地方上拥有强大的背景，在朝廷也有后台撑腰，因此，从不把国相放在眼里。历任国相由于层层掣肘，根本无法作为。

得知曹操出任济南相时,当地官吏和豪强们根本没把他当回事,料定他的结局和前任们差不多,那就是不得不灰溜溜地离开。

但是,曹操就不信邪,到任后,决定要抵制住这股歪风,拿这些不法官吏开刀,以整治官场秩序。

经过一段时间的摸底,曹操对济南国境内的情况有了初步掌握,为了捍卫王朝法律的尊严,他决定先摘掉一些人的官帽,让他们知道做官的底线。

经过充分调查、掌握实证之后,曹操向朝廷揭发,一举将八名官员撤职。在毫无征兆的前提下,曹操以雷霆之势快速出手,精准打击腐败,在济南国的官场上引发了一场政坛地震,闻者无不心惊胆战。

朝廷那些幕后大人物对曹操这种做法非常嫉恨,只是面对铁证,又找不到曹操的把柄,短期内也只好隐忍。

济南国境内的豪强们被曹操的强势执法所震慑,唯恐有一天被曹操盯上,招惹上麻烦。

有些劣迹斑斑的豪强听到曹操来了,吓得纷纷搬到邻近郡县避风头。

为何济南国积累多年的官场顽疾,被曹操在短时间内就给清除了?

孔子云:"其身正,不令而行;其身不正,虽令不从。"

曹操之所以敢拿济南国贪官污吏开刀,就是因为他跟这些人没有任何利益纠葛。

另外,曹操做事向来果断、有魄力,该出手时就出手,绝不拖泥带水,碰上曹操这样的主,济南国那些贪官污吏只有自认倒霉的份儿。

镇住官场歪风之后,曹操决定从移风易俗着手,改变济南国民生疲弱的状况。

以退为进，称病还乡

当时济南国境内有个现象，就是民间重祭祀，祠庙非常多。

想当年，汉高祖平定天下后，封长子刘肥为齐王。吕后死后，她娘家一帮子侄作乱，刘肥次子朱虚侯刘章在平定诸吕之乱中建立大功，被封为城阳王，始立济南国。后来，济南国参与七国之乱，平叛后，被废除。光武帝重建大汉后，于建武十五年（公元39年）重新设立济南国。

城阳景王刘章在汉室危急关头拨乱反正，在朝野上下颇有威望，他死后，济南国就开始出现祭祀他的祠庙。数百年下来，经过不断扩充，建成了越来越多的城阳景王祠。

随着时间的推移，城阳景王祠祭祀已经变了味，从最初单纯纪念他为国建功之壮举转变为祈福之地。许多商贾从中看到了商机，开始参与修建城阳景王祠，将其打造得非常奢华，他们勾结当地官吏、豪强，以祠庙作为敛财的工具，宣扬供奉丰厚者必将得到神明庇佑，若不遵从，必然会遭到惩罚。

济南国境内的城阳景王祠达六百余座，它们成了官商榨取老百姓钱财的场所。办一次祭祀，往往要杀猪宰羊、锣鼓喧天、大肆铺张，闹腾好多天，这些开支无一例外都被分摊到老百姓头上，成为一笔沉重的负担。官吏、豪强、商人们却借机大发横财。

普通老百姓深受迷信思想的毒害，无不争着向城阳景王祠献贡，不少人被害得倾家荡产，家破人亡。

曹操觉得如果继续纵容这种淫祀，迟早会逼得老百姓活不下去，这种不良社会风气必须得到遏制，不能再任其蔓延。

相对而言，整顿吏治、打击豪强，面对的毕竟还是少数人，但改变一种习俗，尤其是一项长达数百年的社会陋习，谈何容易？这需要很大的勇气，如果处理不好，还有可能产生负作用。

面对阻力，曹操没有退缩，而是沉着应对。

曹操定然知道，那些受到他打压的官吏和豪强，此刻巴不得他出错，估计他们正在暗中煽动不明真相的百姓出来闹事，一旦风向有变，他们就会立刻跳出来，将曹操撵出济南国。

困难重重，步步陷阱，进还是退，实难选择。

不过，接下来发生的事，让那些企图看曹操笑话的人失望了。

他毅然下令拆除济南国境内祠庙，严禁官民再搞这种劳民伤财的迷信活动。

在当时，拆除祠庙这种事不单单是得罪人这么简单，还要承受巨大的心理压力，因为在古代社会，人们普遍敬畏鬼神，我们无法得知曹操的鬼神观和信仰情况，但他这种敢于破除迷信的魄力，令人肃然起敬。

曹操明白，当一座座祠庙被夷为平地、化为乌有时，必然会引起轩然大波，不但会招来官商层面的反扑，也会让许多不明真相的信众觉得感情受到伤害。

然而，曹操认定的事，纵然千难万险，也会毅然去做。

轰轰烈烈的拆庙行动在济南国全面展开，在这个过程中，发生了什么事，史书中没有任何记载，所以我们不得而知，但这件事带来的震撼却是可以想象的。

禁止淫祀之后，济南国境内这项传承了数百年的劳民伤财的习俗被画上了句号。

禁止淫祀，固然是为了打击地方豪强，但估计曹操还有更深层次的考虑。曹操参加了平定黄巾起义的战争，深知张角兄弟之所以能够将数十万民众组织发动起来，全靠宗教思想。如果济南国境内的这种淫祀活动不及时加以制止，万一被人煽动利用，必然会造成很大的社会动荡。

整治贪官、禁止淫祀这两件事，无论哪一件，都很得罪人，曹操算是把济南国境内上上下下得罪了个遍，他已明显感觉到来自各方的压力。如果长期发展下去，势必会遭到报复。

曹操不畏强权，敢于破除陋习，并不等于没有顾虑。他觉得自己在济南相的位置上没法再待下去了，于是，向朝廷提出辞职，希望把他调回京城洛阳，留在皇帝身边担任宿卫一职。

这些年来，曹操在官场上得罪了许多人，尤其是皇帝身边的那些宦官，更对曹操恨得咬牙切齿。对此，曹操自然心知肚明，他担心这些人终有一天会发起反击，伤害到自己和家人，所以他想回到洛阳，留在皇帝身边。在天子脚下，宦官们多少会有所顾忌，不敢轻易对他下手。

曹操的心思，宦官们自然一清二楚，他们岂能让对手如愿？

曹操很快接到朝廷对他的新任命，出任东郡太守。曹操明白了，有人不愿意让他返回京城。

其实，曹操出任东郡太守也不算太差，就职位高低来说，和他担任的济南相属于同一级别。但是，曹操接到任命书后，并没有急着去上任，而是陷入了沉思。

在济南国任国相的这些日子，曹操对地方上的状况已经有了很深的了解，他知道，到了东郡太守任上，面临的情况估计和现在差不多，想要有所作为，估计很难。

那么，接下来的路怎么走，难道到了东郡将济南国的事重新上演一遍，然后又灰溜溜地逃离，再换一个地方？

大汉的天下如此之大，州郡数量如此之众，单凭曹操一人，又能改变多少？

如今大汉王朝已病入膏肓，现在该考虑的是如何改变整个国家的面貌，而不是一州一郡之治！

思前想后，曹操终于决定先暂时告别官场，好好思考一下未来的发展方向。于是，曹操向朝廷提出，自己生病了，没法前去履职。

此时，朝廷方面或许觉得直接让曹操滚蛋有点不近人情，便采取了个折中方案。你不是想回洛阳吗？那么就回来吧，继续担任议郎好了。

经过这么一来二去，曹操想回京城的想法倒不那么强烈了。

曹操觉得议郎这种闲差，就是混吃等死，纯粹浪费生命。人生不满百，何不秉烛游？人生有多少年华值得去肆意挥霍？还不如赋闲在家。遂索性一并婉辞了。他收拾行囊，回了老家。

曹操出来打拼，弹指间，十年时间一晃而过，在这期间，除了短暂在家隐居读书外，曹操先后担任洛阳北部尉、议郎、骑都尉、济南相，就工作职责来说，管理过治安，进过中央咨询机关，带兵打过仗，担任过高级行政首脑，拥有了丰富的行政管理经验和相当的军事素养，这无疑是一张过硬的从政履历表。

然而，遗憾的是，这些年来，曹操每次都是满怀希望奔赴新的工作岗位，但最终总是黯然离场。

曹操在出仕和隐退之间自由切换，看上去很潇洒，但内心的苦涩，恐怕只有他自己知道。

十年对于一个人来说何其宝贵，曹操已经从一个热血青年变成一名成熟的中年人。他不再毛躁，开始理性看现实；不再愤世嫉俗，开始认真思考自己的未来。

十年的官场生涯，他见过了太多丑陋嘴脸，对官场的黑暗看得太透彻。曹操明白，单靠一腔热血、满怀正义，凭一己之力，根本无法改变这个世界。想要匡扶正义，必须有资本，先要强大自己，然后才会有话语权。

许多人在职场摸爬滚打半生，屡屡碰壁，但始终不明白其中原因，就是由于不善于总结自己，不懂得冷静分析所处的环境，不知道自己究竟适合干什么，怎样才能干好。

或许，在匆匆一生中，我们所缺的不是学历、资历或者机遇，而是认真地认识自我。

同样，曹操也面临人生的抉择时刻。

幸运的是，曹操选择了退让。老子云："夫唯不争，故天下莫能与之争。"并不是所有的退让，都是逃避和怯懦，恰恰相反，有时候退一步海阔天空，退让也是一种进取。

曹操选择暂时退出官场，回到家中闭门读书，让自己避开了官场的尔虞我诈，静静等待时机，等待天下风云格局变化之时，东山再起。

这一年，曹操次子曹丕出生。

拒绝阴谋

曹操在老家期间，日子过得闲适自在，在谯水边筑造了几间朴素而又雅致的房舍，整日闭门谢客，沉浸在书卷之中，一副不问世事、超然物外的姿态。

冬春之际，天降大雪，曹操骑马外出，弯弓狩猎，徜徉于山林之间，流连忘返。

难道曹操就此意志消沉，对仕途绝望，甘愿归隐林泉了吗？

当然不是。曹操是有抱负之人，一心想做大事，他的归隐姿态，只不过是做给外人看的。

虽然还年轻，但经历数年宦海沉浮，曹操对世事的看法早已发生了很大的变化，他不甘心就这样浑浑噩噩，一辈子只做一个官场庸吏，他想要做的是扭转乾坤。

汉朝之时，隐居也是一种积攒人望的策略，可以提高知名度。当一个人很有能耐，又闲居田园，摆出一副淡泊名利的姿态，其实就是一种自我炒作的手段。

这种欲扬先抑、欲仕先隐的把戏，最终目的就是抬高身价，待价而沽。

朝廷方面，对于这种人自然也要做出回应，摆出礼贤下士、不容野有遗贤的姿态。

说白了，对于这种双簧戏，双方都心知肚明，所以戏码要做足，但又要拿捏好火候，免得"翻船"。

曹操对外放话，要做二十年隐士，其实，没几年光景便被征辟了。朝廷设立西园八校尉，以小黄门蹇硕为上军校尉，虎贲中郎将袁绍为中军校尉，屯骑校尉鲍鸿为下军校尉，曹操为典军校尉。

汉灵帝之所以成立西园军，直接诱因是，当时凉州韩遂、马腾起兵叛乱，京师洛阳受到威胁。为了加强首都防守，保护朝廷安宁，很有必要成立一支由皇帝直接掌控的禁卫军。

实际上，成立西园军还有另外一个目的，就是从大将军何进手中分散军权。

宋皇后被废后，汉灵帝立何贵妃为后，何皇后的异母兄何进自然也受到重用，官拜侍中、将作大匠、河南尹。

中平元年，以马元义为首的黄巾军企图在京师洛阳发动起义，不料被何进提前觉察，朝廷迅速出兵镇压，东汉王朝才侥幸躲过一劫。及张角兄弟在冀州起义时，何进带左右羽林军五营士驻扎于都亭，扼守要塞、修理器械、全力备战，以拱卫京师。

何进因功官拜大将军，封慎侯。

大将军一职在汉朝为武职之首，秩万石，至汉末，其位在三公之上，手握重兵，地位显赫。东汉时，大将军一职多次由外戚出任，他们权倾朝野，甚至威胁到皇帝，比如被称作跋扈将军的梁冀，竟然敢鸩杀皇帝，因此，汉灵帝不能不对何进有所忌惮。

既要倚重外戚势力，又要防止它过于庞大，就必须有一支力量掌握在自己手中，对它进行牵制。出于这一缘故，汉灵帝设立了一支禁军，称作西园军。

从西园军校尉的人事安排可以看出汉灵帝的煞费苦心。首先，这支队伍必须牢牢掌握在自己信得过的人手中。皇帝最信任谁？自然是宦官，所以任命蹇硕为上军校尉，担负着统领职责，同时为了安抚世家大族，任命袁绍为中军校尉，又安插宦官家庭出身的曹操为典军校尉。这样一来，方方面面都照顾到了，还能够相互制衡，不至于一家独大，威胁到皇权。

掌握了西园军，就意味着取得了皇帝的信任，可以更靠近皇帝本人、更接近权力核心，自然也会万人瞩目。

如果说因为曹操可以靠近皇帝，就少不了有人设法跟他套近乎，希望他能在皇帝跟前替自己美言几句，给皇帝留个好印象，最好能够被提拔重用，这还能理解。

这类人虽然招人厌烦，但也在意料之中，对于在官场摸爬滚打多年的曹操来说，应付起来自然不是难事。

然而，令曹操万万没想到的是，有人送来一封信，竟然上门拉他入伙，一起搞政变，废掉汉灵帝，改立合肥侯。

写信者是冀州刺史王芬。

对于王芬，相信绝大多数人都很陌生，说白了，在东汉末年的历史上，他就是属于"打酱油"级别的，至于合肥侯是谁，史书记载不详，连个名字都没留下来，可见属于不起眼的小角色。

就这样一个人，竟然想搞一次政变，直接废掉汉灵帝，改立合肥侯。

参与王芬阴谋的还有南阳许攸、沛国周旌等人。他们计划趁着汉灵帝出巡之际，劫持皇帝，诛杀宦官，另立新帝。

王芬之所以动了废立的念头，原因说起来很可笑。陈蕃的儿子陈逸和一名叫襄楷的术士到王芬府上做客，闲谈之时，不知出于什么目的，襄楷对王芬称，通过观察，天象暗示宦官们很快会遭受灭顶之灾。王芬一听，顿时来精神了，既然如此，还等什么，抓紧时间动手，向宦官们开刀。

宦官们为什么这么嚣张？还不是由于背后有皇帝撑腰，所以想要彻底解决宦官问题，必须从根源入手，要是直接把皇帝废了，铲除宦官，还不是轻而易举？

汉灵帝是从河间国入继大统的，王芬探听到，汉灵帝想要返回河间省亲。要去河间需要路过冀州，王芬想趁其不备，一举废掉皇帝，改立合肥侯。

当然，做这等事没有内应是不行的，于是王芬便想到了曹操，个中原因也很简单，西园军对皇帝的行动比较了解，只要曹操点头，这事就相当于成功了。

王芬是如何想起拉拢曹操入伙的，史书中没有记载，按理说，废立皇帝这等绝对机密的事，要是没有过硬的交情，是不可能透露的，但曹操和王芬似乎也没有任何交往的记录，因此，唯有一种可能，就是许攸在其中发挥了某种牵线的作用，因为许攸和曹操在年轻时曾做过同学。

曹操接到王芬的书信后吓了一跳。客观地说，这些年来，面对乌烟瘴气的朝廷，曹操同样一肚子怨气，很不满意，但怨归怨，废掉皇帝这样的念头，他从来没想过。

原因很简单，废立皇帝，在任何朝代都不是闹着玩的，成功概率不太高，且一旦失败，所有参与者必身死族灭。况且，无论皇帝本人如何平庸昏聩，但他毕竟是国家统一和稳定的基石，不到万不得已，不能轻易触动。

历史上，废立皇帝的，即使成功了，也难逃身后非议，忠贞如伊尹、霍光，世人对其尚且褒贬不一，更何况一般人。

汉灵帝宠信宦官，将朝政搞得乱七八糟，世人皆知，但这并不意味着王芬等人就稳操胜券。

此时，汉朝已经延续近四百年，数百年来积累的各种弊端，岂是换个皇帝就能解决的！

况且王芬等人不过是一群乌合之众，成功的可能性基本为零。退一步来说，就算成功换掉了皇帝，让合肥侯上台，难道就会完全铲除宦官集团？不过是杀掉一批宦官，另行扶持一拨人而已。

此外，王芬等人动机不纯，他们绝不是为了解决国家当前的危机，而是想通过改朝换代，实现个人野心。以他们目前的实力，根本做不到废立皇帝。一句话，实力撑不起野心。

最后，很关键的一点，虽然大汉王朝内外交困，但无论外戚还是宦官，都无法一强独大，达成彼此间默契的平衡支撑点，恰恰就是汉灵帝，所以，无论外戚还是宦官，都不愿意废立皇帝。后来董卓进京，废掉少帝，改立献帝，自此东汉王朝陷入无序状态，天下大乱，恰恰证明了这一点。

因此，曹操面对王芬等人的拉拢，丝毫没犹豫，一口回绝了，并写了封信，劝王芬提早收手：

夫废立之事，天下之至不祥也。古人有权成败、计轻重而成之者，伊尹、霍光是也。伊尹怀至忠之诚，据宰臣之势，处官司之上，故进退废置，计从事立。及至霍光，受托国之任，藉宗臣之位，内因太后秉政之重，外有群卿同欲之势，昌邑即位日浅，未有贵宠，朝乏说人，议出密近，故计行如转圜，事成如摧朽。今诸君徒见曩者之易，未睹当今之难。诸君自度，结众连党，何若七国？合肥之贵，孰若吴、楚？而造作非常，欲望必克，不亦危乎！

你们只是看到了伊尹、霍光等人轻松换掉了皇帝，却没看到其背后的风险。

王芬已经鬼迷心窍，自然不会因为曹操的规劝而罢手，结果东窗事发，被迫自杀，一场政治阴谋活动就这样无声无息地流产了。

据司马彪《九州春秋》记载，汉灵帝之所以觉察王芬的阴谋，是由于有太史建议说"当有阴谋，不宜北行"，所以便临时取消了北巡的计划。

不过，不排除其中还有一个原因，就是曹操揭发了王芬的阴谋。因为当时曹操的父亲曹嵩已经退休、告老还乡了，如此一来，曹操在朝中就失去了一棵可以为他遮风挡雨的大树，所以，他迫切需要表现自己对朝廷的忠心，王芬恰好给他送来了这样一个天大的好机会。

实事求是地说，当时的曹操对汉室还是忠心耿耿的，一心想为朝廷效力，最大志向是能够做个征西将军，期待身后能在自己的墓碑上写上"汉故征西将军曹侯之墓"。

然而，树欲静而风不止。风云激荡的政局，使得曹操注定无法在平稳中走完一生，面对变幻莫测的政治斗争，他也很难置身其外、独善其身。

宦官专政，屠夫为将

汉灵帝后期，以蹇硕为首的宦官团伙与以大将军何进为代表的外戚之间，为了争权夺利而明争暗斗，都想除掉对方。

蹇硕此人，虽然是宦官，但体格非常健壮，倒也有几分伟丈夫的气概，很受汉灵帝的宠信，所以被任命为西园八校尉之首，执掌兵权。

尽管握有兵权，但何进是大将军，理论上还是蹇硕的上级，故蹇硕对他一直很嫉恨。

何进也有他的软肋。他家境贫寒，屠夫出身，本身才能平平，没有过人本领，之所以能够爬到大将军的位置上，主要是因为妹妹受到汉灵帝宠爱，他靠着裙带关系上位。此外，还有运气的加持，赶上有人告密，平定了黄巾军洛阳起义，弟弟河南尹何苗又击退了荥阳起义军，便自以为一家人都对朝廷有功，不把蹇硕等宦官放在眼里。

中平五年（公元 188 年），何进精心策划了一场阅兵活动，请皇帝亲临阅兵现场。

何进下令筑一高坛，在坛上建十二层五彩华盖，足有十丈高。在高坛东北建一小坛，坛上建九层华盖，高九丈。

何进请汉灵帝立于高坛，自己则站在小坛上主持阅兵。

从全国各地征召来的将士们，包括步兵和骑兵，列成方阵，从高坛下走过。检阅完毕后，估计汉灵帝也被眼前汉家将士的雄壮威仪所触动，脱下冠冕衮服，换上铠甲，自称"无上将军"，骑马绕着军队方阵走了三圈，才心满意足地离去。

经过此次阅兵，何进达到了树立个人威望的目的。

宦官们愈加嫉恨何进，他们知道，如今靠皇帝撑腰，还能够安然无事，一旦汉灵帝驾崩，执掌军权的何进想除掉他们，易如反掌，所以，趁着皇帝健在，必须设法除掉何进这一心腹大患。

恰好此时，西北边章、韩遂作乱，蹇硕和众常侍串通一气，劝汉灵帝派何进带兵去镇压，妄图借刀杀人，借叛军之手除掉何进。

汉灵帝对宦官们向来言听计从，心想平定地方叛乱本来就是大将军的职责，遂拨给何进兵车百辆，让他去西北平定边章、韩遂。

何进虽然没有多大能耐，但人不傻，一眼就看出了宦官们的把戏，便找各种理由拖延时间，就是不出兵。

中平六年（公元189年）四月，汉灵帝病危，他膝下有两子，何皇后所生刘辩和王美人所生刘协。刘辩为皇后所生，又年长，按照宗法制度理应由他来继承帝位，但是汉灵帝对他很不满意，认为他不具备帝王气度，心中属意刘协。

说起来，刘协来到这个世界上实属不易。何皇后为了让自己的儿子能继承皇位，一旦别的后妃怀孕，便多方暗害。王美人发现有了身孕后，一度犹豫要不要打掉孩子，但她屡次梦到自己背负太阳，觉得此儿定非寻常，最终还是冒险生了下来。

何皇后得知后，立刻感到自己儿子多了一个竞争者，秘密让人毒杀了王美人，刘协幸亏被董太后收养，才免遭毒手，捡了一条命。

汉灵帝得知此事后勃然大怒，一度想废掉何皇后，亏了一帮宦官帮衬，苦苦求情，何皇后才勉强保住了皇后的宝座。

临死前，汉灵帝给蹇硕留下遗诏，要求立刘协为帝。

如此一来，朝廷中形成了两股势力，一派是以蹇硕为首的拥立刘协帮，其背后是宦官集团，另一派是以何进为首的拥立刘辩派，其背后是外戚集团。

论理，这两派势力各有优劣。先说刘辩派，其优势很明显：首先按照传统嫡长子继承制，刘辩有先天的合法性，容易赢得士大夫阶层的支持；其次后宫有何太后撑腰，外廷有何进统揽军政大权。

看上去刘辩派强大无比，完全可以碾压刘协帮，但实际上并非如此。

尽管何太后和何进是兄妹，但两者之间的信息传递渠道并不通畅。何太后与宫外的一切信息传递都要通过宦官，如果何进和宦官利益一致，这自然不会是什么大问题，但如今两者之间尖锐对立，这就成了何进最大的软肋。

道理很简单，何进虽然贵为大将军，但在法理上，他必须得到太后旨意方能行事。如此，何进的一举一动，宦官了如指掌，但何进对宦官们的计划却一无所知，这完全是一场不对称的信息战。谁掌握了信息控制权，谁就能在斗争中赢得先机，这是古往今来永恒不变的真理。

再看刘辩帮，若论硬实力，以蹇硕为首的宦官自然无法和何进相提并论，但他们最大的筹码就是何太后。从表面上看，宦官们不过是一群家奴，而何进和何太后可是亲兄妹，两者之间的感情不可同日而语，但是在政治斗争和权力博弈中，亲情永远要让位于权力。

对于这一点，宦官们远比何进看得清楚。

袁绍的馊主意

何太后在后宫和嫔妃争斗的能力尚可，但要说治理国家，她根本没啥主见，完全将朝政交给兄长何进。唯有一件事，兄妹二人意见不合，那就是如何处理宦官。

按照何进的建议，这些宦官祸乱朝政不是一天两天了，就应该干净利落地除掉他们。

但是何太后不这么看，当初汉灵帝要废掉她，关键时刻，要不是宦官们苦苦哀求，哪有自己的今天？所以她从内心念着宦官们的好处。再说，宦官们整日待在深宫之中，兄长又大权在握，他们几个刑余之人，又能掀起多大风浪？

其实在何太后心中还有另外一层顾虑，那就是前朝梁冀等外戚欺凌幼主的鲜活例子摆在那里，兄长再亲也比不上儿子，所以留着宦官们多少可以对何进有所掣肘，达到权力的平衡。这样一来，她这太后可以坐得稳稳当当，她儿子的皇位也可以稳坐无忧。

但后来的事实证明，何太后的小算盘打错了。

何太后太小看身边这帮宦官了，她的一念之仁，不但害得自己身死族灭，而且将大汉王朝彻底送上了不归之路。

因为何太后不明白，何进虽然跋扈，但必须顾忌太后的意见，而宦官们是一群完全没有底线的权力怪兽，危急关头，他们什么事都敢干！

蹇硕知道，立刘协，就必须阻止刘辩上位，其背后最大的对手就是何进，只要铲除何进，一切就都好办了，于是和中常侍赵忠密谋，商议如何对付何进。

当然，蹇硕这么死心塌地地保刘协上位，要说是忠心执行先帝遗诏，谁会信呢？说到底，还是为了自己的权力。因为谁都知道，刘辩上台，蹇硕等宦官肯定要"歇菜"。

蹇硕刺杀何进的计划还没来得及进行，就由于保密工作不到位，被何进察觉。他提前下手，粉碎了蹇硕的宫廷政变计划，蹇硕被杀。

至此，刘辩上位的最大障碍被铲除，成功被拥上皇位，是为汉少帝。少帝封刘协为陈留王，朝政大权掌握在何太后和何进兄妹二人手中。

宫中的宦官们忙不迭地指着蹇硕的尸首说，这都是蹇硕一伙干的，我们毫不知情，我们是衷心拥护皇上和太后的，衷心支持大将军的。

这种话说出来，双方都不信，大家都知道彼此不信，但戏码还是要演足，好为自己一方争取时间。

宦官们整日心惊胆战，因为他们的力量也仅限于宫廷之内，一旦到了宫墙之外，根本奈何不了何进。

何进虽然掌握着天下兵马，但总不能带兵冲进宫去抓人。宦官们能做的就是设法让何进入宫，然后来个瓮中捉鳖。

洛阳，正处在暴风雨来临前的宁静中，双方都在暗地里摩拳擦掌、斗智斗勇，企图一举歼灭对方。

双方就这么僵持着。

何进召集属下众将领，就如何对付宦官商议良策。中军校尉袁绍建议，管他三七二十一，直接冲进宫，将全部宦官杀光。何进知道这样做太后不会同意，故犹豫不决，拿不定主意。

袁绍又提议，既然大将军不便出手，可以召地方上的将领入京威逼太后，诛杀宦官。

何进遂赞同袁绍的建议，打算召并州刺史董卓进京。

袁绍这个主意真的很烂，谁都知道董卓手下西凉兵骄悍，军纪败坏，让他们进京，万一无法约束怎么办？到时候请神容易送神难，京师洛阳恐怕在劫难逃。

主簿陈琳立刻站出来表示反对，称大将军总揽朝政，手中握有军权，收拾一帮宦官，就如同在火炉燎毛，轻而易举，何必召来地方将领做外援，一旦他们不受控制，将祸患无穷。

曹操当时也在场，听完何进和袁绍的一席话后，不由得冷笑，当场反对道："宦官古今都有，只要君王不过于骄纵，他们其实什么都不是。既然惩治罪犯，诛杀首恶，派出一名监狱官就可以了，何必大动干戈，召地方部队？如果要诛杀全部宦官，搞这么大动静，肯定会走漏风声，如此行动，必然会失败！"

曹操的意思很明白，首先何进没有理清思路，以至于本末倒置；然后不能将打击面扩展太宽，只要做到惩治首恶、从者不罚，成功从宦官内部分化敌人，就可以轻而易举化解目前的政治危机。

可惜的是，何进却不这么看，他虽然身居高位，但是目光却非常短浅，根本没有大格局。

在何进看来，曹操分明是和自己唱反调，在长宦官威风、灭自家志气；再仔细一想，曹操本就出自宦官家庭，难道他是别有用心，想趁机包庇宦官？于是怒气冲冲地对曹操说："孟德（曹操字）这是怀有私心吧？！"

曹操一看，何进根本听不进去，知道此时再说什么都是废话，便退了出来，对人说："扰乱天下者，必定是何进！"

曹操已经看了出来，按照何进袁绍之流的做法，天下大乱无可避免，是时候考虑下一步该怎么办了。

第四章
风云突变

祸起萧墙

何进召董卓进京，为何招来一致反对，这还要从董卓此人说起。

董卓，字仲颖，陇西临洮（今甘肃岷县）人。董卓父亲董君雅曾担任颍川郡轮氏县尉，故董卓幼年时曾在颍川一带度过，稍长，便随父亲返回故里。

董卓从小就胆大妄为，啥事都敢干，从一例子就可以看出来。

董卓老家陇西一带处于汉人、羌人大杂居的状态，羌汉两族长期生活在同一片天空下，友好互助，结下了深厚的友谊。

董卓为人大大咧咧，整天有事没事到处瞎逛游，好与当地羌人交友，一来二去，就与羌人们打成一片。董卓在羌人地盘转悠之际，羌人们没少拿好酒好肉款待他。

日子久了，羌人也少不了回访他。

有一次，有一帮羌人部族头领前来拜访董卓。董卓一时间拿不出啥好东西来招待客人，索性杀了头耕牛来招待。

要知道，在两汉时期，耕牛是最重要的农业生产工具，因此朝廷严禁私自屠杀耕牛。但董卓我行我素，才不管这么多。羌人被董卓的豪爽不羁所感动，回去后，给他回赠了许多牲畜。

从这件事可以看出，董卓此人一方面豪爽大气，另一方面又无视规矩，视法律如儿戏。这样的人，如果是个平常百姓也就罢了，只要一朝得势，就注定会给天下带来祸端。

后来，董卓从军，开始了他的军旅生涯，与匈奴、鲜卑、羌人都打过仗，由于作战勇猛，职位不断提升，一直坐到并州刺史、河东郡太守的位置上。

中平元年（公元184年），黄巾起义爆发后，董卓受命前往镇压，其长期与周边少数民族作战的经验在农民起义军面前却不灵了，结果一败涂地。损兵折将的董卓被下狱，交付廷尉审讯。

不过董卓运气很不错，恰逢朝廷大赦天下，捡回一条性命。

董卓出狱后没多久，迎来人生转机。

当年冬天，凉州边章、韩遂等人以反对宦官干政为由发动叛乱，进攻三辅地区，逼近关中西汉诸帝陵寝，朝廷震动。

次年三月，董卓被朝廷任命为中郎将，作为左车骑将军皇甫嵩的副手，出征平叛。

然而，韩遂的战斗力非常强，皇甫嵩和董卓根本不是他的对手，接连吃败仗，朝廷遂下诏将皇甫嵩撤职，由司空张温接替，以袁滂为副手、董卓为破虏将军，继续与叛军战斗。

董卓本来相当于军中二把手，如此一来，相当于被降职了，他对朝廷的做法很不满，相当恼火。

张温上任后，并没有扭转战局，反而与叛军刚一交手就被击溃，董卓看在眼里，越发不将张温放在眼里。

战事紧张，张温召集诸将议事，商讨下一步决战事宜，众人都按时到齐，唯独不见董卓影子。半晌后，才见他慢吞吞赶来，一副傲慢无礼、目中无人的样子。

董卓的做派让张温气不打一处来。堂堂主将，当着众人面受到轻视，让他很没面子。张温觉得，大敌当前，对董卓这种无组织无纪律的行为，决不能助长，便斥责了他几句。

如果是平常人被主将点名批评，该赶紧赔礼道歉、虚心接受才对，但董卓非但没有丝毫收敛，反而当着众人的面顶撞张温。

现场气氛顿时紧张起来。

在一旁的参军孙坚看不下去了，认为董卓这是公然挑衅主将权威，如此嚣张的气焰若不及时打压，往后还怎么统领军队？遂劝张温杀掉董卓，杀一儆百，以立军威。

然而，张温优柔寡断，一时拿不定主意，终究还是狠不下心来，此事便不了了之。董卓愈加肆无忌惮。

此后数年，董卓通过不断积累，逐渐有了自己的私家班子。他的队伍中掺杂着大量羌人、匈奴人等，虽然作战勇猛，但军纪很差，经常烧杀抢劫、奸淫掳掠，影响极其恶劣。

董卓的所作所为，朝廷一清二楚。但眼看董卓逐渐坐大，要是强行剥夺其兵权，恐怕会引起哗变，一时之间，朝廷也是陷入两难。汉灵帝病危之际，想出了一招釜底抽薪之计：下诏将董卓调任并州牧，看似给董卓升官，其实是想将他调离大西北，剥夺他手中的西凉兵。

董卓为人狡猾诡诈，对朝廷的用意自然心知肚明，当然不愿交出军权，他用各种理由和朝廷纠缠，最终依然带领三千人马去上任。不过，董卓走到河东郡便停了下来，盘桓于此，止步不前。

董卓看上去很鲁莽，其实政治嗅觉很灵敏，他明显觉察到朝廷即将发生巨变。河东距离洛阳不太远，董卓滞留于此，其目的就是想暗中窥伺洛阳的一举一动，趁机捞取更大的好处。

没多久，董卓便接到何进的诏令，让他带兵赶赴洛阳，威逼太后诛杀宦官。接到命令，董卓喜出望外。如今，他可以名正言顺地进入京城了。他立刻带领军队动身，星夜兼程向洛阳进发。

进军途中，董卓上书朝廷，弹劾宦官中常侍张让等人。尽管他包藏祸心，但表面上也要把自己打扮成义正词严、为国匡扶正义的样子。

何进在发出征召董卓大军进京的命令后没多久，便开始后悔了，于是派谏议大夫种劭前去阻止。

种劭与董卓相遇时，董卓已经率军抵达渑池。

种劭劝董卓，匈奴人有可能趁他不在、后方空虚之时，搞突然袭击，为防万一，让他赶紧带兵回去驻防。

如今形势，犹如箭在弦上，不得不发，董卓哪里肯听？他摆出一副忠心为国的姿态，表示一定要进京，铲除宦官。

种劭看出来了，董卓是铁了心要进京，任何说辞都无法打动他，只得返回洛阳。

得知董卓率军前来，何太后也开始意识到事态的严重性，态度开始有所松动，表示可以考虑罢免宦官。

宦官们觉得大势已去，有些人甚至已开始收拾行囊，准备返回故里。

就在此时，袁绍再次成为搅局者。他向何进建议，除恶务尽，要将宦官们老家的家人也一网打尽，何进深以为然。

面对空前危机，宦官们成群结队地前往何进府上，完全没了昔日作威作福的架势，装出一副可怜兮兮的样子，苦苦哀求何进，希望给自己留条活路。

何进被宦官们的假象蒙蔽了，指着他们骂道："天下汹汹，就是你们这些人引起的。现在董卓率领大军前来，必会大肆屠杀，你们要想活命，还是趁早离开京城！"

张让等宦官得到此消息后，顿时觉得何进这是要赶尽杀绝。与其坐以待毙，还不如先下手为强，遂决定抢先对何进下手。

何进是大将军，权倾朝野，张让等人不傻，知道冲出去跟何进拼命无疑是自寻死路，目前唯一的办法就是设法骗何进入宫，然后伺机下手。

如何骗何进入宫？只有从何太后身上寻求突破口了。何太后的妹妹嫁给了张让的养子，所以张让通过养媳买通何太后的母亲舞阳君，让老太太出面替他向何太后求情。

何太后左右为难，便表示，如果张让他们能当面向大将军何进哀告，或许事情还有转机。

张让一听，心想直接去找何进，那岂不是自寻死路？所以便假意对何太后说，现在袁绍一帮人在一旁怂恿大将军，直接上门恐怕凶多吉少，还是希望太后能当个和事佬，约大将军进宫，我等当着太后的面向大将军请罪，如果大将军还不肯原谅，那我们就任凭大将军处置，只要保持宫廷安宁，就算被处死，也心甘情愿。

张让的表演很真诚，何太后被打动了。

其实，何太后哪里知道，张让已经动了杀机。

何进的弟弟何苗拿了张让的好处，昏了头，也在一旁不停附和，何太后便派人宣何进入宫。

双方已是剑拔弩张，何进却自信满满，不顾众人劝阻，孤身一人进宫去拜见何太后。中平六年（公元189年）八月二十五日，宦官张让、段珪等趁着何进进宫之际，将他骗到嘉德殿杀死。

何进在世的时候与曹操交集并不多，但是何进死后，曹操与何家却依然维持着关系，曹操还娶了何进寡居的儿媳妇尹氏，后来尹氏为曹操生下一子，取名曹矩。

需要说明的是，尹氏过门时还带着一个孩子，曹操对他视若己出，将其抚养成人，此人便是魏晋时期赫赫有名的玄学家何晏。

再说何进遇刺的消息传到宫外，袁绍、袁术等人觉得此时不动手更待何时，立刻与何进部下吴匡、张璋等人率军杀入宫中，将宫中宦官，无论少长贤愚，悉数诛杀。两千余名宦官被杀身亡。

张让、段珪等虽平日作威作福惯了，但如今面对杀红了眼的将士们，哪里有什么办法？为今之际，唯有将皇帝攥在手心才能活命，于是，二人挟持汉少帝刘辩和陈留王刘协离开皇宫，从洛阳北门向北邙方向逃窜。

尚书卢植等人发现后，一路紧追，张让走投无路之下投水自杀，段珪死于乱军之中。

在洛阳宫中发生流血政变之时，董卓军队已抵达洛阳西郊驻扎。入夜时分，董卓看到宫中火光冲天，知道发生了变故，急忙起兵，在北邙阪遇到了流落在外的皇帝兄弟二人，便带着他们返回京城。

引狼入室

董卓入京之时，带来的兵马只有区区三千，他知道单靠这点兵力想镇住人心很难。于是，他想出一个点子，夜里将士兵分散偷偷出城，待到次日，又大张旗鼓入城，如此反反复复，搞得洛阳官民都弄不清董卓到底带来了多少兵马，只觉得西凉兵源源不断地开进了京城，开始有点惧怕了。

可以说，董卓的疑兵之计非常成功，不但很快在洛阳站稳脚跟，而且掌控了大局。

西凉兵战斗力很生猛，但军纪实在太差，进洛阳之后，便开始到处抢掠财物、淫辱妇女，与禽兽无异，哪里还有半点官兵的样子。

作为主帅，董卓非但不加以约束，反而放任部下，任由他们为非作歹。洛阳城一时间变成了人间地狱，阖城官民无不胆战心惊，生恐哪天灾祸降临到自己头上。

有一天，董卓带兵出城，行至阳城一带，当地正在举行庙会，热闹非凡。董卓兽性大发，下令把庙会现场的人统统抓起来，将男人斩首，砍下脑袋挂在战车两旁；女人沦为奴婢，带回城去。

董卓得意扬扬地返回洛阳，宣称大破敌军，胜利回朝。

紧接着，董卓在皇宫内院自由出入，留宿宫中，秽乱宫廷，丑行恶名人人皆知。

此前，何进和其弟何苗皆已被杀，董卓趁机收编了他们的军队。当时受何进征召赶到洛阳的军队，除了董卓的部属以外，还有并州刺史丁原、兖州刺史桥瑁等人的。丁原的手下悍将吕布令董卓颇为顾忌。如何摆平丁原，一时间，董卓也拿不定主意。

此时，董卓手下李肃站出来说："对付丁原，重点在于吕布，对于吕布此人，我非常了解，他字奉先，五原人，算起来，跟我还是同乡。他这个人有勇无谋、见利忘义，只要多送些财物，足以收买。"

董卓听后，非常高兴，当下吩咐李肃抓紧去办，只要吕布肯归顺，金银财帛享用不尽，一切都不成问题。

果不其然，吕布看到李肃带来的厚礼，高兴得眉开眼笑，当下同意归顺董卓。

几天后，吕布提着丁原的人头来投奔董卓。董卓喜出望外，立刻设酒宴款待吕布，拜他为骑都尉。吕布的投靠让董卓如虎添翼，兵力壮大了许多，更不把朝堂上的公卿大臣放在眼里。

董卓表面上看似一介武夫，其实颇有心计，他知道自己能镇住局面，不过是大家慑于他的兵力而已，远远没有做到收服人心。日子一长，自己肯定拢不住朝局，出乱子是早晚的事，那么，下一步棋该怎么走呢？

董卓想到的是废立天子，威慑天下。这有两种说法。

一种说法是，当初，董卓遇到汉少帝刘辩和陈留王刘协兄弟二人时，发现少帝神情慌乱、答非所问，一副懦弱的样子；反观刘协，虽然年幼，但镇定自若、谈吐得体，颇有王者风范，便起了废立之心，一心想废掉少帝，改立刘协。

另外一种说法是，董卓得知刘协是被董太后养大的，号称董侯，一笔难写两个董字，不由得对刘协起了亲近之心。

或许这两种说法都有一定道理，但绝非根本原因，因为在逻辑上说不通。

董卓废立天子，其目的就是更好地控制皇帝，以便实现个人野心，这样的话，懦弱的汉少帝刘辩坐在皇位上，岂不是更好控制？若换上聪慧贤明的刘协，万一他不听话，跳出手掌心，岂不要坏事？

其实，皇帝的贤愚根本不是董卓关心的重点，他的目的就是通过废立天子震慑百官，立威天下。

慑于董卓的淫威，汉廷罢免司空刘弘，拜董卓为司空。

董卓自然不满足于司空这一位高权轻的荣誉头衔，他野心勃勃，最终目的是把持朝廷、乾纲独断，遂在显阳苑召集群臣，商议废立皇帝之事。

文武百官个个都噤若寒蝉，无人敢出声。朝中官员属中军校尉袁绍的叔叔太傅袁隗威望最高，董卓让袁绍劝袁隗赞同废立之事。

召董卓进京是袁绍出的馊主意，但现在，他看到董卓的所作所为，痛恨不已，自恃名门之后，不甘屈从、阿附董卓，当下表示不同意。

袁绍的态度惹怒了董卓，他暴怒不已，冲袁绍喝道："臭小子，如今天下事，不就是我说了算吗？我今天就要做，看谁敢反对！你觉得咱董卓刀不够锋利吗？"

袁绍当场跳起来，拔出刀横于胸前，说："天下有能耐者，难道就剩下董公你一人吗？"

说完，袁绍扬长而去。

袁家毕竟四世三公，根基雄厚，董卓也有所忌惮，一时不敢拿袁绍怎么样，唯有眼睁睁地看着他扬长而去。

袁绍自挂兵符，逃亡冀州去了。

董卓本想通缉袁绍，不过，身边的人劝他，袁绍一门深耕政坛已过百年，门生故吏遍布天下，不宜逼迫太甚，万一把他逼急了，纠集一帮人作乱，就不好对付了，不如给他个郡守，一来可以显示董公的大度，二来他由此心生感念，断不至于犯上作乱。

董卓此刻一心想废立天子，不希望在这个时候有人给他添乱，所以便任命袁绍为勃海太守，赏赐爵邟乡侯。

何进执政时期，袁绍是核心决策人物，何进的许多主意都是他出的。董卓大权在握后，他失去了往日呼风唤雨的权力，自然不甘心。放走袁绍，无疑是董卓的一大失误，而给他加官晋爵，更是错上加错，袁绍这等人，岂是官爵所能收买感化的？

不过，跑得了和尚跑不了庙，袁绍虽然跑了，但他的叔父袁隗尚在洛阳。

袁隗为司徒，位列三公，废立天子，如此大事，他岂能不表态？面对董卓明晃晃的钢刀，还是保命要紧，袁隗最后被迫无奈，也只得同意废立之事。

逃亡

中平六年（公元189年）九月，董卓胁迫何太后，下诏废掉汉少帝刘辩，将其贬为弘农王，立陈留王刘协为帝，是为汉献帝。随后没多久，董卓派人毒死了何太后与刘辩。

通过废立天子，董卓将朝政大权牢牢掌握在手中，自拜相国，封郿侯，特许入朝不趋、剑履上殿，一时权倾朝野。

毫无疑问，废立皇帝是董卓人生中犯下的最大错误。在一般人的印象中，董卓就是一介武夫，其实不然。仔细观察，其执政期间，一方面打击异己，一方面拉拢一些世家大族，政治手腕颇有可圈可点之处，绝非一味蛮干。

废立皇帝固然是一出昏着，但在当时也唯有如此，董卓才能镇住朝堂、站稳脚跟。

董卓倒行逆施，引来不少大臣反对。董卓便在朝堂上大开杀戒，不少人被处死。

董卓贪得无厌，不但搜刮官员、百姓钱财，连死人都不放过，趁着何太后下葬之际，他下令掘开汉灵帝陵寝，盗取陪葬宝物。

在打压一部分人的同时，董卓也懂得笼络人心，比如他为被宦官迫害致死的陈蕃、窦武等人平反，为他们建立祠堂祭祀，另外对像蔡邕这样的大儒威逼利诱，逼迫他们出来为自己装点门面。

同时，董卓任命韩馥、孔融、刘岱、张邈等人出任各地太守，可以说这又是董卓的另一大昏着，正是这些人，后来成了他的敌人，联合起来将他彻底送上了不归路。

自董卓进京后，曹操一直冷眼旁观。长期以来，东汉朝堂上一直是宦官、外戚、士人三股势力在较量，董卓无疑是一个另类，他不属于这三股传统势力中的任何一种，像他这样以地方军阀势力入驻中央的，在两汉的四百年间，从没有过。

曹操尽量保持低调，不与董卓主动接触。

但曹操还是很快被董卓盯上了，不过他暂时没有被董卓列入敌对分子名单，而是作为重点拉拢对象，其中缘由也不难明白，曹操有家庭背景，还有军职。没多久，曹操接到了董卓的任命书，要他出任骁骑校尉，负责掌管洛阳的禁卫军。

朝堂上的变化，曹操看在眼里，他对董卓的骄横跋扈愤恨不已，耻于与董卓这等披着人皮的豺狼为伍。他料定董卓倒行逆施，已惹得天怒人怨，根本长久不了，若跟着此等逆臣贼子，必定没有好下场，但若公开反对董卓，肯定难逃毒手，以自己目前的势力，根本没法与董卓抗衡。

曹操将何去何从呢？

此时，朝堂上的官员大概分为以下几类。

一、公开旗帜鲜明地反对董卓，誓不与他同立于朝堂之上，这种人基本上都被董卓杀光了。

二、死心塌地地跟着董卓，为虎作伥，祸乱朝廷、残害百姓，毫无疑问，这类人吃得开，但注定将来没有好下场。

三、对董卓不满，但又不敢反对，只好忍气吞声、虚与委蛇，一面与董卓周旋，一面观望，属于典型的骑墙派，这类人占比较大。

四、既不愿以卵击石，招惹董卓，自取灭亡，也不愿在董卓眼皮底下仰人鼻息，索性一走了之，比如卢植、袁绍、袁术等。

此前的曹操一直想做一名能臣，梦想为中兴大汉尽心尽力，贡献自己的才华，然而，董卓进京后，犹如一头闯入瓷器店的公牛，横冲直撞，旧的权力格局被打破，曹操的能臣梦就此破碎。

人的一生，总有几个关键节点，如何选择取舍，将决定你的未来。面对董卓的倒行逆施，朝中大臣们都给出了各自的选择，他们也为自己的选择承担了责任和结果，许多人因此付出了生命的代价。

人生除生死无大事，然而，许多时候，活着其实比死还难。

对于那些敢于反抗董卓、慷慨赴死的人，曹操是敬佩的，但他不愿意做无谓的牺牲，他知道，如今大汉王朝处于风雨飘摇之中，需要有人为了捍卫大义去死，但更需要有人勇于担当，挽狂澜于既倒，扶大厦之将倾。

曹操思前想后，为今之计，只有选择逃离洛阳，再做打算，遂改名换姓，带领几个亲信，偷偷溜出了京城。

董卓听说曹操逃走了，气急败坏，下令沿途州县张挂曹操画像进行捉拿。由于沿途到处都是董卓的爪牙和眼线，曹操不敢走大道，只能专挑小道跑路。

曹操逃亡后，洛阳城内关于曹操的风言风语就流传开来。有人说，曹操死在逃亡途中，而且说得有鼻子有眼。

甚至到了后来，袁术不知从哪里得来的消息，或是怀有其他不可告人的目的，也秘密派人到曹府，通知曹操已死。

　　曹操府上，一时间议论纷纷，人心涣散。

　　曹府中有不少人来自曹操老家。当初，他们抛家舍业投奔曹操，为的就是希望跟着曹操混个出路，没想到如今曹操丢下大伙儿自己跑路了，结果还死在半道上，这样下去，还有何奔头？

　　于是，不少人聚在一起，开始商讨趁早散伙，各奔前程。

　　消息传到曹操的姜卞氏耳中，卞氏早年走南闯北，见多识广，遇事颇有见地。她根本不相信曹操就这么死了，站出来安抚大家说："诸位单凭别人几句流言就相信曹君死了吗？如果这是有人恶意编造的谎言，那么你们将来有何面目再见曹君？"

　　众人一听，觉得卞氏言之有理，都面露愧色，纷纷表示愿意听从她的安排。这样一来，府中局面总算安定下来。

　　当然，这些事曹操无法得知，此刻，他正在着急跑路，一门心思想着如何尽快逃出董卓的魔爪。

误杀吕伯奢

曹操逃亡途中狼狈不堪，一路上专走小道，昼伏夜行，好不容易到了成皋县（今河南荥阳），已是人困马乏，又累又饿。

料想董卓的人马一时半会儿也追不上来，曹操便想先找个地方歇歇脚，休息一晚，待养足精神后，再赶路也不迟。

不过，自己如今是通缉犯，旅店客栈之类是不能去的。此时，曹操想到此处有故人吕伯奢，便决定去吕家，暂且投靠借宿一晚。

吕伯奢是如何与曹操认识的，他们之间以前有过什么交往，史书没有任何记载，我们不得而知，但从曹操在逃命途中敢去投宿来看，至少说明两家关系很不错，值得信任。

而之后发生的事，有两个不同版本。

版本一：曹操前去投宿时，吕伯奢恰好外出不在家，他的五个儿子出面接待曹操。兄弟五人态度异常殷勤，以至于让曹操觉得有点不对劲。

当一个人在逃命时，会变得格外敏感，何况曹操生性多疑，数日来的逃亡让他神经高度紧张，总觉得周围所有人都很可疑，都在盘算谋害他。

果然，睡到夜半时分，曹操听到吕伯奢的五个儿子和家中几个宾客在密谋商议杀害自己，抢劫他随身携带的财物。

大怒之下，曹操跳了出来，杀了吕伯奢一家八口人。

版本二：曹操前去投宿，吕伯奢本人外出，他的五个儿子殷勤招待曹操。睡到半夜时分，曹操隐约听到器具碰撞声（不见得就是刀剑声），生性多疑的曹操误判为他们要谋害自己，故而杀害了他们一家。

事后，曹操发现原来是误杀，所以既感到无奈又满怀悲情地说："宁我负人，毋人负我。"既然事情已经发生了，就无法挽回了，再多辩解也于事无补，既然如此，那么就算是我对不起人家又如何？曹操当时心情大概如此。

曹操杀吕伯奢一家的事，在《三国志》中没有记载，以上内容皆出自《魏晋世语》、孙盛的《杂记》及《魏书》。这些片言只语的零星记载，许多地方明显漏洞百出。

比如，版本一中，很多细节明显不符合常识。试想曹操属于仓皇出逃之人，身上能带多少金银，以至于让吕伯奢几个儿子起了歹心？退一步来说，就算是曹操带了很多财物，以他多疑的性格，岂能轻易在外人面前露财？再退一步，吕伯奢几个儿子不过寻常百姓，就算再财迷心窍，面对的曹操及其手下训练有素的军人，他们怎敢下手？

而这个版本恰恰出自魏国《魏书》，很明显是为了替曹操开脱，洗刷他的罪责而已。

相对而言，第二个版本可能更接近历史真相。当一个人在逃亡时，精神状态高度紧张，稍有风吹草动，就难免杯弓蛇影，条件反射之下，来不及仔细分析，做出过激反应也是情理之中。况且，曹操其人生性多疑，故而，夜深人静之际，听到有动静，便想当然地以为吕家诸兄弟企图对自己不利，在情况不明之下将他们都杀了，这不是不可能。

曹操杀吕伯奢一家之事在小说《三国演义》中被进一步渲染，吕伯奢的身份变成了曹操父亲曹嵩的朋友。曹操从洛阳逃离后，前去投奔，吕伯奢见到故人之子，自然很高兴，安排曹操住下后，亲自到镇上去打酒。

睡到半夜，曹操听到磨刀声，再细听，有人说："绑了再杀如何？"不由大惊失色，以为吕家企图对自己下手，当下起来，将吕府满门老幼全部杀死，待转到后院时，发现有一头猪被绑住，锅中水正在翻滚，才知道他们是准备杀猪招待自己。

杀了人，曹操不敢再停留，便连夜潜逃，谁料半路上遇到打酒归来的吕伯奢，为了防止他告发自己，索性将吕伯奢也给杀了。

如果说，杀吕府一家是误杀还情有可原，那么杀吕伯奢就是恩将仇报、恶意杀人，实在罪不可赦。

更过分的是，曹操杀完吕伯奢后还说了一句："宁可我负天下人，休教天下人负我！"

《三国演义》虽是作者的文学创作，不足为凭，但它流传极广，对后世影响甚大。

从误杀吕伯奢这件事我们不难看出，早期的曹操，作为一名职业军人，他还不够成熟，缺乏基本的反暗杀的侦查能力，对周围环境的鉴别能力也很差，导致了一场完全可以避免的悲剧的发生。

功曹义释曹操

曹操从成皋逃出来后，途经中牟（今河南中牟东）。当地一名亭长觉得曹操形迹可疑，便将他扣下，押送到中牟县衙。

估计曹操当时心头有失落，有悲愤，也有无奈，各种感情交织在一起。他本想干一番轰轰烈烈的大事，谁料想，好不容易从董卓眼皮底下逃离出来，溜出了洛阳，还没走出多远，就又重新落入牢笼。

此时，中牟县县衙已接到董卓下达的捉拿曹操的命令，然而中牟县令并没有当即认出曹操，还是一名功曹（县衙事务性官员）看出了曹操的身份。

之所以总说历史充满了戏剧性，就是因为关键时刻总会遇到决定你命运的人愿意帮助你。

若是一般庸吏，认出曹操肯定立刻将他押解到洛阳邀功请赏，坐等升官发财，那么曹操的人生到此就走到了终点，往后的历史走向也将彻底被改写。

然而，这世间，并不是所有人都以金钱和权位来衡量一切。

高官厚禄固然吸引人，但还有更高层次的境界值得我们去追求，那就是道义。

孟子曰：“道之所在，虽千万人吾往矣！”

千百年来，道义的力量感召着成千上万的正义之士，让他们不惜冒着杀头的危险，去做值得做的事情，所谓杀身成仁、舍生取义是也。

近年来，曹操敢于棒杀权宦、勇于仗义执言的事迹早已在市井间传播开来；如今，不愿与董卓等祸国殃民的大盗为伍，不甘沦为豺狼的帮凶，所作所为，更是大丈夫之担当。

中牟县功曹，这个连姓名都没有在历史上留下来的人，或许平常也是沉默于案牍之间，面对上层权力阶层的政治斗争，根本无能为力，终日劳碌，只为养家糊口，只求平安度日。

但他看到曹操时的第一反应是，如今国家危机重重，正需要像曹操这样有胆识、有担当的人站出来，扭转乾坤，给目前这个黑暗的时代带来一抹亮色，也给世人带来一丝希望。

如果把这样的人拘捕起来交给董卓，无疑是为虎作伥，这样的事，必将为士人所耻。于是，一个大胆的念头涌上他心头：放了曹操！

当然，亭长捉人上交给县衙，需要放人，还需县令做主。

好在县令还没来得及审问曹操，并没有急着把他押解上路。功曹没有任何隐瞒，将实情告诉了县令，他指出，押在县衙牢房的人正是董卓要捉拿的要犯曹操。

接下来，功曹讲了一句话：“如今天下将大乱，不应该拘押这等英雄豪杰！”

县令听后，最终放走了曹操。

历史就是如此充满戏剧性，估计当时曹操已经做好了最坏的准备，被押送至洛阳，交到董卓这个杀人恶魔手中，最终难逃一死。但万万没想到，就在山穷水尽之时，突然迎来柳暗花明。

曹操在经历了短暂的牢狱之灾后，又重获自由。

与功曹一样，这名县令也没有留下姓名（《三国演义》将他和陈宫混为一人）。他们不是不知道，私放曹操会给自己带来多大的风险，但是他们依然甘愿冒着得罪董卓的风险将曹操放走。

史书记载的多是帝王将相和英雄豪杰的功业，像中牟县县令和功曹这样的小人物，甚至连个姓名都没留下，但这并不能掩盖他们身上折射出的人性光芒！

在历史长河中，正是这些胸怀天下的有志之士，推动着历史的车轮前进，没有让正义的光芒完全熄灭。

第五章

首倡义师

散尽家财聚甲兵

曹操从中牟县逃脱后，一路东行，在距离老家谯县不远处的陈留（今河南开封境内）停下脚步。

陈留本是春秋时期陈国留邑，汉武帝时期始设陈留郡，东汉后期，改为陈留国，汉献帝刘协即位前就受封陈留王。

曹操留在陈留目的有三：首先，陈留距洛阳五百里，进可取洛阳，退可回老家谯县，地理位置很合适；其次，陈留在当时属于大郡，人口众多，如果要起兵，可以招募到充足的兵源；最后，陈留太守张邈与曹操关系密切，有他的帮助，可以成大事。

张邈，字孟卓，东平寿张（今山东东平）人，早年行侠仗义、扶危济困，声名远播，与度尚、王考、刘儒、胡毋班、秦周、蕃向、王章等八人并称为"八厨"。需要说明的是，这些人之所以被称作"八厨"，并非由于他们菜做得好，厨在这里是乐于助人的意思。

张邈早年为了帮助别人，倾尽家财，可以想象，他当时名气有多大。如前文所述，东汉时期靠举荐为官，因此个人的声望很重要。后来，张邈被朝廷征召，先出任骑都尉，后拜为陈留太守。

曹操虽说现在已逃离了洛阳，暂时安全了，但董卓对他的通缉令仍未取消，从理论上说，各地地方官员依然有义务将他捉拿归案。因此，曹操必须先选个安全的落脚点。

在一路潜逃途中，曹操已经打定主意，接下来，绝不再仅为了自己和家人选择苟且偷安，而是要高举义旗，号召天下人一起讨伐董卓，救大汉王朝于水火。

凭着多年的交往，曹操觉得张邈此人还是靠得住的。他不是那种落井下石、临门踹一脚之人，况且如今的曹操已经没了任何官声，必须争取地方各路诸侯的支持，就目前来看，张邈是个优先争取的对象。

张邈官居太守，镇守一方，坐拥富庶的陈留郡，只要他同意出兵讨伐董卓，大事可成。

曹操找上门，对张邈表明了自己反对董卓之意，张邈对董卓的暴行也同样深恶痛绝，当即表示赞同，要合力讨伐董卓。

赢得张邈的支持，曹操有了个良好的开头，但接下来，他还需面对一个很现实的问题：如今董卓已经掌握了朝廷中枢，拥有大批军队，单靠张邈手下的陈留军队，且不说无法挑战董卓，就是董卓一旦听到消息，派西凉军来征讨，恐怕保全自我都很难。

因此，眼下的首要任务就是抓紧招募军队、打造兵器，快速壮大势力。但所有这些都需要花大把的钱，钱从哪里来？曹操只能自己先掏腰包。

好在曹家经过数代人经营，尤其是在曹操父亲曹嵩手中，积累了大量家产。如今国难当头，曹操做出了一个重大决定：将自己全部家产贡献出来，用于招兵买马。

此时，陈留有一个叫卫兹的人站出来，给曹操捐助了很大一笔钱，可谓是雪中送炭。这对曹操能够在陈留站稳脚跟、扩充实力，起到了很大作用。

关于卫兹，史书中的记载，不过寥寥数笔，生平大概是这样：陈留襄邑（今河南睢县）人，曾被举荐为孝廉，后来追随曹操，在荥阳作战时身亡。

不过，曹操是个很重情义的人，多年后，每当路过陈留时，都要派人到卫兹祠堂前致祭，以感念他当初对自己的资助之恩。

卫兹是谁，他和曹操有什么关系，是素昧平生，还是旧朋故交，史书中没有任何交代，我们一无所知。他为什么要赞助曹操，是政治风险投资，还是纯粹出于急公好义，千百年后的我们无法去做揣测，但有一点可以肯定，卫兹肯拿出巨额的真金白银捐助，说明他看好曹操，觉得曹操定能成功。

因为，不管多有钱，谁都不愿意拿钱打水漂。

有了资金，曹操开始招兵买马，势力不断壮大。

受到曹操的精神鼓舞和感召，整个曹氏家族都行动起来，带头从军。兄弟辈曹仁、曹洪，子侄辈曹真、曹休，还有夏侯渊、夏侯惇等人也先后赶来，加入曹操队伍。数月后，曹操便拉起来一支约五千人的队伍。

在大张旗鼓招兵买马的同时，兵器锻造也在热火朝天地展开。为了给将士们打气，曹操常常亲自下场，抡起铁锤，和工匠们一起叮叮当当打造兵刃。

曹操在汗流浃背地干活时，许多人前来围观，大家都觉得是个稀罕事。这是因为，在当时，士人是不屑于干这种粗笨活儿的，这些活儿就应该是工匠等下层人士从事的贱业，所以有些人不理解曹操的做法。有个叫作孙宾硕的人公开讥笑曹操："做大事的人，岂能和工匠们厮混在一起锻刀？"

　　曹操看了看他，并没有恼火，而是很认真地告诉他："能做好小事，才能做好大事。"

　　古往今来，总有那么一些人，自命清高，不屑于做小事，总幻想着做一番轰轰烈烈的大事，殊不知，凡做大事者，无不从点滴小事做起，从身边做起，从自我做起。

　　泰山千仞，积石所垒；江海之大，不弃溪流。

　　一个不屑于做小事的人，很难说他能干出一番大事来，对此，曹操有他独到的见解。正是他这种"能小复能大"的胸怀，让他在以后的道路上步步高升，最终登上事业的巅峰。

会盟

曹操觉得时机已然成熟，便公开打出讨伐董卓的旗号，号召天下各路诸侯共同对付这个国贼。

可以说，当董卓祸乱朝纲、荼毒百姓，天下许多人都在观望之时，能第一个站出来旗帜鲜明地表示反对，这需要极大的勇气和魄力。

在正义的促使之下，曹操散尽家财、首倡义兵，这使得他在政治上占得了先机。但面对凶悍残暴的董卓及其追随者，单靠一腔热血还远远不够，只有地方上州牧、刺史这些握有实权的诸侯联合起来，才能够打败董卓，重整汉室河山。

实事求是地说，以曹操当时的势力，无论是人望还是兵力，根本无法挑起这个重任。

初平元年（公元 190 年）正月，关东各地州牧、国相、郡守、刺史等都收到一封书信，寄信人是东郡太守桥瑁。桥瑁在信中称，他收到来自洛阳的密信，信的内容是朝廷三公对董卓种种暴行的控诉。信中还提到，如今天子处境危险，因此号召天下诸侯起兵勤王，讨伐董卓。

收到桥瑁的书信后，各地诸侯反应不同，有些人担心自家地盘被别人趁机侵夺，比如冀州牧韩馥就时刻防着勃海太守袁绍，有些人想借此机会扩充实力。

总之，大家心思都不一样，各有各的打算。

就在当月，后将军南阳太守袁术、冀州牧韩馥、豫州刺史孔伷、兖州刺史刘岱、河内太守王匡、勃海太守袁绍、陈留太守张邈、东郡太守桥瑁、山阳太守袁遗、济北相鲍信等同时起兵，组成联军，并公推袁绍为盟主。

袁绍之所以被推举为盟主，主要是因为他四世三公的家世。显赫的家族背景使得他自带光环，另外，袁绍当初力主诛杀宦官，董卓入京后，又拒绝与之合作，径自逃离都城之事，也为他积累了不少人望。

所以，在当时，无论从哪方面来看，袁绍担任盟主都是众望所归。由于这支军队的士兵都来自函谷关以东，故被称为"关东军"。曹操被袁绍任命为"奋武将军"。

与各怀鬼胎的各路诸侯不同，曹操此时满腔热血，一心想扶大厦之将倾，所以对自己担任什么职务并没有太在意，他此刻最大的愿望，就是诸侯合力，讨伐董卓。

然而，这支联军从组建之日起，就注定了它很难担此重任。

首先说说盟主袁绍这个人。

袁绍和曹操是小时候的玩伴，但如今的形势可不像小孩子玩过家家那样简单了，作为盟主，袁绍是有资格，但并不合格。

袁绍此人相貌出众，口才极佳，说起话来滔滔不绝，一般人都难以驳倒他，但实际上，他是个没有多少韬略的人，目光短浅，可以说根本没有战略眼光，而且刚愎自用，自我感觉良好，根本听不进别人的意见。

性格决定命运，袁绍的性格缺陷很早就表现出来。

估计世人都还记得，董卓正是被袁绍招来的，当初要不是袁绍给何进出的馊主意，根本就不会发生后来这些天崩地裂之事。

带头盟主是袁绍这号人，可想而知其他诸侯也强不到哪里去。

比如袁术，他是袁绍同父异母弟，但他自恃是嫡出，根本看不起袁绍这个庶出的哥哥，所以兄弟俩一直貌合神离。

至于冀州牧韩馥，他更是个完全没有主见、没有原则的家伙，在他看来，相比董卓，袁绍对他的威胁才是实实在在的，因为董卓再残暴也远在洛阳，而袁绍就在身边。

因此，当初他接到桥瑁书信后，还在犹豫要不要帮董卓打袁绍，因为在他看来，相对于君臣大义、江山社稷，保住自己的地盘才是实实在在的，至于和谁结盟并不重要。

幸亏韩馥手下还有明白人，谋士刘子惠站出来说："我们和袁绍属于私怨，讨伐董卓则是为了朝廷，属于大义，怎么能将两者相提并论呢？"

韩馥听完臊了个大红脸，半天才问道："那我们该怎么办？"

估计刘子惠是太了解韩馥的心思了，知道不能指望他挑头，便说："我们看风向行事，先看看别人怎么办，如果别人出头，我们就响应，反之，无人带头，咱们也静观。"

韩馥点头同意，后来看到诸侯纷纷起兵，才带兵加入联军。

就这样一个不辨是非的糊涂蛋，指望他冲锋陷阵，根本不可能。

当联军还在上下迟疑不决之时，远在京城洛阳的董卓已经提前行动起来了。

董卓焚洛阳

中平六年（公元 189 年）十月，原来黄巾军的一支部队白波军再次起兵反抗朝廷，一路向河东开进，且队伍不断壮大，很快就集结了十多万人，对洛阳构成很大威胁。

面对风起云涌的农民军，董卓寝食不安，便派女婿中郎将牛辅率军前往镇压，结果牛辅根本不是白波军的对手。

此时，北有白波军，东有关东联军，董卓忧心忡忡，觉得长此以往，难保不被包成饺子。他考虑再三，决定放弃洛阳，西迁关中，还都长安，如此一来，可以成功跳出包围圈，彻底甩掉关东联军。

只是，自光武帝定鼎洛阳、重建大汉以来，洛阳作为国都已有二百多年的时间，是整个王朝的首善之区，是宗庙、百官衙署的所在地。再看长安，自西汉末年以来，历经多次战乱，早已破败不堪，实在难以肩负起作为首都的重任。

再者，在朝廷百官看来，关东军主要针对的是董卓，对他们来说，一旦关东军攻入洛阳，他们正好可以乘机摆脱董卓的控制，重新夺回昔日的权势。

因此，当董卓提出迁都时，立刻遭到一致反对，且各种理由都很充分。

可惜的是，他们错估了形势，如果说董卓初入洛阳之时，多少还会考虑一下舆论、粉饰一下脸面的话，那么如今内外交困的他根本无暇顾及别人的意见。

我不是和你们商讨，而是命令赶紧搬家。你们不就是舍不得洛阳的繁华吗？舍不得抛下家中的坛坛罐罐吗？这还不好办！

董卓下令焚烧洛阳，宗庙、衙署及无数民居在熊熊烈焰中化为乌有，可叹洛阳历经数百年积累起来的财富和壮观的城市建筑被毁于一旦，董卓和他的死党面对着冲天大火，发出豺狼般的狂笑。

同样的一幕在西方世界也曾上演。在与大汉帝国同期并存的罗马帝国，皇帝尼禄也曾下令焚烧罗马，大火烧了六天六夜，将罗马化为一片焦土。与以石头建筑为主的罗马相比，以砖木为主要建材的洛阳被破坏得更彻底，这种为了个人野心，摧毁人类文明的做法，无论是尼禄，还是董卓，都注定不会有好下场。

董卓焚烧洛阳之后，胁迫天子和百官一起上路，同时还裹挟着洛阳的百姓一同迁往长安。在从洛阳到长安的路上，人满为患，仓促间，无数人或因抢道被践踏而死，或因饥寒交迫倒毙在半途中，到处都是七零八落的死尸，惨不忍睹。

抵达长安后，这些被董卓逼得背井离乡的人发现，苦日子并没有结束。因为此时的长安几近废墟，一时间，突然来了这么多达官贵人，办公的衙署以及他们的住处，还有城防建设，都需要大量的人力物力，可叹这些跋山涉水而来的百姓，很快就被驱赶去搞建设。

城里突然来了数十万人，根本没有足够的粮食供应。不少在迁移途中幸存下来的百姓，在缺衣少食的情况下，还要被逼参加繁重的劳动，导致无数人死于无休止的劳役之中。

临行前，董卓下令挖掘洛阳周围汉朝帝陵及王侯公卿的墓葬，将墓中陪葬品搜刮一空，墓主人尸骨则抛之荒野，其行为令人发指，简直禽兽不如。

后来曹操追忆当时洛阳发生的这幕人间惨剧，特意写了一首诗《薤露》：

> 惟汉廿二世，所任诚不良。
> 沐猴而冠带，知小而谋强。
> 犹豫不敢断，因狩执君王。
> 白虹为贯日，己亦先受殃。
> 贼臣持国柄，杀主灭宇京。
> 荡覆帝基业，宗庙以燔丧。
> 播越西迁移，号泣而且行。
> 瞻彼洛城郭，微子为哀伤。

《薤露》是乐府诗旧题，本是属于送殡时唱的挽歌，而曹操写的这首《薤露》又何尝不是写给大汉王朝的挽歌。

董卓在洛阳的暴行很快传开，天下人人皆知，没多久消息就传到关东联军军营。让曹操感到诧异和气愤的是，以袁绍为首的各路诸侯竟然显得无动于衷。

难道我们聚在一起，是组团旅游吗？如今天子蒙尘，百姓遭受荼毒，诸公却在这里迟疑不前，难道是坐等董卓自己败亡吗？

曹操觉得不能再这么等下去了。

我自西去

董卓裹挟天子和百官，以及洛阳百姓抵达长安后，自封太师，所用车驾仪仗与皇帝别无二致。同时，征发士卒修筑郿坞，其城墙高厚皆七丈，坚固程度跟长安城墙相差无几。董卓在里面囤积了差不多够吃三十年的粮食，他对外宣称，自己成功了可以雄踞天下，一旦失败了，就退守郿坞，可以安度终生。

早在洛阳时期，司徒杨彪和太尉黄琬就因反对迁都被董卓罢官，幸好司空荀爽从中斡旋，两人才免遭屠刀。

不过，太傅袁隗就没这么幸运了，董卓得知关东联军由袁绍牵头，担心袁隗做内鬼，呼应袁绍，便将其全家五十余口全部处死，一同被杀害的还有袁术的兄长太仆袁基。

面对董卓的倒行逆施，许多正义之士实在无法再继续忍气吞声，有些人决定铤而走险刺杀董卓。越骑校尉伍孚怀揣利刃准备行刺，不料由于太过紧张导致行动失败，伍孚本人也被杀害。

在董卓黑暗残暴的统治下，老百姓处在水深火热之中，过着暗无天日的日子。有人把这一情形编成童谣在市井之间传唱，歌词是

"千里草，何青青。十日卜，不得生"，意思是董卓的好日子到头了，离完蛋的时间不远了。

董卓民心丧尽，本是发起总攻、救民于水火的大好时机，但袁绍他们依然不为所动，作壁上观。其中缘由不外乎两点：一方面是对董卓西凉军的剽悍战斗力有所顾忌，另一方面是担心别人趁机壮大，抢夺自家地盘，因此最好的选择是按兵不动，保存实力为先。

曹操再也按捺不住了，他直接去找袁绍等人，慷慨陈词道：

举义兵以诛暴乱，大众已合，诸君何疑？向使董卓闻山东兵起，倚王室之重，据二周之险，东向以临于天下，虽以无道行之，犹足为患。今焚烧宫室，劫迁天子，海内震动，不知所归，此天亡之时也。一战而天下定矣，不可失也。

曹操把话说得很明白，如果董卓坚守洛阳，假借汉室正统名义号令天下，就算是为非作歹，好歹也占据政治道德的制高点，你们有所顾虑还可以说得过去，可如今董卓劫持天子、焚烧京城，这些作为就是老天要他灭亡，你们还有什么可以顾虑的呢？

面对曹操的诘问，袁绍等人支支吾吾，顾左右而言他，曹操算是看明白了，便狠狠转过身。你们怕董卓，我不怕。他打算独自带领自己的小股部队去追击董卓。

相比袁绍而言，济北相鲍信是诸侯中少有的支持曹操的地方势力，曹操的一番侃侃而谈，深深打动了他。他认为如今天下大乱，袁绍这些看似实力强大的诸侯，根本指望不上，倒是曹操身上散发着一股天下担当的英雄气概，将来拨乱反正、重整河山，必然要靠曹操这样的人，于是他决定和曹操一起去追击董卓。

与此同时，张邈派遣部下卫兹与曹操一起上路。

曹操与鲍信、卫兹、周喁（原为袁绍部下，后来追随曹操）等人率领仓促拼凑的一支联军去追击董卓。当曹操等人追到荥阳时，与董卓留下的徐荣部遭遇，双方在汴水一带发生激战。由于双方兵力悬殊，加上曹操一方是各路人马临时凑到一起，缺乏协同作战经验，因此，尽管曹操这方拼力厮杀，但最终还是不敌战败。

战斗中，卫兹不幸阵亡，鲍信负伤，鲍信的弟弟鲍韬也死于混战之中。曹操本人在战斗中也差一点丧命。因战马受伤，他跌落下来，眼看就要成为敌人的俘虏，就在这千钧一发的危急关头，他的族弟曹洪将自己的马让了出来。

危急关头，曹操顾不了太多，翻身上马，杀出重围。不过庆幸的是，曹洪凭借顽强的战斗，也杀了出来。

趁着夜色，曹操渡过汴水，和曹洪等摆脱了敌人的追击，一路狂奔，回到家乡谯县。他们重新招募人马，曹氏、夏侯氏等族人纷纷鼎力相助，其中仅曹洪一人就为曹操贡献了一千人马。

紧接着，曹操又派曹洪和夏侯惇到扬州一带招兵买马。听闻曹操的义举，不少人纷纷站出来表示支持，作为地方官，扬州刺史陈温、丹杨太守周昕也主动抽调出四千人马，调拨给曹操，供他使用。

四千人当然不算多，但对于刚刚起步就经历大败之后的曹操也是雪中送炭了，这让曹操看到了东山再起的希望。

袁绍的心思

正当曹操满怀信心带领兵丁出发时，谁也想不到的事情发生了，军营中发生了士兵哗变。究竟是什么原因导致军心不稳，史书记载不详，最大的可能就是士卒们不愿意追随曹操远行。

其中的原委不难推测。扬州（汉朝扬州包括今淮河以南、长江流域及岭南地区）属于形势相对稳定的区域，士卒们的日子还过得去，如今却要被迫追随曹操北上，远离故乡踏上征途，等待他们的是生死未卜的未来。这些扬州兵可不是河北、山东的饥民，谁愿意放着在老家好好的日子不过，反而去战场上送死！

哗变发生时间是在夜里，曹操被突然传来的嘈杂脚步声惊醒，紧接着火光四起，他住的帐篷都被点燃了。曹操急忙冲出帐外，发现四下乱成一片，遂亲自提剑斩杀了数十名叛乱的士卒，其他人立刻四下逃散。

等天亮时，曹操终于稳定住局面，清点人数时，发现剩下的只有五百来人。曹操只好再次招募士兵，所幸后来又招募了千余人，再加上老家的士兵，共计三千人。

于是，曹操再次带着这好不容易拼凑的三千人马赶往河内郡，与袁绍等会合，打算重整旗鼓、讨伐董卓。

当时诸侯盟军驻扎在酸枣（今河南延津），等曹操赶到时，眼前的情景让曹操倍感失望。原来这些诸侯都不思进取，整日置酒高会，一听说曹操要求进军，便顾左右而言他，跟曹操打哈哈。

但曹操仍然不死心，向张邈等人详细介绍自己的对敌策略：

诸君听吾计，使勃海引河内之众临孟津，酸枣诸将守成皋，据敖仓，塞辘辕、太谷，全制其险；使袁将军率南阳之军军丹、析，入武关，以震三辅：皆高垒深壁，勿与战，益为疑兵，示天下形势，以顺诛逆，可立定也。今兵以义动，持疑而不进，失天下之望，窃为诸君耻之。

可惜没人肯听他的意见。

其实，道理大家都懂，但每个人都有自己的小心思。摆在这些诸侯心头的第一要务是扩充自己的势力，至于天子的安危，黎民百姓的疾苦，不过就是挂在嘴上说说罢了，没人当真。

很快，盟军内部就爆发了内讧，东郡太守桥瑁和兖州刺史刘岱素来关系不佳，趁着诸侯会盟之际，刘岱先下手为强，干掉了桥瑁，接管了桥瑁的军队，然后让自己的手下王肱出任东郡太守，这样刘岱没有费一兵一卒，就将东郡收入囊中。

火拼扩张这种事，以前尽管大家都心知肚明，但为了避免触犯众怒，都在观望，如今既然有人开了头，这些诸侯便不再藏着掖着，都效法刘岱，开始赤裸裸地抢地盘。

在南方，南阳太守袁术跟长沙太守孙坚一起密谋，驱逐了豫州刺史孔伷，孙坚取而代之，做了豫州刺史。

　　曹操总算彻底看透了这些军阀的嘴脸，他开始有点心灰意懒，接下来的路怎么走？是重新回到老家继续韬光养晦，还是在这乱世中，积极有所作为？曹操一时陷入沉思，感到迷茫，正当曹操两难之际，袁绍却找上门来。

　　一见面，袁绍就神秘兮兮地从袖中掏出一样东西，塞到曹操手里，脸上满是诡异的笑容。

　　曹操一看，原来是一方白玉玉玺。

　　袁绍低声说："孟德，以后跟我同富贵怎么样？"

　　原来袁绍动了另起炉灶的念头，他觉得当今天下纷扰，与其大动干戈去董卓手里抢傀儡皇帝，还不如新立皇帝。在袁绍看来，董卓可以废立天子，他为何不能新立一个？反正都是傀儡嘛，让谁当皇帝还不都一样。

　　袁绍连合适人选都找好了，就是幽州牧刘虞。刘虞是汉朝宗室，而且他到任以后，政绩卓著，对待百姓很宽仁，深受百姓拥戴，很有民望。另外，他处理外交也很有一套，幽州北部与草原接壤，少不了跟外族打交道，这些年下来，双方自由买卖，相安无事。幽州四周青州、徐州等地的百姓都主动前去投奔刘虞。

　　在找曹操之前，袁绍已经多次接触冀州刺史韩馥，两人就立刘虞一事一达成共识，袁绍就急匆匆来找曹操。

　　袁绍觉得，乱世需要长君，况且刘虞口碑不错，能力也不赖，实在是不错的人选，因此，作为昔日的发小，他以为曹操实在没有理由拒绝。

　　然而袁绍万万没想到，曹操一口回绝了他的建议。

另谋出路

袁绍或许还没意识到，如今的曹操早已不是当年和他一起胡闹的整蛊少年。

袁绍只看到了刘虞的个人品德和能力，觉得完全可以取代十一岁的小皇帝刘协，但是他没有看到，在这乱世，作为傀儡天子，皇帝的个人能力其实并不重要。现在的头等要务是尽快恢复社会秩序，而要做到这一点，首先是要尊重法统，而皇帝恰是法统的象征，对皇帝的态度，也就成了首要政治任务。

很显然，袁绍根本没有抓住这一要害。曹操特意对袁绍分析说："董卓罪恶滔天，天怒人怨，所以我们一打出讨董旗帜，海内豪杰就纷纷响应。这是为何？因为我们是正义之师！当今天子是年幼力弱，遭人劫持，但他却不是昏庸无道、大奸大恶之人，有什么理由要废黜他？况且，此例一开，天下人都争相效仿，天下会乱成什么样子呢？如果诸君打算北向刘虞称臣，我还是依然向西，忠于当今天子。"

袁绍本来满怀期待，结果碰了一鼻子灰，但他还不死心，又联络弟弟袁术，希望争取到他的支持。袁绍和袁术名为兄弟，实际上关系并不好，平常袁绍瞧不起袁术没本事，袁术鄙视袁绍是庶出。这俩兄弟尽管相互瞧不起，但都自我感觉良好，自命不凡。

袁术接到袁绍的信后，冷笑一声，"这袁绍不愧是婢女生的，就这点出息"，遂给袁绍回信，果断回绝了。他还在信中摆出一副大义凛然的姿态："我只知道讨伐董卓，伸张正义，至于其他的则一概不知。"

从表面上看，袁术一副正气凛然，貌似忠臣义士的样子，其实，他反对的并不是袁绍另立皇帝，而是立刘虞为帝。

在袁术看来，袁家四世三公，已是位极人臣，就算立下天大功劳，也再无升迁可能，还不如索性自家做皇帝！

彼时袁术已经有了自己做皇帝的念头，当然这想法不能说出来。

最终，袁绍拥立刘虞称帝的计划还是流产了，因为，且不说各路诸侯没人愿意追随他，就是当事人刘虞自己都反对。

刘虞是个明白人，他可不想在这关键时刻成为别人的靶心。

面对袁绍的再三劝进，刘虞不为所动，他说："如今天子蒙尘，海内大乱，我们这些做臣子的应该勠力同心、清雪国耻才对。我忠于朝廷，只想安分守己尽一个臣子的本分，根本没有非分之念。"

起初，袁绍还是不死心，以为刘虞只不过做做姿态罢了，继续缠着他不放。时间一长，刘虞给逼急了，便甩出一句话："要是再逼我做这种篡位谋逆之事，我就跑到匈奴去。"

看到刘虞态度如此坚决，袁绍只好作罢。一场由袁绍主导的废立政治闹剧，就这样无疾而终了。

暂时不能另立皇帝，袁绍只得退而求其次，尽力扩展地盘，壮大自己的势力。恰好此时冀州的局势有变，冀州牧韩馥的手下曲义发动叛乱。冀州民殷人盛、兵粮优足，袁绍早就觊觎已久，便趁机勾结曲义，反对韩馥。韩馥为人平庸，被迫让出冀州给袁绍，自己出走，投奔张邈。

没多久，袁绍便派人到张邈那里，使者当着韩馥的面，与张邈交头接耳窃窃私语，引起韩馥的怀疑，他觉得袁绍不斩草除根，就不会罢休，便借口上厕所，拔刀自尽了。

这个过程让曹操看清了袁绍、袁术、刘岱等这些手握大权的诸侯的意图。他们如今虽然名义上还是汉朝的封疆大吏，其实早就不关心朝廷的死活了，之所以还将君臣大义、江山社稷挂在嘴上，只不过是以此为幌子，将自身利益最大化而已。

此时，曹操收到鲍信的一封来信。鲍信在信中就当前时局与曹操交换意见："目前群雄并起，为的是匡扶正义，然而现在董卓尚未被打倒，身为盟主的袁绍却利用大家赋予他的权力谋取私利，看来又有新的董卓问世了。若现在我们就公开与他撕破脸，恐怕还不是他的对手，但如果跟他同流合污，又何以立足天下？为今之计，唯有以静制动、坐观其变，以待时机了。"

曹操与鲍信持相同的观点，他觉得一场暴风骤雨即将来临，现在能做的就是不断壮大自己的力量。没过多久，曹操就迎来了自己人生的转折点。

第六章

顺势而为

一封求救信

正当曹操在考虑下一步该如何走时，收到了一封求救信，写信人是东郡太守王肱。王肱取代桥瑁以后，还没过几天好日子，就迎来一件头疼的事。

当初，张角兄弟发动的黄巾起义被镇压之后，黄巾军散落各地，继续斗争，其中影响较大的有黑山、白波等黄巾军，其中尤以黑山军的势力发展最为凶猛。

黑山军常在沿太行山脉的中山、常山、赵郡、上党、河内等地的众多山谷中活动，神出鬼没，让地方官员头疼不已。

黑山军的最初首领为张牛角，中平二年（公元185年）二月，在攻击瘿陶（今河北宁晋西南）的战斗中，张牛角中流矢而死。张牛角在临终前，托褚飞燕为帅，褚飞燕为了表示继承张牛角遗志，改姓张。黑山军不断壮大，达百万之众，声势浩大，张飞燕派使者去洛阳表示愿意降服。汉廷拜张飞燕为平难中郎将，但私底下对黑山军的仇视从未消除，一直企图将其消灭，只是暂时力不从心罢了。

初平二年（公元191年）七月，黑山黄巾起义军将领于毒、白绕、眭固等率领十多万大军攻击东郡、魏郡，面对来势汹汹的农民军，王肱疲于应付，根本无力抵抗。

情急之下，王肱想起了在河内的曹操，便向曹操求救。

这对曹操来说既是一个考验，也是一个绝好的突破口。东郡属于冀州，袁绍此时已取代韩馥领冀州牧，同时还是关东诸侯联盟的盟主，按理说，曹操出兵进入东郡要征得袁绍的同意，袁绍刚刚取得冀州，要处理的事千头万绪，所以也希望曹操出面摆平农民军，遂很快同意曹操出兵东郡。

东郡地跨黄河南北两岸，郡治为濮阳，当时已被黑山军包围，形势十分危急。不过，黑山军虽然人数众多，但它也有致命的弱点，那就是队伍中绝大多数都是衣食无着的流民，没有经过任何正规的军事训练，打仗全凭一股血气之勇。

此时的曹操，作战经验丰富且富有谋略，很显然，单凭这些他就比黑山军强很多，因此，尽管黑山军在人数方面占优势，但并不是曹操的对手，东郡之围被顺利解除。

鉴于曹操在对黑山军战斗中的出色表现，袁绍卖了个顺水人情，推举曹操取代王肱，担任东郡太守。

身处乱世，想要出人头地，空谈忠孝大义根本没有任何用处，唯有武器、钱、地盘是实实在在的，尤其是地盘，其重要性无可比拟，有了地盘，就可以有赋税，就可以抽丁扩充军队。曹操出任东郡太守时，或许连他自己都没有意识到，他的人生将迎来质的飞跃，因为，他拥有了一块真正属于自己的地盘。

初平三年（公元192年），曹操得到情报，黑山军将领于毒要进攻东武阳（今山东莘县南），他立刻做出部署，令曹仁等负责策划守城，并亲率主力部队屯兵顿丘（今河南清丰西南）。顿丘位于东武阳西南两百里处，此地距黑山军的大本营黑山刚好也是两百里左右。

于毒率领大军将东武阳团团围住，曹仁听从曹操的命令坚守不出。于毒正在盘算如何攻城，却接到报告，称曹操率领的官兵出现在自己的老巢，他大惊失色，生怕东武阳还没打下，自己的根据地就被曹操给连锅端了，便再也没有心思攻城，急急忙忙率军往回赶。东武阳之围遂得以解除。

此后没多久，曹操又在内黄击败了于扶罗率领的黑山军。于扶罗本是南匈奴的王子，南匈奴发生内乱，他出逃并流落到汉地，本希望借助汉廷力量重返大漠，夺回属于自己的王座。可惜此时，中原已爆发黄巾起义，狼烟四起，汉廷自顾不暇，哪里还顾得上帮助他？

走投无路之下，于扶罗先加入白波军，后来又跟随张杨依附袁绍，屯兵漳水。没多久，于扶罗又背叛袁绍，混迹到黑山军，没想到遇到了曹操，可叹这名落难王子只好带着残兵败将继续逃窜了。后来他曾去投奔袁术，等曹操打败袁术后，他又投降了曹操。

从解除东郡之围的战役中我们可以看出曹操高超的作战艺术。他作战从来不拘泥于成见，而是根据战争局面，采用灵活的处理手段，用最小的成本，取得最大的成效。

相比这些胜利，更令曹操感到高兴的是，他迎来了人生中最关键的一个人物。此人正是荀彧。

关键一步棋

荀彧字文若，颍川颍阴（今河南许昌）人，出身世家，父祖皆担任高官。荀彧年少时便颇负才名。很早以前，南阳名士何颙看到荀彧时，惊叹道："此子才华，可为帝王之辅佐。"

天下大乱之后，为了躲避战乱，荀彧避难冀州，此时袁绍已经取代韩馥占据了冀州。荀彧声名在外，袁绍也早有耳闻，以宾客之礼对待荀彧，让他与弟弟荀谌，同乡辛评、郭图共事。

荀彧在冀州待了一段时日后，很快发现袁绍其人表面上对待士人恭谦有礼，其实傲慢自大，根本听不进别人的意见。另外，他好谋而不能断，做事瞻前顾后、犹豫不决，渐渐地，荀彧对他失去了信心，感到很是失望。

与许多士人一样，面对天下大乱，荀彧渴望社会能重回稳定有序的状态。本来对袁绍寄予厚望，但渐渐地，他看出来了，袁绍徒有虚名，根本不能扛起振兴汉室的重任，于是开始另寻出路。

初平二年（公元 191 年），荀彧听闻曹操在河内，他对曹操自董卓之乱以来的种种作为早有耳闻，觉得曹操虽然目前实力较弱，但有魄力、能担当，将来一定会干一番大事业，遂决定抛开袁绍，前往投奔曹操。

得知荀彧前来，曹操喜出望外，两人见面后一番促膝交谈，越聊越投机，两人都非常开心。荀彧觉得好久没有这么畅快淋漓地聊天了，同样，曹操觉得上天将一位绝佳的谋士送到自己身边。他拉着荀彧的手兴奋地说："你就是我的张子房啊！"

张子房即汉初三杰之一张良，汉高祖在夺得天下的过程中，多靠张良谋划，非常倚重他。曹操将荀彧比作张良，可见他对荀彧有多么推崇。他当下任命荀彧为奋勇司马。

这一年，荀彧二十九岁，曹操三十七岁，两人都正当盛年，君臣相得，两人从此并肩协力开始了长达二十年的漫长合作历程。正是由于荀彧的谋划，曹操才有了稳定的后方，一步步走向壮大。君臣二人推心置腹，决心合力还人间一个朗朗乾坤。

然而，其时的天下形势却变得更加糟糕，各地愈加动荡，虽然各地农民军起义不断被镇压，但残酷的现实还是逼得许多老百姓不得不铤而走险，扯旗造反。

初平三年（公元 192 年）四月，青州黄巾军百万之众进入兖州，一路攻城夺地。兖州刺史刘岱打算迎击，济北相鲍信劝刘岱不要急于求战，并分析说，黄巾军有百万之众，锋芒正盛，不可轻敌。黄巾军中有大量随军家属，每日有大量消耗，但所带物资并不多，不如坚壁清野固守城池，时间一长，黄巾军必然陷入进退两难、人心涣散，到时候再用精锐兵力出击，必然大胜。

然而，刘岱并不认同鲍信的看法，在他看来，黄巾军不过是一群乌合之众，哪里需要费那么多周折，所以把鲍信的劝阻完全当作耳旁风，执意出兵与黄巾军交战，结果被黄巾军打败，自己也命丧战场。

兖州无主，黄巾军到处流窜，局面一片混乱，形势非常危急。曹操部下陈宫觉得这是一个绝佳的发展机遇，主动提出前往兖州活动，为曹操拓展空间，积极争取将兖州收入囊中。曹操深以为然，遂派陈宫前往。

陈宫抵达兖州后，发现州府的大小官员整日都惶惶不安、不知所措，面对声势浩大的青州军根本束手无策，便对他们展开游说，称现在能够收拾兖州乱局的唯有一人，那就是曹操了。陈宫劝他们赶紧迎接曹操署理兖州牧，否则乱局再进一步扩大，会越发无法收拾。

鲍信本与曹操交好，便带头赞同，其他大小官员也觉得别无他法，便都同意，派州吏万潜前往迎接曹操。

曹操出任兖州牧后，立刻着手剿灭黄巾军，率军一千余人与青州兵战于寿张（今山东东平西南）。结果曹操一方被击败，士卒被斩数百，鲍信拼死救出曹操，自己却被黄巾军杀害。

战争结束后，曹操派人寻找鲍信遗体，可是最终也没有找见。

人生在世难得有人赏识和了解，曹操一路走来，能够真正了解他的知音并不多，鲍信应该是其中之一。在曹操还籍籍无名时，鲍信就看好他；当初关东诸侯会盟，鲍信是最积极支持曹操的；在荥阳之战时，鲍信又追随曹操作战。可以说，当曹操人生最低落的时候，是鲍信的鼓励和支持，才让他最终坚持下来。

如今，曹操的事业才刚刚起步，鲍信却提前走了。出师未捷身先死，长使英雄泪满襟。回想起和鲍信交往的时光，曹操感慨万千，悲从中来，不由得泪流满面。

为了让自己心里好受些，曹操让人按照鲍信生前的样子雕刻了木像，然后沥酒祭奠，痛哭不止。

曹操终生都没有忘记鲍信，建安十七年（公元 212 年），他上表封鲍信之子鲍邵为新都亭侯，鲍勋担任丞相掾。

经过此战，曹操不敢再大意，他加强士兵训练，同时加大奖励，士气逐渐高昂起来。后来，经过长达六个月的拉锯战，缺乏军事训练、单靠人海战术的黄巾军终不敌曹操，败在曹操手下。

初平三年（公元 192 年）十二月，曹操在济北将黄巾军彻底击溃，黄巾军三十多万军士和百万家属成建制归降曹操。曹操将精锐之士改编为新军，称为青州军。从此，曹操势力大增，有了争夺天下的资本。

关东乱无象

曹操平息了兖州黄巾之乱后，开始代理兖州牧。当然，从理论上讲，他这个兖州牧还不是正式的、合法的，所以还需要朝廷授权任命，但如今的朝廷掌握在董卓手里。因此，曹操想要成为正式的兖州牧，必须征得他讨伐的敌人董卓的任命状。

曹操正在犹豫要不要做做样子，给西迁长安的朝廷上表求担任兖州牧一职，没想到朝廷却抢先一步，派金尚出任兖州刺史。

金尚来兖州上任，是朝廷的意思，还是董卓派来的，这已不重要。很显然，曹操是不会将到嘴的肉吐出来的，他立刻派人在路上拦截金尚，务必迫使他知难而退，不准其进入兖州。

不出意外地，金尚非但没有进入兖州境内，还差点搭上命，无奈之下，他只好去投奔袁术。

需要说明的是，金尚此人人品不差，很有气节。他到了袁术那里以后，很快发现袁术谋划自立称帝，还打算拉拢他，但金尚不愿意上贼船，最终死在袁术手里。

袁术在南方搞阴谋诡计的时候，北方的那些军阀也没闲着。此时，袁绍已经撵走韩馥，吞并了冀州。所有这些变化都被曹操看在眼里，他知道天下即将重新洗牌，旧的政治格局已经打破，未来天下将走向何方，他向荀彧征求意见。

如今天下，董卓把持朝廷，位高权重、实力雄厚；袁绍在北方日渐做大；而当前的曹操才刚刚起步，在诸侯中还是个后来者。如何破除目前困局，面对曹操的忧虑，荀彧给出了他的答案。

荀彧称，董卓目前看似不可一世，但世间事从来都是盛极必衰、物极必反，董卓残虐跋扈，他垮台是早晚的事。至于袁绍，别忘了他背后还有公孙瓒，面对袁绍的扩张，公孙瓒不会无动于衷。

其实，袁绍和公孙瓒之间的恩怨由来已久，根源还要追溯到幽州牧刘虞那里。刘虞的儿子刘和在朝廷任侍中，董卓强迫迁都后，他也跟汉献帝到了长安。

献帝朝思暮想，只想早点摆脱董卓的魔爪，所以暗中和刘和商量，让他偷偷逃出去，然后联络刘虞，发兵来救他回洛阳。

刘和出逃后，路过南阳，求见袁术，由于袁术以前满口宣扬要讨伐董卓，刘和对他还抱有幻想，便将计划对袁术和盘托出。

谁料袁术却另有打算，面对主动送上门的刘和，袁术觉得这是一枚可以撬动天下格局的绝佳棋子，便将他扣押起来，以此要挟其父刘虞发兵长安。

刘虞收到儿子的书信，心中方寸大乱，权衡再三之后，只好被迫答应袁术的要求。公孙瓒得知这件事后，劝刘虞别上当，但儿子在人家手中，刘虞哪里听得进去！

事后，公孙瓒又有点后怕，怕消息传到袁术耳中，便派堂弟公孙越带千余骑兵给袁术助战，并私下向袁术表示，希望他不要轻易释放刘和。

公孙瓒想两面下注，好从中谋利，但他千算万算，也没算到刘和有着超强的逃跑能力。刘和不知用什么办法，从袁术那里逃了出来，一口气跑到冀州地界，可没承想，刚出狼窝，又入虎穴。袁绍对刘虞当初不配合他称帝耿耿于怀，便将刘和捉住，扣押起来。

很快，袁绍得知公孙瓒勾结袁术，想直接去攻打袁术，但毕竟是自家兄弟，暂时还不想撕破脸皮，于是想打一场代理人战争，便派周昂去攻打长沙太守孙坚。

孙坚和袁术走得很近，袁术曾许诺让他出任豫州刺史，打孙坚其实就是在敲打袁术。袁术得知后，便命前来助阵的公孙越去支援孙坚，两家兵合一处，周昂战败逃跑，公孙越求胜心切，穷追不舍，不料在追赶途中，中箭身亡。

听闻公孙越战死，袁术很高兴，觉得可以趁此机会彻底将公孙瓒和自己绑在一起，让他和袁绍去死磕。

袁术派人护送公孙越的灵柩到公孙瓒那里，并给公孙瓒捎去一封信，信中添油加醋地介绍了整个事件的经过。不出所料，公孙瓒得知噩耗后，发誓从此和袁绍势不两立，双方战火一触即发。

袁绍知道公孙瓒不好惹，为了缓和局面，便推荐公孙瓒的堂弟公孙范出任勃海太守。谁知公孙瓒一家子不吃他这一套，公孙范一上任就打出旗号，讨伐袁绍。袁绍偷鸡不成蚀把米，白白送了公孙瓒一份大礼。

公孙瓒举兵南下，一路攻城略地，冀州郡县纷纷望风归降。初平二年（公元191年），公孙瓒攻破青州、徐州黄巾军，兵势日益强盛，进驻界桥（今河北威县境内）。公孙瓒命严纲为冀州牧，田楷为青州牧，单经为兖州牧。一时间，公孙瓒强势崛起，大有将河北一带尽收囊中之势。公孙瓒向来好战，面对节节胜利，对自己的战斗力信心爆满。

谁料，很快局面发生扭转。袁绍全力发起反击，公孙瓒一再败北，虽然后来扳回一局，但终究没讨到多大便宜。袁绍在与公孙瓒的作战中，虽然取得了一些胜利，但终究也是赢得很吃力，一个公孙瓒就让他很头疼，此时，他更担心自家兄弟袁术从背后给他捅刀子，于是他联络荆州刺史刘表攻打南阳，牵制袁术。

袁绍、袁术不愧是亲哥俩，袁术也想到借刀杀人这招。他让孙坚抄了刘表后路，刘表尚未来得及动身，孙坚就打上门来，结果却死在乱箭之下。

不过一来二去，袁绍在远交近攻之战中还是占了上风，袁术暂时也不敢再图谋袁绍了。稳住袁术后，袁绍亲率大军征讨公孙瓒。

初平三年（公元 192 年），袁绍屯军广川县（今河北枣强东北），与公孙瓒战于界桥南二十里处。

袁绍深知公孙瓒手下士卒战斗力彪悍，如果硬拼，未必能占多大便宜，而且他不想再和公孙瓒打持久消耗战，想一战重创公孙瓒，便命手下大将麴义领精兵八百冲在前面，并在两翼设下强弩伏兵。

当时，公孙瓒有精兵三万，自觉兵力强盛，看袁军势单力薄，遂有轻敌之意，命大军全力扑了过来，不料中了袁军埋伏。公孙瓒的军队面对倾泻而下的箭雨，顿时阵脚大乱，慌乱之中死伤无数，公孙瓒部下严纲被俘后遭斩首。

麴义追公孙瓒到界桥，公孙瓒率兵还击，再败后仓皇逃到蓟县（今北京一带）。经此一战，公孙瓒总觉得不安全，便重筑一座坚固的小城，躲在里面不肯出来。

一念之差

按照常理，沦落到当前境地，公孙瓒应该好好反思一下自己了。谁是敌人，谁是朋友，这是摆在公孙瓒面前的首要问题。但他恰恰就在这个至关重要的问题上不清醒了。

虽说公孙瓒在和袁绍的交战中吃了很大的亏，元气大伤，但就算如此，也还远未到山穷水尽的地步，仍有翻身的机会，最不济也能在天下大乱之初割据一方。

公孙瓒此时的地盘虽然缩水，但至少还有自家领地，而且他手下的军队在长期与北方匈奴等游牧民族交战中，发展出了强悍的战斗力，这是公孙瓒拿得出手的本钱，就算是袁绍，也不敢将公孙瓒彻底逼到死角，因为他对这支军队多少有些顾虑。

公孙瓒当下要做的应该是广结善缘、多交朋友，比如首先与刘虞结为盟友，因为刘虞有人望、得民心。从理论上来说，刘虞还是公孙瓒的上司，尽管两人之前有过过节，如果公孙瓒主动认个错，就算两人之间的关系不能完全修复，但至少可以缓和下来。

然而，历史不能假设，两人最终还是走向了决裂。

引爆公孙瓒和刘虞矛盾冲突的起因是刘虞看不惯公孙瓒的做派。公孙瓒在被袁绍打败后，或许是为了发泄心中不满，或许是为了笼络军心，或许两者兼而有之，时常放纵士兵劫掠百姓，这对素以仁义宽和著称的刘虞来说是不能容忍的。作为地方官，本应是百姓父母，怎么能反过来祸害百姓呢！

另外，刘虞为了稳定北方边境的安宁，时不时会给匈奴送一些礼物。其实，在天下大乱之际，用这种较小的代价保证边疆的平静，不失为一种好办法。但是公孙瓒不这么看，他认为这是刘虞过于懦弱的体现，是在花钱买平安，他看不起这种做法，于是常常派人劫取刘虞派出的使节团。

为了争取舆论的支持，两人还派人到长安向朝廷揭发对方，可惜当时的朝廷被董卓把持，自顾不暇，地方上闹得凶，对董卓来说是求之不得的事，他也懒得管。

刘虞本想和平解决，于是派人邀请公孙瓒前来，但公孙瓒觉得这是刘虞在给他下套，便称病不予理睬。

刘虞觉得和谈希望彻底破灭了，只剩下一条路，那就是用战争来解决。初平四年（公元 193 年），刘虞聚集十万人马准备讨伐公孙瓒。就连刘虞的手下都认为别看公孙瓒最近吃了败仗，他虽打不过袁绍，但不见得也打不过刘虞，公孙瓒的战斗力还是不可小觑的，于是不少人站出来，劝刘虞不要着急开战。

刘虞此时已是箭在弦上，不得不发，于是下令斩首劝阻的从事程绪。

大军开拔之际，刘虞又下令："此战只为公孙瓒一人，切不可误伤他人。"不可否认，刘虞的出发点是好的，但战争是残酷的，唯有拼个你死我活才能取得胜利。毫无疑问，他这道迂腐的命令无形中束缚了将士们的手脚，大家心下都在嘀咕，这仗还怎么打？

大军中有个从事叫公孙纪，平常就和公孙瓒私交不错，便提前跑去给公孙瓒送信。听说刘虞率领十万大军前来，公孙瓒心中也没底，更何况他的部下当时分散在各地，想在短时间内集结起来也办不到，于是便打算开溜。

然而，出乎意料的事情发生了，由于刘虞的部下被军令束缚，不敢放开手脚厮杀，将士们根本没心思打仗，城池自然也就久攻不下。公孙瓒趁机纵火突袭，刘虞大败，向北逃至居庸县。公孙瓒追击，三日城陷，活捉刘虞，不过也没有为难他，还让刘虞做了幽州牧。

就在这个节骨眼上，朝廷来人了，使者段训代表朝廷宣布增刘虞封邑，节制北方六州事务。

公孙瓒自然不甘心，他知道杀刘虞这事自己不能干，便胁迫段训以朝廷名义诛杀刘虞，至于理由嘛，就是刘虞和袁绍串通背叛朝廷，自立为帝。

如此一来，公孙瓒反而成了讨伐逆臣贼子的功臣。段训没办法，只得将刘虞斩首，传首长安，拜公孙瓒为前将军，封易侯，假节督幽、并、青、冀四州。

不过，刘虞的首级在送往京师的途中被刘虞旧部劫走安葬了。刘虞素来深得民心，对于他的死讯，闻者无不潸然泪下。

就在关东大乱、军阀混战之时，京师长安也乱成一团。变天了，董卓死了！

人肉宴席

关东数十万联军没有终结董卓的性命，一场意外的政变却让他身首异处。这场政变的策划人是司徒王允。

王允出身名门望族，祖上世代为官，为人正直清廉，早年在地方任职时，颇有民望。洛阳之乱后，司徒杨彪被董卓罢免，王允出任司徒一职。

汉灵帝时期，宦官当道，正直不阿的王允曾因得罪大宦官张让差点丢了性命，长期的政治斗争让他明白了一个道理，和敌人斗争，决不能单靠一腔热血，蛮干绝不是勇气。

身处豺狼当道的朝堂之上，需要坚定的理想和信念，但更需要智慧和手段。

牺牲的人够多了，不差王允一个，现在需要的是一双能够力挽狂澜的大手！

要是正面拼个你死我活，王允和董卓根本不在一个层次上。董卓只要动一下手指，就足以让王允化为齑粉，故而唯有设法麻痹敌人，然后出其不意，才能给敌人以致命一击。

擒贼先擒王，只要董卓一死，其余党必将树倒猢狲散，不足为虑！

打定主意后，王允隐忍不发，表面上仍对董卓虚与委蛇。董卓做事虽然简单粗暴，但他也知道，想要维持统治，单靠血腥屠杀制造恐怖高压是不行的，因此他生拉硬拽，让大儒蔡邕出来装点门面，如今又看到王允并不排斥他，也乐见其成。

董卓对反对他的人会毫不留情地举起屠刀，对投靠他的人也丝毫不吝啬高官显爵，他主动给王允增加食邑，封侯爵。

王允见董卓放松了戒备，便开始主动联系司隶校尉黄琬、尚书郑公业等忠于汉室的朝臣，共同商议密谋除掉董卓。

想要除掉董卓，必须掌控一支属于自己的战斗力量。王允等人极力向皇上推荐，保举护羌校尉杨瓒行左将军事，以讨伐袁术为名，举荐执金吾士孙瑞担任南阳太守，带领兵马出道武关，目的是发展外援，以备不时之需。

然而，董卓似乎觉察到哪里不对劲，便否决了王允的提议。为了打消董卓的疑心，王允没有再坚持，便让士孙瑞留在长安，擢升为仆射，擢升杨瓒为尚书。

董卓觉得在自己眼皮底下，谅他们也掀不起什么大风浪，也乐得做个顺水人情。

当初，董卓初入洛阳，为了在朝堂站稳脚跟，听从尚书周毖和城门校尉伍琼的建议，让袁绍、袁术、韩馥、刘岱等世家大族之士出任关东各地太守、刺史，本想以此笼络人心，没想到这些人后来纷纷站出来反对他，这让董卓懊悔不已。

西迁长安后，董卓吸取教训，立弟弟董旻为左将军，侄儿董璜为中军校尉，老部下李傕、郭汜、张济都被安插在军政要职之上，将大权牢牢掌握在自己人手中。

董卓以为自此可以高枕无忧了，做事越发肆意妄为，朝中大臣也不放在眼里，时不时来个下马威，制造寒蝉效应。

有一次，董卓宴请朝臣，正当大家推杯换盏之时，董卓下令将几名北地俘虏现场剁手剁脚、挖眼割舌，扔到堂下大锅里烹煮。

一切来得太突然，毫无思想准备的群臣被眼前的惨状吓得魂飞天外，许多人惊得连筷子都拿不住，只有董卓若无其事，自酌自饮，谈笑风生。

没多久，董卓又召集大家喝酒，虽然众人都明白，去董卓家赴宴，无疑是在鬼门关上走一遭，但又不敢不去，于是只好硬着头皮前往。

正当大伙儿在那里如坐针毡，惴惴不安地喝着酒时，意想不到的事情果然又发生了，董卓指着席上的卫尉张温说："我今日得到密报，此人勾结袁术，企图谋害于我，拉出去给我斩了！"然后不由分说，命人将张温拖出去杀了。

没多久，一颗血淋淋的脑袋被提到大堂上。

在座的众官员一个个吓得面如土色，有不少人被吓得尿了裤子。

对众人的表现，董卓很满意，他自己却仿佛什么事都没发生一样，继续对众人劝酒，说："此事是他咎由自取，与诸公无关，大家尽管畅怀饮酒便是。"

董卓对自己的心理战术很得意，觉得此后没有人敢对自己不从。

经过这两次事件后，朝中大臣无不心惊胆战，唯恐哪天董卓心情不好，自己就将被他用那种残酷刑罚折磨而死。

董卓成了大家的梦魇，想要去掉笼罩在心头的魔鬼阴影，就必须除掉他。

王允觉得时机成熟了。

董卓之死

一个强大的敌人被击败,往往不是来自外部力量,而是来自内部。王允知道想要除掉董卓,必须从其内部下手,他很快将目标锁定在董卓的心腹吕布身上。

吕布本为并州刺史丁原部下,当初何进密谋诛杀宦官时,要地方将领赶赴洛阳。与董卓一起抵达京城的,除了董卓,还有丁原,董卓颇为忌惮丁原,便暗中收买吕布除掉丁原,将其部下收为己有。

吕布武艺超群,勇猛无比,擅长骑射,膂力过人,被称为"飞将"。董卓为了拉拢吕布,任命吕布为骑都尉,没多久又将其提拔为中郎将,封都亭侯。二人还结为父子,董卓让吕布担任贴身侍卫,两人常常一起出入。群臣们对吕布都颇为忌惮。

很显然,要除掉董卓,吕布是最佳的突破口。王允早在董卓、吕布周围布置了眼线,很快便得知这对父子之间早就起了隔阂,就差别人一把火了。

原来董卓表面上对吕布极尽拉拢之能事,实际上他从来不相信任何人,对吕布也颇为猜疑,吕布偶尔有小过失,便大加责骂,有一次气急败坏之下，他顺手抄起一把戟就朝吕布投了过去，要不是吕布躲闪得快，恐怕早死在戟下了。

吕布此人好色，常在董卓身边走动，一来二去，就和董卓的一名婢女勾搭上了，为此做了贼的吕布很是心虚，害怕一朝败露，便凶多吉少。

王允觉得这是个绝佳机会，便主动联络吕布，密谋诛杀董卓。

吕布是个有勇无谋之人，一时间拿不定主意，对王允吞吞吐吐地说道："虽然我和董卓有些矛盾，但毕竟父子一场，怎么下得了手？"

王允听后心中冷笑，这哪是什么父子情深，分明是在讨价还价。他知道，对吕布这号人，只要开足价码，别说是义父，就是亲爹他都会下手。但表面上依然大义凛然："将军姓吕，他姓董，本来就非亲生骨肉，董卓何时曾将你看作自家人？目前，首要任务是保全自家性命，还谈什么父子！"

紧接着，王允许诺，只要成功刺杀董卓，就让吕布任职奋武将军，假节，仪比三司，进封温侯，与自己同掌朝政。

面对王允开出的如此诱人的条件，吕布早就忘了父子之情，满口答应，做王允的内应，一起除掉董卓。

利益交换协议达成后，他们开始静待时机。

在王允暗中紧锣密鼓筹划刺杀董卓之时，汉献帝正好染病，等他布置好时，皇帝的病也恰好痊愈了。尽管世人都知道当今天子不过是董卓手中的傀儡，但在法律上他还是朝廷的象征，一举一动都受到天下人的关注。于是，王允利用这个绝佳的借口，提出让朝臣入宫庆贺天子龙体康复。

尽管董卓从来没有将皇帝放在眼里，但必要的面子工程还是要做的。因此，他没有理由拒绝王允提出的请求，满口答应出席朝贺仪式。

初平三年（公元 192 年）四月丁巳日，董卓从家中出发，乘车前往皇宫朝贺。

或许是出于本能，他隐约觉得有点不对劲，但又说不出什么原因。他也知道自己作孽甚多，朝野四处树敌，想杀他的人太多了，所以出门前特意先穿上铁甲，然后再套上朝服，一路上加强安全保卫，道路两侧站满了士兵，一边是步兵，一边是骑兵，吕布在前面带领侍卫开道。

身处重重护卫之下，董卓觉得踏实了很多。

走在董卓前面的吕布，表面上没有任何异样，对董卓一如既往地恭恭敬敬，礼数很是周到，然而此刻，他的内心极度兴奋又无比紧张，一张诛杀董卓的诏书，正揣在他怀中。

与此同时，董卓入宫的必经之路北掖门旁边，吕布的老乡骑都尉李肃与秦谊、陈卫等十余位勇士身穿皇宫侍卫的服饰等待董卓的到来。

当董卓的车驾一进入北掖门，李肃等人就立刻杀出，将董卓包围在中间。李肃冲在最前面，将手中的戟使劲刺向董卓，但没想到董卓身穿铁甲，一时竟没有伤到他。

一切来得太突然，董卓这个杀人恶魔一时间被吓得不知所措，急得高声向吕布呼救。

然而，董卓万万没想到，刚才还对他毕恭毕敬的吕布瞬间翻脸，从怀中掏出诏书，大声喝道："奉皇帝诏令，讨伐贼臣！"

董卓这才明白过来，吕布背叛了他，便气急败坏地大骂道："狗崽子，你胆敢如此！"

吕布懒得跟他费口舌，直接手持铁矛将他刺死，让手下人砍下董卓的脑袋。

眼前的一幕让董卓的手下官兵看得目瞪口呆，一时不知所措。吕布大声说："皇帝下诏，只诛杀董卓一人，其他人一概不追究。"

吕布的这一番话控制住了现场局面，众人见董卓已死，知道大势已去，便高呼万岁。

胜利来得太突然，董卓的死讯像长了翅膀，很快在长安的大街小巷传开。长期以来笼罩在人们心头的阴霾被一扫而空，喜悦的长安百姓，不分男女老幼，都涌上街头、载歌载舞，许多人卖掉家中首饰衣物，买酒买肉，路上遇到，不管是熟人还是陌生人，都一起饮酒狂欢，仿佛过年一般。

那一天，整个长安沸腾了。

面对汹涌而来的百姓，王允知道人们压抑得太久了，民愤需要疏导和释放，所以默许和纵容了他们对董卓家族的报复。

愤怒的人群涌向董卓家族的住宅，董卓的弟弟董旻、董璜以及董氏家族的男女老幼，全都死在乱刀之下，无一幸免。

董卓的尸体被拖到市中示众，追缴董卓赃物的工作也在进行中，从郿坞中搜出黄金两三万斤，白银八九万斤，绫罗绸缎、奇珍异宝堆积得如小山一般。

作为本次政变的主要筹划者，王允得到了皇帝的重赏，被任命为录尚书事，吕布为奋威将军，假节，礼仪等待遇均与三公相等，封温侯，与王允一起主持朝政。

王允本已做好牺牲的准备，但没想到政变进展得如此顺利，胜利来得太快，他开始有些飘飘然了。

一个人一旦高估自己的实力，就会丧失理智，做出错误的判断，王允下令全力追剿董卓余党。此刻，他忘记了一个基本的原则，就是惩处首恶，追查帮凶，胁从不问。像他这样不问青红皂白，一心只想把董卓余党斩尽杀绝，无疑是将本来观望的人逼上绝路。

人一旦被逼入绝境，就会铤而走险。

沉浸在胜利喜悦之中的王允，没有意识到此刻的他即将大难临头。

第七章

纷乱又起

进退失据

权力可以改变一个人，王允渐渐开始有些跛扈了。

董卓当政的时候，蔡邕被迫出来装点门面。董卓此人虽然凶狠残暴，但对蔡邕还算礼遇有加。董卓被诛杀的消息传来时，蔡邕恰好在王允家做客，或许是出于一个士人对于这骤风暴雨般巨变的感慨，他不由得叹息了一声。

但在王允看来，蔡邕是非不分，面对董卓这等国贼，不起来讨伐，反而感念董卓对自己的知遇之恩，实在是不知轻重、大煞风景，便将蔡邕划为董卓余孽，打入牢中。

蔡邕此时百口难辩，在狱中只好做有罪辩护，承认自己有罪，可以接受肉刑处罚，只愿留下性命，好完成自己的著作《汉史》。

蔡邕是一代鸿儒，朝野之间名气很大，很多人都站出来为他求情。太尉马日䃅亲自劝王允说："蔡伯喈是旷世奇才，对汉朝的史事典章了解很多，应当让他完成史书，他所犯的罪是微不足道的，杀了他，岂不使天下士人失望！"

但王允不为所动，说："武帝不杀司马迁，结果使得他所作的谤书《史记》流传后世。如今国运中衰，时局多艰，不能让奸佞之臣在幼主身边撰写史书，以免他在书中讥讽我们。"

为了防止蔡邕在史书中给自己留下恶名，王允下定决心杀了他。

可惜王允不懂，他可以杀了蔡邕，但难以堵住天下人之口。

马日磾事后就对别人说："善人是国家的楷模，史著是国家的经典。毁灭楷模，废除经典，王允大概要绝后了！"

马日磾一语成谶，后来发生的事，都应验了他当初的话，王允的结局很凄惨。

王允上台后，虽然也试图派使者到关东诸侯那里，重新树立中央朝廷的权威，但是经过数年的变迁，各地诸侯早已不将朝廷放在眼里，因此，王允的一切努力都是徒劳。

王允面临的挑战不仅仅来自外部，更来自同一战壕内部。吕布作为其最重要的政治盟友，当共同的敌人董卓被除掉以后，两人之间的矛盾也逐渐浮出水面。

首先，董卓死后，如何处理善后事宜，王允和吕布意见不一。吕布觉得应该斩草除根，将董卓的余党全部处死，然后将从董卓那里查获的金银财宝分掉。

很显然，吕布的政治智商与他的战斗力没法匹配。面对这个愚蠢的建议，王允自然不同意。作为一名政治家，王允很清楚，政治清算的打击面不宜扩大化。

王允性格耿直，董卓当政时期，不得已折辱隐忍，如今大权在握，他固执倔强的一面便开始凸显出来，毫无疑问，这种性格很不受人欢迎，他和当初追随他的那些人之间的关系也开始疏远起来。

吕布自认为刺杀董卓的行动，他当居首功，因此到处炫耀招摇。但王允知道，吕布不过是一介武夫，冲锋陷阵行，但治国理政肯定不行，这让吕布很不满，心中很失落，再加上王允对他的建议置之不理，他对王允就更加愤愤然了，于是派李肃去攻打屯于陕县的董卓女婿牛辅。

谁料，李肃被牛辅打败，紧接着，牛辅军营内乱，牛辅于慌乱之中，携带金银珠宝，与亲信胡赤儿等人出逃。

在逃亡途中，胡赤儿等人见财起意，杀了牛辅，将其首级送往长安。

董卓死后，其部属人人惶惶不安，都在观望朝廷会如何处理他们。王允也不想扩大打击面，本打算代表朝廷赦免这些人，但后来又觉得如果大张旗鼓地特赦，会让他们以为在欲盖弥彰，反而引起警惕，所以迟迟没有表态。王允模棱两可的态度，让董卓带来的那些西凉军将士更加不安。

有人给王允出了个主意，让皇甫嵩为将军，安抚董卓旧部，让他们屯扎陕县。皇甫嵩曾长期在凉州一带带兵打仗，在西凉军中威望很高，不得不说，这是个很好的办法。

但王允却担心，如此一来，会招来袁绍等关东诸侯的不满，所以没有同意。思来想去，王允一时也拿不出个什么好办法，最后他决定解散西凉军，让他们回家去。

消息传开，董卓旧部一片哗然，私下嘀咕道："蔡邕只不过受过董卓厚待，都被处死，如今朝廷既不赦免我们，又要解散大伙儿，我们一旦散开，那还不任人宰割了！"

于是，众人决定宁死也不解散。

长安乱

　　自牛辅死后，西凉军中已是群龙无首，董卓旧属李傕得知朝廷打算遣返他们，便派人到长安，希望得到赦免。数日后，使者带来消息，称他们的请求被王允拒绝了。

　　董卓在世时，李傕没少作孽。因此，此时的他更加坚信，王允打算对他们秋后算账。他越想越怕，心想事已至此，三十六计，走为上计，赶紧收拾收拾，趁早溜回老家。

　　正当李傕打点行李之际，有一个人站出来，用揶揄的语气对他说："将军如果就这样灰溜溜地逃命，恐怕还没走多远，半道上一个小小的亭长就会把你抓起来。"

　　此人正是讨虏校尉贾诩。

　　李傕知道贾诩很有智谋，便赶紧向他讨教，下一步该怎么办。

　　贾诩说："反正事情都到了目前这种地步，还能坏到哪里去？还不如集结人马，豁出来干一票，直接杀到长安，为董太师复仇。如果成功了，可以拥戴皇帝号令天下，若不成，再逃走也不迟。"

　　李傕一听，很有道理，便伙同郭汜、张济等人，召集了数千人马。

李傕大声说："朝廷拒绝赦免我们，目前，我们只有一条路可走，那就是拼死一搏，若攻克长安，可得天下，若攻不下，咱们便抢光三辅的钱财和女人，然后一起回老家！"

李傕的一番话激起了西凉兵的斗志，大军马不停蹄地向长安杀来。

与此同时，王允也得到消息，想派人去澄清，便找来凉州人胡文才、杨整修。胡文才、杨整修二人在凉州地区颇有民望，王允希望借助他们的声望，化解危机。

在这千钧一发的时刻，最应该做的就是赶紧宣布赦免西凉军，许诺优待条件，设法稳住局面。

而且，彼时已是箭在弦上，就算如此，也未必管用。

然而，面对如此危局，倔强的王允依然不肯放下架子，他对胡文才和杨整修声色俱厉地说："你们去问问这些鼠辈，他们到底想干些什么？让李傕等人赶紧滚来见我！"

王允的这番话彻底将自己推向了不归路。

胡文才、杨整修根本摸不清王允的心思，走在路上想，万一办不好，恐怕性命不保，索性一不做二不休，豁出去算了。他们赶到李傕军营后，临阵变卦，当了带路党。

在李傕等人赶往长安的路上，董卓旧部樊稠、李蒙等纷纷加入，队伍不断壮大，等赶到长安城下时，队伍规模已经扩大到十万余人。

董卓当初带来的西凉兵也不过数千人，如今这些人中肯定又有不少想趁火打劫的投机分子、地痞无赖混了进来。

长安城防坚固，西凉军一时半会儿根本攻不进去，攻守双方进入僵持状态。李傕等人本来就没有大的志向，只是被逼急了，走投无路之下铤而走险罢了，只要时间一长，就难免士气低落，自然会散去。

然而，谁也没想到，围城八天后，出现了意外，吕布部下中有人叛变，打开城门迎敌入城。

事出突然，吕布仓促组织人马与李傕展开巷战，但最终不敌，吕布趁着混乱逃出城去。

吕布临走前，招呼王允一起走，但王允果断拒绝了他。

尽管由于自己混乱的决策，导致本来刚刚出现的黎明曙光又戛然而止，使得长安再次陷入万劫不复之地，但是，在关键时刻王允还是表现出了一个政治家的担当和勇气。

大厦将倾，独木难支，既然我无法力挽狂澜、拯救大汉，让它起死回生，那么就让我陪它一起殉葬吧。

王允平静地对吕布说："本想再安社稷，使国家恢复康宁，但现在看来是不可能了，皇帝年幼，我岂能只顾自己逃命？希望你此去，多劝勉关东诸侯，希望他们多以天子和朝廷为念！"

吕布见状，只好带领自己的人马逃命去了。

李傕、郭汜等人率领乱军蜂拥而入，到处杀人放火，刚刚恢复平静不久的长安城再次遭到大屠杀，被无辜杀戮的官民尸体堵塞了街道，近万人遇难。

乱军围攻南宫掖门，太仆鲁馗、大鸿胪周奂、城门校尉崔烈、越骑校尉王颀在抵抗乱军中战死。

混乱中，王允扶着汉献帝登上宣平门避难。事已至此，年幼的天子问李傕、郭汜："你们为何纵兵作乱？这是想要干什么！"

李傕、郭汜等人本就没有改朝换代的志向，只不过想趁乱狠捞一把，杀害一个没有任何威胁的小皇帝，除了让他们背上恶名，没有任何好处，所以便说："臣等并非谋反，只是觉得董太师忠于陛下，却无故被吕布杀害，为他而不平，讨个说法！"

　　谁都知道董卓罪有应得，但现在李傕、郭汜手中握着刀把子，汉朝君臣都成了他们的手中猎物，面对颠倒黑白的说辞，又能拿他们怎么样呢？

　　数日后，王允被处死，他的家人被灭族。

　　多年后，汉献帝被曹操接到许都，他对王允追思不已，让人找到王允遗骸，送回老家礼葬。

　　当长安又一次被笼罩在血雨腥风之中时，曹操又在做什么呢？

都是钱害的

  其实，在长安发生一系列巨变之际，曹操的日子也不好过，他面临着严峻的挑战。

  当初被曹操赶跑的金尚跑到袁术那里。因为曹操的东郡太守是袁绍举荐的，所以在理论上曹操与袁绍是同一阵营的人，如此便招来袁术的嫉恨，现在曹操又将兖州收入囊中，袁术自然更加愤怒。

  袁术、袁绍这哥俩谁也见不得谁日子好过。金尚的投奔，让袁术有了冠冕堂皇的理由，初平四年（公元 193 年）初，他借口曹操驱逐朝廷任命的合法兖州刺史，率军前来攻打曹操，进入陈留，屯兵封丘，派部将刘详驻匡亭。

  曹操当时驻扎在鄄城，手下军队三万。综合分析后，曹操决定先攻刘详。袁术得知后，急忙带兵来救。袁术此人志大才疏，哪里是久经战火洗礼的曹操的对手？很快便被打得一败涂地。

  袁术本想逃到封丘，聚集人马再战，哪知曹操根本不给他喘息的机会，直接追上来，袁术只好逃往襄邑，曹操引渠水灌城，袁术只好弃城而去，逃往宁陵。没想到曹操又很快追了上来，袁术吓得心惊胆战，再次逃跑，逃往九江去了。至此，曹操才率领本部军马回定陶。

袁术和曹操的初次交锋，就是一个猫追老鼠的过程，整个战争基本上都是袁术在夹着尾巴一路狂奔逃命。这次经历让袁术产生了严重的心理阴影，自此他再也不敢打曹操的主意了。

可以说，封丘之战是曹操的立威之战，他一举打破了袁术这些人看似强大、实则不堪一击的假象，且此战也巩固了曹操对兖州的掌控权。

曹操在兖州坐稳之后，第一件事就是将父亲曹嵩接到兖州，完成父子团圆的凤愿。

这些年，曹操在外四处征战漂泊，而曹嵩则远遁琅邪逃避战乱。

然而，曹操再也没能见到父亲，他接到了父亲遇难的噩耗。种种迹象表明，徐州牧陶谦有害死曹嵩的重大嫌疑。

曹嵩其实是被钱害的。

曹嵩有钱，世人皆知。他带着一百多车金银珠宝从洛阳出发，浩浩荡荡穿越大半个中国，前往沿海的琅邪郡，给世人留下了深刻印象。

身处乱世，本应该低调行事才对，曹嵩却如此高调，为后来招致杀身之祸埋下了伏笔。

曹嵩接到儿子的信后，他又一次携带百辆马车的金银珠宝上路了，这一次，他没有那么幸运，死在了徐州地界。

人死在了徐州，作为地主的徐州牧陶谦自然难辞其咎。

不过，陶谦并不是贪财之人，相反，他为人正直、为官清廉，口碑很好。

陶谦，字恭祖，丹阳郡（今安徽宣城）人，孝廉出身。陶谦曾追随张温与凉州边章、韩遂作战，战功卓著。中平元年（公元184年），黄巾起义，陶谦受命出任徐州刺史。上任以后，陶谦一手平乱，一手保境安民，很快将徐州境内的黄巾军势力驱逐出境，使得"境内晏然"。

相较于当时受到战争之乱的北方，徐州较少受到波及，成为当时少有的一方净土。

黄巾起义后，很快发生了董卓废立天子、李傕郭汜作乱长安等一系列大事，陶谦小心翼翼，避免参与其中。因此，当袁绍等关东诸侯会盟讨伐董卓时，陶谦没有参与，他只想保住自己的地界，尽职尽责，守住一方安宁。

朱俊在平定黄巾起义的战斗中，战功卓著，拜右车骑将军，封钱塘侯，后出任河内太守，击退黑山军张燕，名气很大。董卓专权后，想拉拢朱俊，朱俊知道董卓的为人，拒绝合作，随后随便找了个借口，从洛阳跑了出来。

后来董卓遇刺，李傕、郭汜挟持天子，陶谦得知后，给驻扎在中牟的朱俊送去足够供养三千兵士的军粮，希望他传檄各州牧，联合盟军，讨伐李、郭二人。

但朱俊却被李、郭二人的一番花言巧语所蒙蔽，觉得一切祸乱皆是董卓作孽，当下董卓已死，其完全可以前往长安，重整朝纲。

但陶谦不以为然，如果说董卓是一头饿虎，李、郭就是两匹豺狼，与他们谋事，无疑是引火上身，他劝朱俊切不可轻信这二人。

朱俊不听，只身前往长安。

后来的事果不出陶谦所料。李、郭二人攻占长安后，因分赃不均，大打出手，相互攻伐，天子和百官沦为他们的人质。朱俊本想调解二人矛盾，结果却被郭汜扣押起来，朱俊是个火暴脾气，哪受得了这窝囊气，遂大动肝火，一口气没缓过来，便一命呜呼。

与朱俊不同，陶谦采取了比较稳妥的办法，表面上不与李傕、郭汜把持的朝廷对立，坦然接受升他为徐州牧的旨意。同时，保留着实际上的独立状态，李傕、郭汜根本无法染指徐州的内部事务。

所以说，陶谦是个务实的人，也是个会变通的人。

像他这样的一个人，怎么可能为了钱财，与正在冉冉升起的政治明星曹操交恶呢？

谋杀疑团

陶谦也是个不惹事的人。

当曹嵩带领他那庞大的珠宝车队进入徐州境内时，陶谦觉得这是一个与曹操亲善的好机会。他派出都尉张闿领二百兵丁护送曹嵩出境，想以此给曹操留下一个好印象。毕竟此时的陶谦已经上了年纪，早没了争霸出头的念头，只想维持与周边诸侯的和睦共处。

张闿本是黄巾军出身，由于战败，不得已而归降陶谦，其实他们一直貌合神离。

张闿第一次见识到曹嵩手中那笔富可敌国的财富时，就被心魔控制住了，像他这种底层军官，就是奋斗十辈子，也未必挣得其中万分之一。那一刻，他痛苦、嫉妒、羡慕，各种感觉齐上心头，交织在一起，吞噬着他的灵魂，最终，心魔和贪念战胜了理智，他决定将它据为己有。

就这样，一路走，一路盘算，当曹嵩的队伍走到泰山与华县、费县交界之际，张闿带领手下大开杀戒，将曹嵩杀死，带着财宝，跑到淮南，投奔袁术去了。

关于曹嵩的死因，除了张闿杀人劫财这个说法外，还有其他不同的版本。

根据《后汉书·陶谦列传》记载，杀害曹嵩的是阴平县的士卒，具体姓名不详。

这两种说法，无一例外都是曹嵩遇害是由于陶谦手下见财起意，陶谦难免不受牵连。

还有一种说法就比较严重了，按照《后汉书·应劭传》中的记载是陶谦派人暗中杀害了曹嵩，原因是陶谦嫉恨曹操攻打徐州，出于报复，杀害了曹嵩。《后汉书·应劭传》对整个过程有详细的记述，因此看上去完全就是一场阴谋。

曹嵩接到消息，泰山郡太守应劭奉曹操之命前来迎他去兖州，其自然是满心欢欣鼓舞。但万万没想到，陶谦抢在曹操之前，派出了一支轻骑兵抵达曹嵩在泰山郡华县的住所。

起初，曹嵩还以为是应劭的迎接队伍，没有多加防备，等反应过来，觉得不对劲时，为时已晚，曹操的弟弟曹德躲闪不及，被陶谦部下斩杀在门口。

慌乱之中，曹嵩急忙在后院墙上打穿了一个洞，本打算先让自己的爱妾逃走，然后自己再从洞中爬出。但是，其小妾身形过胖，半个身子爬了出去，屁股卡在洞口，哼哧哼哧地挣扎半天，动不了，而这时外面的脚步声已越来越近。

万分紧急的情况下，曹嵩拽出小妾，一起跑到厕所里躲起来，但最终还是行迹败露，被杀死在厕所中。

等应劭赶到时，发现现场堆满了尸体，没有一个活口，惊恐万分，觉得事已至此，肯定没法向曹操交差了，无奈之下，索性辞官跑到冀州，投奔袁绍去了。

其实，陶谦袭杀曹嵩这种说法经不起推敲，因为纵观史书，曹操在曹嵩遇难前，根本没有攻打徐州的记录，另外做这种暗杀的事，也不符合陶谦的为人品性。

而真正的凶手很有可能是陶谦的手下，至于是张闿还是阴平县的士卒已经不重要了，总之陶谦是逃不了干系的。

曹操听到父亲遇害的消息后，立刻召集人马，攻打徐州。

任陶谦怎么解释，曹操都一口咬定是陶谦干的。

数年来，徐州在陶谦的治理之下，民生安乐，许多难民都将徐州视为乱世乐土。因此，徐州收留了数十万各地避难而来的离乱之人。

然而，他们万万没想到，纵然逃过了黄巾起义的战乱，逃出了董卓、李傕、郭汜的魔爪，但最终还是难逃一死，他们都死在了曹操的屠刀之下！

身在乱世，人命如草芥，为之奈何！

初平四年（公元 193 年）秋，曹操大军倾巢而来，而袁绍也想浑水摸鱼，派部将朱灵率军前来助阵。曹军一路势如破竹，连破十城，直接杀到陶谦驻地彭城（今江苏徐州），陶谦集结军队拼死抵抗，但终究不敌曹操，只好弃城而去，退守东海郯城（今山东临沂境内）。曹军穷追不舍，又攻破傅阳（今山东峄县南）。

被仇恨蒙蔽了眼睛的曹操，一路肆意杀戮，无数无辜百姓成了刀下冤魂，尸体堵塞河道，泗水为之不流。

曹军过后，村郭荒芜，城垣为墟，鸡犬不留，白骨弥野。

此战中，曹操凶残嗜杀的一面暴露无遗，这也是曹操一生都洗刷不掉的污点。

曹操的暴虐激起了世人的愤慨，也让陶谦彻底丢掉了对他的幻想。陶谦一面抱着死战到底的决心坚守，一面派人去求援。青州刺史田楷收到陶谦的求救信后，与刘备一起前往救援。

刘备字玄德，幽州涿郡涿县（今河北涿州）人，其自称是西汉中山靖王刘胜之后，但到了他这一代，家道中落，只能靠织席贩履糊口，后来有幸与同宗刘德然、辽西公孙瓒一起拜原九江太守卢植为师，同窗之时，和公孙瓒结下了深厚的友谊。

中平元年（公元 184 年），黄巾起义爆发，刘备因平乱有功，受授安喜县县尉，时年二十四岁。因不满朝廷昏暗，官场吏治腐败，屡次辞职，后投奔公孙瓒，被推荐为别部司马。

初平二年（公元 191 年），刘备因功升为平原县令，没多久，再升职，领平原国相。

刘备有兵千余人，另外还有一些从幽州带出来的乌丸等骑兵，一路上，又有数千走投无路的难民加入刘备队伍。到徐州后，陶谦又给刘备调拨了四千人，如此一来，刘备手下有了一支中等规模的部队。

在刘备的协助下，陶谦总算守住了地盘。曹操久攻不下，又加上粮草不济，只好先回撤兖州。陶谦非常感激刘备，便推荐他为豫州刺史，驻军小沛（今江苏沛县）。

后院起火

兴平元年（公元 194 年），曹操再次来攻，很快占领了琅邪、东海等县。陶谦部将曹豹和刘备在郯东阻击曹操，但被曹操击败。

眼看徐州就要沦为曹操的囊中之物，就在此时，传来曹操撤兵的消息。陶谦紧绷的神经总算松弛下来，他本已年迈体衰，加上曹操攻打徐州，使他紧张、压抑、屈辱，病情急速加重，一病不起。

当下的徐州，昔日的繁荣早已不再，满目疮痍，这一切都是由于曹操的屠杀破坏造成的。数十年的宦海沉浮，使得陶谦练就了一双火眼金睛，他知道，为父报仇，只不过是曹操的借口而已。

天下纷乱，诸侯无不想方设法扩充自己的势力，曹操作为后起之秀，对外扩张是早晚的事，只不过曹嵩遇害，让他提前找到了托词而已。

要将自己多年经营的徐州就这样交给曹操这个屠夫，陶谦死不瞑目，但环顾部下，大多是平庸之辈，无一人堪当大任，看来，能够扛起重任、抵抗曹操之人，唯有刘备了。

通过一段时间的观察，陶谦觉得，刘备身上有一股英雄气魄，将来必能成就一番大业，如果将徐州交到他手中，也算安心了。

当陶谦对刘备说出自己的想法时，刘备却觉得淮南袁术无论个人声望还是军事实力，都远胜过自己，建议陶谦不妨将徐州托付给袁术。

刘备的提议很快被众人否决，典农校尉陈登和北海相孔融都觉得袁术此人靠不住，孔融更是用轻蔑的语气说："袁术此人不过是个活死人而已，怎么指望他拯救徐州呢？"

是的，前不久曹操还打得袁术满地找牙，就他这种内斗内行外战外行之人，怎么能在这危急时刻挑起大梁呢？

最后，在陶谦的一再坚持之下，刘备答应接任徐州牧。

没多久，陶谦便咽了气，享年六十三岁。

徐州的局面暂时稳定下来，但曹操的地盘兖州却乱了。

曹操万万没想到，带头叛乱的是他的好友张邈和心腹陈宫。

曹操首倡义兵讨伐董卓时，张邈是为数不多支持曹操的人之一。关东诸侯会盟后，张邈因言语冒犯，惹恼袁绍，袁绍遂暗中命曹操除掉张邈，被曹操断然拒绝，张邈事后得知，对曹操感激不已。

此后，两人关系异常密切，一路相扶相持，互引为知己。初平四年（公元193年），曹操出征陶谦之时，在出发前对家人说："此去凶多吉少，万一我回不来了，你们都可径自去投奔孟卓（张邈），相信他一定会收留照顾你们。"

等曹操征战归来时，张邈早早在等待迎接，看着满身征尘的曹操，冲上去一把将他抱住，两人都喜极而泣。

至于陈宫，可以说是曹操的心腹之人，当初曹操之所以能够进入兖州，全靠他从中牵线。

但这样两个人为何要在曹操出征之际突然叛变呢？

　　一切源于吕布的出现。李傕、郭汜杀入长安后，吕布开始了到处漂泊的生涯。他先投袁术，后又改投袁绍。袁绍此人勇猛无比、作战骁勇，罕有人堪与之抗衡，但是为人自视甚高，目空一切，加上不约束自己的部下，常常骄纵士卒、恣兵抄掠，所以很难为人所接受。

　　在袁绍帐下效力时，吕布尽管屡立战功，但由于恃功而骄，招来袁绍嫉恨，他暗中派人袭击吕布，幸亏吕布勇猛，才逃了出来。途经陈留，太守张邈因吕布曾刺杀董卓，便派人迎接吕布，两人相谈甚欢。

　　就在此时，陈宫找上门来，对张邈说："如今天下大乱，群雄并起，足下本是人中豪杰，怎么甘心长期受制于人呢？如今兖州空虚，且有吕布这样的骁将，何不与他共谋，趁此良机，占据兖州，做一番大事呢？"

　　陈宫为何会突然对曹操后背插刀子呢？按照一般说法，曹操因为被别人讥讽了几句，便大开杀戒，将桓邵、边让等名士杀害，还牵连到他们的家人。这让本是名士的陈宫很气愤，他无法容忍曹操这种滥杀无辜的做法，所以决定教训一下曹操。当然，还有另外一种可能，就是曹操屠杀徐州百姓，激起了富有正义感的陈宫的愤怒。

　　而张邈自始至终都无法解除对袁绍的戒备，袁绍对吕布的追杀让他更加坚信，袁绍迟早还是会对自己下手，而曹操的喜怒无常、肆意杀戮，更让他感到无比惧怕，生恐哪天曹操禁不住袁绍的威逼利诱，对自己下手。

　　与其这样担惊受怕地过日子，还不如将命运掌握在自己手中。

　　于是，张邈咬咬牙，一跺脚，听从了陈宫的建议，决定发起叛乱，将兖州从曹操手中夺过来。

反败为胜

陈宫曾经用他的实际行动证明了自己敏锐的洞察力，他凭借对时局的准确把握，为曹操捕捉到了稍纵即逝的时机，彻底改变了曹操的发展轨迹。然而再睿智和聪慧的人，一旦被情绪控制，都会丧失理性判断。

不得不说，出于义愤迎接吕布，是陈宫一生中最大的错误。

吕布是个什么样的人陈宫不可能不知，但就是对这个反复无常、毫无原则、有勇无谋的武夫，他还是毅然做出了辅佐他抗衡曹操的决定，不得不说，这是个巨大的悲哀。

吕布得知张邈和陈宫迎立他做兖州牧，自然是欢欣无比。

由于曹操率领主力部队出征徐州，兖州内部防务非常空虚，所以绝大多数城池很快陷落，最后仅剩下鄄城、东阿、范县在曹操自己人的手中。

此时的曹操尚在徐州作战，他面临着从军征战以来前所未有的危机，一旦徐州作战失利，而后方兖州丢失，进退失据，必将陷入万劫不复之地。

好在曹操及时调整战术，果断放弃在徐州的有利战机，撤兵返回兖州。

而鄄城等三城之所以还能够保住，完全是得益于荀彧应对得当。眼看兖州大部分地方已经易主，许多人军心不稳，对于能否守住这三城，大家心中都没底。在这关键时刻，荀彧站出来坚定地说："现在我们已无退路，这三城我们必须守住，不然曹公没有了落脚点，我们大家都将无家可归。"荀彧遂找来曹操另外一名重要谋士程昱商议对策。

程昱字仲德，兖州东郡东阿（今山东东阿）人，兖州刺史刘岱曾征召程昱出来做官，但被他一口拒绝，刘岱死后，曹操入主兖州，辟召程昱，程昱满口答应。

曹操初见程昱便一见如故，就天下大事展开一番谈论后，觉得甚是投机，便委派他出任寿张令。

出征徐州之际，曹操委托荀彧、程昱二人留守后方，对他们的信任可见一斑。

荀彧对程昱说："如今形势对我们不利，我们必须确保鄄城、范县、东阿不动不失，才能稳住军心。据可靠消息，陈宫打算攻取东阿，并派泛嶷攻击范县。面对强敌来犯，两城官民难免会人心浮动，万一出现意志动摇，后果不堪设想，你素有民望，还望前往，对他们动之以情晓之以理，坚定信心，务必要守住阵地不得丢失。"

程昱在返回老家东阿的路上，听到范县县令靳允的家人已经被吕布捉拿，担心他由于顾及家人安危，做出错误判断，投降吕布，便急忙赶到范县，劝靳允认清吕布的真面目。他进一步分析称："目前由于陈宫的背叛，形势严峻，但吕布不过匹夫之勇，肯定成不了大事，而曹公智略不世出，必定能够平定叛乱。"

　　经过程昱的一番激励，靳允坚定了信念，流着眼泪，承诺绝不让城池在自己手中丢失。没多久，泛嶷被靳允伏击杀死，范县暂时转危为安。

　　稳住范县后，程昱派人死守仓亭津，使得陈宫军没法渡河，然后马不停蹄地赶往东阿，与东阿令枣祗率军民据城坚守。在程昱的努力之下，总算为曹操守住了三座城池。

　　曹操从徐州赶回来后，见到程昱时，拉着他的手，感激万分地说："要不是你，我恐怕真的无家可归了。"遂让程昱出任东平相，屯于范县。

　　曹操决定向吕布发起反击，两军在濮阳形成对峙局面，僵持了百日，但谁也无法打破僵局，此时两家皆粮草告尽，恰又赶上天灾，蝗虫四起，到处是饥民，无粮可征。

　　在这场瞪眼比赛中，吕布成了第一个眨眼睛的人，他率军撤离，转移至山阳郡（郡治昌邑，在今山东巨野）。

　　曹操知道吕布不好对付，不想穷追猛打，免得将这头饿虎逼入绝境再反咬自己一口，转而收复其他丢失的城池。至兴平二年（公元195年）春，便主动反攻定陶，打败吕布，同年夏，攻打驻扎在巨野的吕布部将薛兰与李封。

　　此战，曹操的真实目的并非这两个虾兵蟹将，而是想围城打援，消灭吕布。果不出曹操所料，吕布得知后，亲自带兵来救援，陷入曹操设下的埋伏圈，被大败而归，仓皇逃亡东缗（今山东金乡东北），薛兰与李封二人死于交战之中。

　　气急败坏的吕布自然不甘心失败，又召集了陈宫的部属，差不多凑了一万人马，然后重新杀了回来。

　　吕布本以为曹操对他已经伏击了一次，绝不会使用重复战法，但是他完全低估了曹操，他能想到的曹操也能想到。曹操偏偏反其道而行之，故技重施，再次设下伏兵，没有防备的吕布被杀得丢盔卸甲，损兵折将无数。经此战，吕布再无与曹操交战的本钱，只好放弃兖州，逃往徐州，投奔刘备。

吕布空有一身勇力，打烂了一副好牌。吕布不明白，决定战争胜负的，主要还是双方统帅的谋略和智慧，单靠一人匹夫之勇，根本无法扭转乾坤。

至此，由曹操的两位前朋友和老部下迎接外人发动的兖州之乱，总算在有惊无险中落下帷幕。

而两位当事人，陈宫追随吕布而去，张邈本打算前往寿春投靠袁术，不料在途中死于部下之手。

张邈的弟弟张超没有跟随兄长出逃，而是选择留下来坚守雍丘（河南杞县），但在曹操大军数月的轮流攻击之下，最终还是陷落。

张邈的背叛对曹操打击很大，这不仅仅是盟友和部下的背弃，更是一个曾经的亲密好友的背叛，两人当初是何等亲密无间，"任何人都可以背叛我曹孟德，唯独你张孟卓不该啊"！

痛苦、失落萦绕在曹操心头，最后他下定决心："既然你如此无情无义，也休怪我不仁不义，一个也休想得到宽恕！"

曹操下令，将张超与张邈的族人全部处死。

第八章
迎帝东归

天子为何物

兴平二年（公元 195 年），曹操打败吕布、陈宫等人，重新收复兖州，当年十月，他正式被朝廷任命为兖州牧。虽然兖州早就落入曹操手中，但至少在法律层面，还要朝廷盖章画押，才算合法。

尽管长安那个朝廷早不被各地诸侯放在眼里，但如果能得到正式认可，至少面子上过得去。因此，关东各地诸侯发生人事变动时，在形式上还要向天子上表请示，走走过场。

当然谁也没把这个仪式当真，至于送出去的表章是否真的能送到皇帝那里，谁知道呢？就算皇帝看到了，又能如何？总不能否决驳回。

实际上，当曹操收到朝廷签发的任命状之时，皇帝已自身难保，刚刚才逃离魔爪。

董卓遇刺后，汉献帝刚刚呼吸了几口自由空气，很快又沦为李傕、郭汜的掌上玩物。李傕自任为车骑将军、开府，领司隶校尉、假节、池阳侯，没过几日，又给自己升官，官拜司马，居百官之首，封郭汜为后将军、美阳侯，樊稠为右将军、万年侯，封张济为镇东将军、平阳侯，屯驻弘农。

正所谓祸不单行，汉末的长安城注定是一座多灾多难的城市。在先后经历了数次兵火之后，又爆发天灾，整个关中三辅地区久旱不雨，谷价飞涨，一斛谷飙升至 50 万钱，比黄金还贵，就算如此，市面上还是根本买不到粮食。

长安城里到处是饿死的尸体，整个城市到处散发着腐尸气味，不少地方甚至出现了人吃人的惨剧。长安笼罩在死亡的气息之中，夜幕降临之际，夜枭惨叫，犹如鬼城。

作为傀儡天子，汉献帝无力左右自己的命运，更无法改变时局，但他还是想利用一下自己天子的身份，尽力挽救一下可怜的黎民百姓。

汉献帝下令侍御史侯汶拿出太仓米豆，设立粥棚，救济百姓。命令颁布有些时日了，但皇帝接到的反馈消息却是，长安灾情没有得到丝毫缓解，百姓仍大批大批地饿死。

汉献帝有些纳闷，开始怀疑侯汶动了手脚，便让人在现场熬粥，仔细一查，果然是侯汶不顾百姓死活，克扣救济粮，中饱私囊。皇帝愤怒之下，下令杖责侯汶五十大板。此后，再也无人敢私扣救济粮，长安百姓也总算从死亡线上挣扎回来。

虽然李傕把控着朝廷，但对于天子亲自过问救灾这种合乎天理、顺乎民情之事，也不好说什么。

汉献帝虽然借此事发泄了心中的不满，也展示了他的政治头脑，但他能做的也只有这些了。军国大事他根本插不了嘴，任由李傕、郭汜瞎折腾，这一对豺狼也根本没把天子当回事。

很快，就连救灾这件事也很难进行下去了。

李傕、郭汜、樊稠三人因为争权夺利，发生内讧，各自占领长安一方，由于军粮缺乏，他们将汉献帝用来救济百姓的粮食抢夺一空。

起初，三人之间虽然矛盾重重，但由于贾诩的调节，还能维持和平共处。但很快，三人势均力敌的均衡局面被打破了，李傕派人刺杀了樊稠，兼并了樊稠的部下。

李傕和郭汜起先关系还不错，樊稠遇刺之后，郭汜开始担心自己会成为李傕下一个下手的目标，加上郭汜老婆在一旁煽风点火，二人的关系开始紧张起来。

李傕常请郭汜喝酒，估计那时候他还不想与郭汜彻底决裂，只是想修复两人的关系，但郭汜担心他对自己下毒，以至于会在李傕府上喝完酒回到家后，赶紧喝粪汁，将喝下去的酒全部吐掉。

事情闹到这一步，两人再也没法共处了，开始相互攻伐，数月下来，双方伤亡不下万人。

汉献帝派人到双方军营调解劝和，二人不但听不进去，反而开始打起皇帝的主意来，想把天子劫持到自己一方，扣为人质。

李傕抢在郭汜前面，将帝后、宫人及百官抢到手里。

经过李傕、郭汜的混战，长安彻底沦为废墟。

兴平二年六月，在镇东将军张济的劝和下，李傕、郭汜同意停火，许诺交换儿子做人质。汉献帝自被董卓挟持到长安以来，已历时数载，非常想念洛阳，遂乘此机会，提出想重返旧都。

起初，李傕并不同意，但经不起皇帝多次软磨硬泡，终于松口同意。

七月，协议终于达成，李傕引兵出屯池阳，张济、郭汜、杨定、杨奉、董承护驾，随天子东归。汉献帝诏张济为骠骑将军，开府如三公，郭汜为车骑将军，杨定为后将军，杨奉为兴义将军，皆封列侯。

经过数年的颠沛流离之后，汉献帝终于告别了长安这个梦魇之都和伤心地。

漫漫东归路

虽然踏上了东归之路，但一路并不顺利，可谓险象环生，一波三折。皇帝车驾一行走走停停，速度并不快，在路上大概走了三个月，及十月，郭汜突然反悔，又想裹挟皇帝沿路返回，去郿县（今陕西眉县）。

郭汜当初之所以同意护送天子东归，主要是想彻底摆脱与李傕的纠缠，但走着走着，他就开始为自己仓促的决定懊悔了。

虎不离山，龙不离渊，这个道理郭汜懂，他觉得自己一旦到了洛阳，便远离了自己的大后方，难保富贵不说，恐怕还有性命之忧，毕竟这些年来他和李傕做的那些事，他自己心里清楚。

但郭汜很快遭到董承、杨奉、杨定的反对，他们执意东归。郭汜不甘心，趁着夜色放火烧皇帝的住处，想胁迫皇帝跟自己走，不过被杨奉与杨定击败，眼看自己势单力薄，形势不利，郭汜便灰溜溜地逃走了。

挫败郭汜后，董承、杨奉、杨定等人护送汉献帝继续东行，当抵达华阴县时，屯驻华阴的宁辑将军段煨前来接驾。段煨态度真诚，礼数周到，这让一路上担惊受怕的汉献帝内心稍安。这期间还发生了一段小插曲。段煨与杨定以前有过节，他看到杨定在皇帝乘舆旁侍卫，便没有下马伏拜，只是坐在马背上拱手作揖。

在这非常之际，能够保全性命才是头等大事，此等繁缛礼节也就没必要较真了。然而，与杨定交好的侍中种辑却趁机煽动说："看段煨的架势，这是要造反哪！"

这话说出来，就连皇帝都不信。患难见真情，明眼人都看得出来，如今的汉献帝君臣一帮人不过是一群仓皇逃窜的流浪者，天子仅有个虚名而已。在这节骨眼上，段煨如果真的想对他们不利，早就直接下手了，何必费这番周章！

太尉杨彪竭力打消大家的疑虑，坚称段煨绝不会谋反，建议天子放心入住段煨军营。司徒赵温、侍中刘艾、尚书梁绍都站出来愿拿性命担保，段煨不会有二心。

于是，董承、杨定胁迫弘农郡督邮出来作伪证，信誓旦旦地说："段煨勾结李傕、郭汜，郭汜已率七百骑兵混入段煨营中。"看杨定等说得有鼻子有眼，皇帝也不由得半信半疑，最后选择在外露宿。

事情闹到这一步，杨定一伙决定公报私仇，鼓动种辑、左灵向皇帝请诏，想借皇帝的命令攻击段煨，但汉献帝并不糊涂，任种辑死缠硬磨到半夜，就是不同意。

杨定等人见假借皇帝之名讨伐是行不通了，便径自去攻打段煨，但十余天过去了，战事仍然没有任何进展。在这期间，段煨不计前嫌，依然派人给汉献帝君臣送来饮食。

皇帝最后实在按捺不住，下诏给杨定等，让他们赶紧停下来，杨定知道自己根本不是段煨的对手，也只好就此作罢。

　　杨定等人攻打段煨的消息传到李傕、郭汜耳中，这对昔日的死对头暂时放下了恩怨，打着救援段煨的旗号追撵而来，其实，真实目的是想重新把天子抢到手里。

　　杨定见势不妙，独自骑马连夜逃往荆州。一路走来，张济看不惯杨奉、董承等人的做法，积累的矛盾也越来越深，听说李、郭二人赶来，索性倒戈，重新投奔他们，两家合兵一路追赶，终于在弘农东涧一带追上皇帝的车队。

　　一场大战之后，无数官员和将士都死在李傕、郭汜的屠刀之下，随行的女眷和御用器物、典籍等辎重被丢弃。

　　情急之下，杨奉和董承决定采用缓兵之计，假意向李傕、郭汜讲和，为己方争取时间，然后暗中派人向河东郡白波军将领李乐、韩暹、胡才以及南匈奴右贤王去卑求救。

　　杨奉本是白波军出身，后改投凉州军，故李乐、韩暹等人接到求救信后，便派数千骑兵来救援。有了援兵后杨奉奋起反击，将李傕击退，皇帝才得以摆脱纠缠，继续向前。

　　本以为就此安全了，汉献帝君臣放松了警惕，然而没想到李傕阴魂不散，很快再次召集人马杀了回来。

　　混乱中，光禄勋邓渊、廷尉宣璠、少府田芬、大司农张义皆死于非命，司徒赵温、太常王绛、卫尉周忠、司隶校尉管郃都成了俘虏，幸亏贾诩在一旁劝说，他们才逃过一劫。

　　此战死伤无数，最危险之时，皇帝身边扈从不过百人。李乐见状，担心皇帝安危，便建议说："形势十分危急，陛下应该上马先行而去。"

　　在这危急关头，汉献帝表现出了过人的胆识，他果断拒绝了李乐的提议，说："我绝不丢下百官，只顾自己逃命！"最终留下来和大家生死与共。

李乐见皇帝不同意，便再次提出让皇帝乘舟沿着黄河漂流而下，然后从孟津上岸，以便彻底甩掉追兵。

这个建议太过大胆，谁都知道黄河水流湍急，万一途中翻了船，那岂不是前功尽弃了？太尉杨彪坚决反对这个冒险计划。

那就只剩一条路可走，连夜赶紧渡河，将皇帝摆渡到大河对岸去。

当天夜里，汉献帝君臣丢弃营地，徒步向河边转移。由于路上逃跑的人太多，造成道路拥堵，董承命符节令孙微用刀在前面开道，杀出一条血路，飞溅的鲜血甚至染到了伏皇后的袍服上。

黄河河堤距离水面过高，众人用绢拧成绳索，把皇帝放下去，官员中有人等不及便直接往下跳。由于船只容量有限，许多士卒都攀着船舷，抢着往上爬，董承、李乐为了防止船只超载，命人阻拦，不少人的手指被砍断，船舱中到处是断指，好在总算将天子送上了船。

李催部下发现河面上火把闪烁，等追过来时，皇帝一行已坐船到了河中央。李催气急败坏之下，将拥挤在河边，还没来得及渡河的官员、宫女及百姓抓起来剥掉衣服。当时已是冬季，不少人被活活冻死。

天明以后，汉献帝君臣成功渡河登岸，入住到李乐在河东的军营。河内郡太守张杨、河东郡太守王邑等地方官员听到天子东归的消息后，都陆续派人送来衣食，汉献帝君臣的日子才稍微好过些了。

稳定下来后，汉献帝派太仆韩融至弘农与李催、郭汜言和，李、郭二人知道再也无法将皇帝抢到手中，便答应下来，顺便卖了个顺水人情，将扣押在手中的官员全部释放。毕竟他们也缺粮食，可不想这些再没有利用价值的人留在营中吃饭。

　　没过多久，汉献帝君臣又断炊了，只好一边外出采野果、挖野菜充饥，一边东行。建安元年（公元 196 年）七月，待君臣一行人等赶到洛阳时，已丝毫看不出昔日的华贵雍容，完全就是一群面黄肌瘦、衣衫褴褛的叫花子。

未来怎么办

经过董卓之乱，洛阳城已经看不出帝京的模样，到处残砖败瓦、荒草丛生，宗庙被毁，宫室倾废。已故中常侍赵忠的宅子还算有点模样，便将皇帝安顿在这里，至于百官，就只好随便找地方栖身了。

现在大家首先要考虑的是如何填饱肚子，其他的都不重要。每天天一亮，大小官员都集体出动，四下找吃的，时常饱一顿饿一顿。在从长安到洛阳的东归路上，不但有长途跋涉，还不断遭到追杀，再加上营养不良，这使得许多人抵达洛阳不久便死在街头。

这还不算，此时的洛阳完全处于无政府状态，到处有兵匪、流民出没，汉献帝君臣的人身安全都难以保证。

接下来的路怎么走？

这个问题，不仅摆在汉献帝君臣面前，而且也摆在关东诸侯面前。

这些年来，汉献帝君臣所受的屈辱够多了，先有董卓作乱，后有李、郭造孽，可天下各地的州牧、刺史、太守们却大多抱着事不关己高高挂起的态度。

起初，以袁绍为首的关东诸侯召集了联军摆出一副要捍卫正义、匡扶大汉社稷的姿态，但一切也仅停留在摆摆姿态罢了。董卓焚烧洛阳，挟天子西迁长安，荼毒天下，在这天崩地裂、乾坤倒转的时刻，袁绍、袁术、公孙瓒、孙坚、刘表这些人都忙着相互厮杀，一心只想扩充自家势力，根本没人将远在长安的朝廷当回事。

后来，又发生了王允、吕布刺杀董卓，李傕、郭汜攻陷长安。把持朝政，将天子视为掌上玩物等一系列事件。在这期间，西凉军集团内部火拼，为了争权夺利，原本驻扎凉州的韩遂、马腾率军来攻打长安，被李傕击退，紧接着韩遂、马腾二人反目，互相攻杀。总之，狗咬狗，一嘴毛。

天下纷扰，群雄并起，但至少在法理上，汉献帝还是代表着大汉的正统，就算各地诸侯内心没把他当回事，但在表面上，并没有因他是董卓所立，就加以否认。

也正因如此，尽管天下早就乱成一锅粥，但关东诸侯们谁也不敢自立为帝，相反，表面上都承认长安朝廷还是代表大汉的中央政权，比如徐州牧陶谦早年便时常派使者到长安，与李傕、郭汜操控的朝廷往来书信。

当然，大家都知道这是面子工程，是虚应故事罢了，没人当真。曹操取得兖州之后没多久，朝廷派了金尚来上任，到嘴的肥肉，曹操自然不甘心就这样吐出来，可在驱逐金尚之后，如何与长安朝廷相处，又成了摆在曹操面前的头等大事。

治中从事毛玠知道在这种大是大非面前不能有丝毫含糊，不然就会沦为政敌的把柄，于是他站出来对曹操说：

今天下分崩，国主迁移，生民废业，饥馑流亡，公家无经岁之储，百姓无安国之志，难以持久。今袁绍、刘表虽士民众强，皆无经远之虑，未有树基建本者也，夫兵义者胜，守位以财，宜奉天子以令不臣。修耕植，蓄军资，如此则霸王之业可成也。

毛玠这番话说得很透彻，将曹操目前所处的战略格局做了深刻的剖析，起点很高，可谓为曹操制定了一幅战略规划图。他指出当今天子虽然无权无势，但是一笔重大的战略资源，背后蕴含着巨大的无形力量，尊奉天子，就等于为自己占领了道德制高点，这种事，宜早不宜迟。当然，毛玠有句话没说出来，曹操现在自立为兖州牧，朝廷方面根本没有力量惩罚，只有承认已经形成的事实。

曹操听完毛玠的一席话，觉得非常有道理，便派从事王必为使者，前往长安。

但王必的旅途并不顺利，因为，当时天下诸侯还将曹操视为袁绍同党，故而王必在途中被河内太守张杨拦阻，不让过境。

眼看王必就要无功而返，恰好袁绍部下董昭因得罪袁绍投奔到张杨这里，董昭对曹操有一定的了解，觉得他是个英雄豪杰，虽然现在和袁绍结盟，但必定不会甘心久居人下。他对张扬说，虽然曹操现在还没成气候，但一旦天下有变，他注定会成就一番大事。何不趁此机会帮他与朝廷接上头，曹操自然不会忘记这份情谊，这样一来，自己岂不是也多了一个帮手？

张杨一听，觉得有道理，便同意放行。王必临行前，董昭还以曹操的名义给李傕、郭汜等人写信，并送上厚礼。

李傕、郭汜本来对曹操保持怀疑，但后来看到礼物，见钱眼开，再加上黄门侍郎钟繇在一旁劝说，便做了个顺水人情，这样一来，曹操的兖州牧算是得到朝廷认可，正式合法了，其他周边诸侯再也无话可说了。

　　如今，皇帝返回洛阳的消息传到曹操那里，如何应对，手下人持截然不同的意见，有人赞成迎接天子，有人反对。反对者理由很简单："杨奉、韩暹等人护送天子从长安返归洛阳，一路上九死一生，功劳自然他们最大，我们现在再凑过去，不管怎么做，都属于马后炮，属于锦上添花，也没法和他们比，更何况杨奉、韩暹这些人本是白波军出身，桀骜不驯，我们现在赶过去，如何对付他们？另外，我们刚刚取得兖州这一席之地，袁绍、袁术无不虎视眈眈，在这节骨眼上，实在没必要强出头，目前的首要任务，还是安心发展壮大自己。"

　　面对反对意见，曹操又将如何应对呢？

眼界不一样

　　每当处于战略抉择的时候，荀彧的意见都很重要，此时曹操就很想听听他的看法。荀彧提议现在必须赶紧迎接天子，要大张旗鼓地迎接，而且越快越好，不然让别人抢先一步，再后悔就晚了。他说：

　　昔晋文公纳周襄王，而诸侯服从。汉高祖为义帝发丧，而天下归心。今天子蒙尘，将军诚因此时首倡义兵，奉天子以从众望，不世之略也。若不早图，人将先我而为之矣。

　　实事求是地说，不能说持反对意见的人说的没有道理，但他们仅仅停留在局部和技术层面，而荀彧是站在战略的高度看问题。
　　曹操是个聪明人，听完荀彧一席话，马上明白过来，决定立刻迎奉天子。其实，荀彧的担心很有道理，同样的问题，别人也看出来了。
　　此人正是袁绍的谋士沮授。听说皇帝返回旧都，他对袁绍说了差不多与荀彧同样的话，提出"挟天子而令诸侯，畜士马以讨不庭"。

起初，袁绍也有些动心，淳于琼等人却说迎来天子，无疑是多了一个累赘，给自己增加包袱，还不如自己发展自在。袁绍本来意志就不够坚定，听后便动摇了，就这样白白浪费了一个重大的战略机遇，此后，在政治上陷于被动，他为自己的这一决定懊悔终生。

通过这件事，曹操和袁绍两人之间高下立判。曹操能够集思广益，敢于拍板决断，但袁绍优柔寡断、瞻前顾后，正是这种性格差异，决定了两人的成败。袁绍占尽优势，但不懂得整合资源，逐渐衰落，而曹操却由小变大、由弱变强，一步步走向成功。

两人的结局，在如何应对天子这件事上就决定了。

建安元年（公元196年），曹操做了他一生中最重大的一次选择，这成了他人生的重大转折，他的逆袭人生从此开始。

然而，此时的其他诸侯，谁也没将此事当回事，等他们反应过来时，一切悔之晚矣！

建安元年正月，曹操派曹洪西去接驾，或许出于李傕、郭汜等人的前车之鉴，董承对地方上手握重兵的军阀们有一种本能的抵触，所以他和袁术部将苌奴多方阻挠曹洪，使得曹洪根本没法接到天子。

但没过多久，曹操却接到董承主动发来的秘密邀请，让他赶赴洛阳接驾，这又是怎么一回事呢？

一切都是由权力争夺引起的。在汉献帝的东归路上，摆脱了李傕、郭汜的追杀之后，没有了外敌，但很快扈从队伍中却又起了内讧，大家都认为自己的功劳最大，谁也说服不了谁。

矛盾越积越多，后来甚至兵刃相见，韩暹率领手下攻打董承，董承吓得一度跑到河内太守张杨那里躲避。

等抵达洛阳后，杨奉和张杨出屯护卫洛阳，董承升任卫将军，和韩暹守卫皇宫。但两人之间的矛盾并没有得到缓和，韩暹一如既往地飞扬跋扈，根本不将董承放在眼里。

为了对付韩暹，董承想起了曹操，让他赶紧进京勤王。

虽说如今天下大乱，但外臣带兵入京总难逃嫌疑，如今有了合理理由，曹操决定事不宜迟，亲自带兵，星夜兼程，赶赴洛阳。当年八月，他进入洛阳，驱逐了韩暹，将洛阳局面控制在手中。

于是，曹操需要面对的就剩下杨奉。

杨奉的军事力量是京城地面上最强的，曹操之所以先从韩暹下手，就是因为柿子要先挑软的捏。对于杨奉，则先尽量稳住。

其实，曹操尚未入洛阳之前，就已经与杨奉暗中来往，这其中董昭发挥了关键作用。他先自作主张，以曹操的名义给杨奉写了一封信，信中对杨奉大加恭维，称他是护送天子东归的第一功臣。一通马屁拍得杨奉浑身舒畅，同意与曹操联手。

曹操给杨奉送去大量礼物，杨奉见钱眼开，便牵头诸将联名上表，推荐曹操为镇东将军，袭爵费亭侯。

杨奉自然也有自己的小算盘，他知道各地诸侯中，就曹操离洛阳比较近，而且要人有人，要粮有粮。乱世年间，想要生存下去，不就是靠这两样吗？有了曹操这样的外援，在与其他人的较量中，自己无疑占了上风。

被驱逐出洛阳的韩暹，走投无路，单枪匹马去投奔杨奉。

接下来，曹操诛杀了不配合的尚书冯硕、侍中台崇等，同时奏封董承为辅国将军、皇后父亲伏完等人为列侯，一打一拉之间，既展示了娴熟的政治手腕，也在朝野树立了威望。

董昭的主意

曹操总算在洛阳站稳了脚跟，但是局势对他并不利。他知道，杨奉、韩暹、张杨这些人根本没有什么原则，一旦他们联起手来，自己将陷入被动，而此时又远离兖州大本营，必然会进退失据。接下来该怎么办呢？他特意招来董昭，想听听他的意见。

董昭没有丝毫遮掩，直奔主题："如今的洛阳城里，各种势力错综复杂，将军想要摆脱掣肘，有所作为，想干出齐桓晋文的功业，唯有一条路可走，那就是请天子移驾到许县。"

曹操听完后，沉默了许久。

董昭当然知道曹操在顾虑什么。皇帝被董卓胁迫远迁长安，后来又经历李傕、郭汜之乱，历尽千难万险好不容易才回到旧都洛阳，这才没过几天，又要逼着迁都许县，感情上肯定一时难以接受。如果强行逼着皇帝上路，难免使人们联想起董卓来，天下人又会如何看曹操呢？

在这关键时刻，机会稍纵即逝，决不能有丝毫犹豫，董昭知道现在对皇帝说什么大道理都没用，必须把握住核心要点，于是道：

"天子在外颠沛流离时久，现在贸然提出迁都，固然有些不妥，但非常之时需行非常之事，只能权变了，将军只要提出洛阳缺乏粮食，想要摆脱困境，只能迁往许县这一条就够了。"

果然不出董昭所料，所有的理由在吃饭面前都不是理由了，汉献帝君臣过怕了饥寒交迫的生活，饿肚子的滋味实在不好受，便同意迁都许县。

紧接着，就是如何说服杨奉不横加阻拦，同意放行。事实说明，曹操完全多虑了。当曹操派人给杨奉送去厚礼，并解释只是暂时奉皇帝迁往许县，完全是出于解决皇帝生活的问题，并没有其他用意时，杨奉二话不说就同意了。

杨奉本一介武夫，根本不会想那么多，一时间也没觉得曹操这样做有什么不妥，便收下礼物，豪爽地一摆手，可以。

过了许久，等杨奉琢磨出有点不对劲，急忙派人去拦截时，为时已晚，皇帝早已抵达曹操的地盘。

皇帝入驻许县，许县的规格自然要提升，才能与皇帝的身份相匹配，于是，许县改称许都。

汉献帝从回到洛阳再到迁往许都，前后不过五十余日，就落入曹操手中。杨奉等人一路被李傕、郭汜追杀，历经千难万险才回到洛阳，谁料最终却给曹操做了嫁衣，自然愤愤然不甘心。对于这一点，曹操心中也是一清二楚。

杨奉、韩暹为了发泄心中的不满，曾在颍川郡定陵县一带大肆劫掠，这无疑给曹操送来了最佳的借口。建安元年十月，曹操出征杨奉、韩暹，攻占了二人在梁县的军营。

杨奉、韩暹走投无路之下，只好投奔袁术去了。

与此同时，曹操被任命为大将军，封武平侯。汉献帝作为一无所有的空头天子，此刻除了授予这些爵位和头衔，他还能做些什么呢？

曹操知道，如今一切刚刚起步，绝不能授人口实，让世人觉得是自己胁迫皇帝加官授爵，而要让世人觉得一切都是自己有功，理所应当。

于是，当他接到皇帝的册封诏令，立刻上书辞让，表示自己所做的一切都是尽做臣下的本分，从没有邀功的念头。

汉献帝也不傻，当然知道这些表面上饱含谦卑谦让的言词背后的潜台词，于是摆出一副坚决不同意的态度，接着再次下诏书。

如此一来二往，曹操先后上了三道辞谢书。这些辞谢奏书，表面上看，是谦逊退让，但在字里行间，又将自己祖先和自己的功劳事迹浓墨重彩地叙述一遍。这哪里是辞谢书，分明就是功劳宣言，就是想告诉天下人，自己所得的一切都是理所应当的。

从此以后，曹操每当升官加爵，都要反复上书辞谢，目的就是让天下人心服口服。而这种君臣之间心照不宣的戏码，先后表演了好多次，当然作为当事人的另一方，汉献帝除了全力配合外，也没有任何其他办法。

汉献帝知道，虽然从李傕、郭汜的虎穴摆脱了，但现在又被关进了曹操的牢笼，尽管这个牢笼做得很精致漂亮，但自己终究不过是曹操笼中的金丝雀罢了。

而这只金丝雀，曹操并非用来豢养玩赏，而是他对付政敌的一张王牌，号召四方的一面旗帜。

世上没有后悔药

曹操将皇帝接到许都的消息传来，袁绍觉得曹操这下赚大了，开始追悔莫及，意识到此后自己在政治上将陷入被动局面。但世上没有后悔药，现在说什么都晚了。

很快，袁绍收到从许都朝廷发来的诏书，诏书措辞相当严厉，将袁绍狠狠地斥责了一通，谴责他地广将多，却坐视天子蒙尘，无动于衷。

袁绍气得直哆嗦，他当然知道这不是出自皇帝之手，而是曹操的意思，但又能如何？他仿佛已经感受到了曹操从许都投过来的嘲弄目光。

袁绍一时间陷入了两难境地，因为他至少在名义上还是大汉的臣子，现在就公然宣布与朝廷断绝往来，否认汉献帝的皇位合法性，他还没有做好准备，况且，此前他还是讨伐董卓的关东联军的盟主，现在拒绝皇帝诏书，这不是在天下人面前抽自己嘴巴吗？

左右权衡后，袁绍只能打掉牙往肚里咽，接受诏书后，给许都方面写了一封检讨书，向皇帝做了深刻的检讨。

就在向郯城派出使者后，曹操也在密切观察袁绍的一举一动。其实，诏书送出去以后，他心中也没底，万一袁绍拒绝接诏怎么办？

袁绍的野心和势力，曹操一清二楚，他和袁绍迟早会决裂，但是目前还不是公开摊牌的时候。

因此，当袁绍的检讨书传到许都时，曹操深深松了一口气，他知道袁绍也没做好摊牌的准备，既然如此，事情就好办多了。

没多久，袁绍再次接到许都发来的诏书，他满怀忐忑地打开诏书，生怕曹操又使出什么鬼点子，比如要求他到许都朝见天子，那样一来他去还是不去？好在这一次，他担心的事没出现，朝廷册封他为太尉，封郯侯，而曹操本人出任大将军。

虽然此时这些官衔最多只有象征意义，没有多大实际意义，就算曹操出任大将军，也无法指挥袁绍的一兵一卒，但袁绍仍然非常气愤，耻于屈身曹操之下，心想他曹操是个什么玩意儿，不过是阉宦余孽罢了，而我可是堂堂四世三公之后，出身名门望族，凭什么他能爬到我头上去？如今仗着挟持了天子，想对我发号施令，门儿都没有！

袁绍一怒之下，拒绝任命状。

曹操得知后，哈哈一笑，这个袁本初还是老样子，拎不清孰轻孰重。如果你最初就拒绝诏书，或许我还对你忌惮几分，没想到你的目光竟然如此短浅，不就是个虚名嘛，给你就是！

于是，曹操将大将军职务让给袁绍，自己出任司空，行车骑将军事。

做大事，务实不图虚名，就这一点，袁绍显然不如曹操。

第九章
总揽朝纲

掺沙子，挖墙脚

曹操知道，目前首先要做的是设法将朝局牢牢掌握在手中，然后才能安心图谋天下。

其实做这事的手段无非是将自己的亲信安插到重要岗位上，然后排除异己，让凡是与自己不同心的人统统滚蛋。

荀彧被任命为侍中，授尚书令。荀彧在过去的时光中充分证明了自己的才华，因此唯有将荀彧放在如此重要的位置上，曹操才能安心。在此后长达二十年的漫长岁月中，他跟荀彧，君臣相得、相扶相持，曹操每有拿不定主意的事，总是招来荀彧商量解决，对荀彧的倚重可见一斑。

曹操没有忘记，他之所以能有今天，有一个人发挥了至关重要的作用。没有他，自己估计现在连落脚地都没有了，这个人便是程昱。

程昱在曹操出征徐州，后方空虚，兖州全境眼看就要悉数落入吕布、陈宫之手时，靠着自己过人的胆识，为曹操守住了最后三城，曹操才得以咸鱼翻身，转败为胜。

兖州是目前唯一完全掌握在曹操手中的根据地，也是曹操争夺天下的起点，如此重要的地方，交到寻常人手中，曹操肯定不放心，于是，他让程昱领尚书，拜东中郎将，领济阴太守，都督兖州事。

为曹操筹划奉迎天子之事的第一人——毛玠被任命为东曹掾，秩六百石。这个官职看似品秩不高，但手中权力不小，执掌着人事大权。毛玠有一双火眼金睛，善于识人，为曹操提拔了不少人才。东汉以来，在人才选拔方面有个陋习，就是首先考虑候选人的家世、名望，至于个人才能反而不受重视，因此导致官场上充斥着虚夸清谈之辈。他们占据高位还不干事，而那些想干事、能干事的胸怀真才实学之人，却没有晋升之路。

毛玠知道，如今天下大乱，需要的不是那些整天唱高调、说废话的酒囊饭袋，而是能理政安民的人才，因此，他为朝廷推荐了不少贤能之人。

毛玠严把人才引进关，凡是不合格之人，就算是天王老子，也一律不给面子。有一次，曹丕想将自己的一名亲信安插到重要岗位上，当时曹丕已是五官中郎将，其作为曹操接班人的势态，大家都看得出来，毛玠智商不低，自然也知道。

但毛玠愣是让曹丕碰了钉子，一口回绝了曹丕，因为他知道，曹丕推荐的那个人根本不能胜任。曹丕知道毛玠是个极讲原则之人，也只好作罢。

曹操得知后，大为赞叹道："有毛玠这样的人为我做事，我还有什么办不成的呢！"

许都如今作为临时首都、天子和百官所在地，各种势力错综复杂。这里既有朝堂上明争暗斗的各种势力，也有各地诸侯安插的耳目，保障许都的安宁成了头等大事，许县县令的重要性自然不言而喻。在这个特殊时期，想要镇住许都，必须委派一个狠角色。

　　曹操任命满宠为许县县令。满宠字伯宁，山阳昌邑人，早年便以执法严厉出名。满宠曾担任高平县令，县中督邮张苞不仅涉嫌贪污受贿，而且到处乱伸手，干扰吏政。满宠下令将他抓起来。在审问过程中，由于行刑时没把握好轻重，张苞死在狱中，闹出了人命，满宠知道待不下去了，索性弃官离职。后来，他被曹操征辟为从事。

　　曹操知道，如今是时候让满宠这把利刃出鞘了，遂任命满宠为许县县令。

　　满宠刚上任没多久，就有人撞到枪口上了，而且来头不小，是曹洪的亲戚、宾客。曹洪自恃是曹操族人，而且跟随曹操一起出生入死，功劳很大，为人骄横，不太把朝廷那些官员放在眼里。

　　曹洪的这种做派自然助长了他身边那些人的气焰，他的亲戚、宾客仗着有曹洪这个靠山，到处为非作歹，违法乱纪的事没少干，根本视法律如无物，朝廷的大小官员都知道他们是曹洪的人，无人敢管。

　　许都的人谁不知道曹洪和曹操是什么关系，当今天子都要看曹家人的脸色，抓这些人，无疑是引火烧身。

　　满宠即将面对他上任以来的严峻挑战，如何应对，考验着满宠的胆魄和能力。满宠知道，现在不仅许都上下都在盯着他，曹操也在注视着他，看他下一步会怎么办。

拔钉子，补桩子

出乎所有人意料，满宠以雷霆万钧之力、迅雷不及掩耳之势，将曹洪那些亲戚、宾客抓了起来。

曹洪得知后，虽然有些恼火，但转念一想，满宠这是新官上任三把火，做姿态罢了，料想他也绝不会真拿自己的人怎么样，便派人到许县县衙要人。

满以为只要亮出自己的名头，满宠肯定忙不迭地放人，但是曹洪万万没想到这次遇到了一个硬茬子。满宠根本不给面子，丝毫不松口，一副公事公办的架势。

这样一来，曹洪就有点骑虎难下了。没想到一个小小的许县县令，竟然不给面子，这要是传出去，自己这张老脸还往哪里搁，往后还怎么在朝堂上行走？

但满宠不放人，自己总不能带人到衙门去抢吧。最后，曹洪只好厚着脸皮去找曹操，希望他出面说说话。他满宠就算不给自己面子，曹操的人情总不能驳回吧。

曹操得知后，虽然觉得曹洪这事做得有点过火，但毕竟是自家兄弟，总不能撒手不管，便答应给满宠捎句话，让他尽快放人。

既然曹操答应插手，曹洪也就放下心来，便派人去许县衙门领人。可是左等右等，也不见人回来，曹洪隐隐觉得有点不对劲，果然没多久，他接到消息，自己那帮亲戚、宾客已经被满宠砍了。

原来，满宠早就料到曹洪会到曹操那里搬救兵，所以赶在曹操命令到达之前，先下手为强，抢先一步将这些人正法了。

满宠跟随曹操这些年，对曹操太了解了，曹操一向看重依法办事，如果自己扛不住压力顺从了，反而会让他感到失望。

果不其然，曹操得知满宠处死了那些人后，虽然心里也有点不痛快，但表面上对他大加赞赏，表扬他执法严明，敢于碰硬。

曹操之所以对满宠专断自主没有追究，除了他一贯看重法制之外，也是由当时的许都局势决定的。

虽说许都属于曹操的地盘，但其成为首都以来，各种势力盘根错节、明争暗斗：明面上主要有汉献帝周围的勋臣亲贵和以曹操为首的兖州集团，暗地里还有以袁绍为首的关东诸侯安插的眼线。

许都表面看上去风平浪静，实际上已暗潮汹涌，处在整个帝国的风暴眼上。此刻，曹操急需快刀斩乱麻，斩断这些人的触角，不让他们有露头的机会。目前，对曹操来说，稳定是压倒一切的首要任务。为了实现这个目标，一切人都必须让道，曹洪也不能例外。

满宠掀起的这次扫黑除恶行动，为许都保持了稳定的社会局面，而朝堂上的争斗却拉开了序幕。

曹操将皇帝迎接到许都以后，虽然在朝堂上有了很大的话语权，但远没到能左右朝廷格局的地步，相反，原来的勋贵们却势力不减。这些人大多都是世家大族出身，数代为官，个人和家族的命运早就和汉室密不可分地绑到一起，荣辱与共，其中最有代表性的便是杨彪。

杨彪出身大族弘农杨氏，祖上数代为官，曾祖父杨震、祖父杨秉、父亲杨赐都官居太尉，与袁绍的家族汝南袁氏不相上下，皆为当时名满天下的名门望族。

董卓作乱以来，杨彪不愿与董卓合作，遭到董卓罢黜；及汉献帝被迫西迁长安以后，杨彪忠心护主，一路追随到长安；在长安先后经历董卓被杀，李傕、郭汜祸乱朝纲等事，一直从中周旋，维护天子安全；后来又跟随皇帝历经九死一生，从长安返回洛阳。他是为数不多的先后担任过太尉、司徒、司空等三公全部职位的老臣。

杨彪出身显赫、德高望重、位高权重，他在朝廷上可以说是个风向标似的人物，就连曹操也颇为忌惮。

有一次，百官宴会，曹操或许对天子有些轻慢，或许言辞中流露出几许自负，总之，不知何故，他发现杨彪对他流露出鄙夷的神情。

那一刻，曹操猛地意识到自己身处险境中，他纵然有千军万马，但在朝堂上只是一个人，只要杨彪一声令下，他就会身首异处，董卓不就是这样丧命的吗？

曹操惊吓之余，不由得出了一身冷汗，便借口身体不适去上厕所，然后匆匆退了出来。

搬掉绊脚石

经过朝堂的虚惊一场后，曹操觉得有杨彪这样的人站在朝堂上，就是对自己的威胁，这样的绊脚石必须除掉。

不过，像杨彪这样朝野瞩目之人，想要扳倒他必须有绝对充足的理由，否则，很难向天下人交代。

就在曹操考虑以什么借口扳倒杨彪时，一个绝佳的机会送上门来。建安二年（公元 197 年），早就蠢蠢欲动的袁术，按捺不住野心冲动，冒天下之大不韪，公然称帝了。

杨彪与袁家是姻亲，曹操便对外宣称，杨彪是袁术安插在朝廷的内应，他暗中与袁术勾结，图谋颠覆朝廷，对天子不利。面对曹操的诬陷，杨彪浑身是嘴都说不清，在当前的特殊时期，宁可信其有，不可信其无，很快，杨彪被下狱。

得知杨彪下狱，一时间许都舆论哗然，朝堂人心惶惶，害怕一不小心自己也受到牵连。正当众人对曹操唯恐避之不及之际，唯有孔融在得知此事后，急匆匆地找上门来。当时他身上还穿着朝服，可见是一下朝，连家都没来得及回就赶了过来。

一见到曹操，孔融没有绕弯子，就直奔主题："杨公四代尽忠为国，天下人皆知，素来为世人仰慕，就算是袁术有罪，怎么也牵连不到他头上吧！"

曹操知道讲道理自己说不过孔融，何况杨彪这事的理由确实太牵强，便把责任推到皇帝身上，装作一副奉命办公的样子："这是天子的意思，我也是奉诏办事，没法子呀！"

孔融一听，心中不由得一阵冷笑，这话说出去恐怕你曹孟德自己都不信，谁不知道皇帝被操控在你手里，当今天子啥时候可以自己做主了？于是便说："假如周成王要杀死召公，周公能说不知道吗？"

意思很明白，谁不知道杨彪身陷囹圄是你曹操下的黑手，少在那里打马虎眼。

当然，曹操肯定不愿意凭孔融三言两语就把杨彪放了，他摆出公事公办的态度说："杨公有罪没罪，总得调查清楚吧。"便让许都令满宠来审问此案。

孔融知道，杨彪一旦被送到满宠手中，恐怕不死也要脱层皮，便去找满宠，希望他审讯即可，切不可动刑。与此同时，尚书令荀彧也给满宠捎来同样的话。

满宠虽然是曹操的人，但他不是那种只懂迎合上意而不问是非的酷吏，他也知道曹操此次关心的并非杨彪是否真的有罪，而是要给杨彪一个下马威，让他知难而退。

正因如此，杨彪必须吃点苦头，才能平息曹操心头的愤怒。这些话满宠当然不能明说，只是对杨彪严刑拷打，而杨彪却咬紧牙关，坚决不承认参与袁术谋逆之事。

事后，满宠直接去找曹操说："该使的招我都试了，但杨彪就是不承认，像他这样名满天下的人，在没有确凿证据的前提下贸然治罪，恐怕传出去会招来天下人的非议，也有损明公您的声誉啊！"

曹操想想也是，他本来也就没打算要杨彪的命，就是让他懂得识时务而已，便下令将杨彪放了。此时，孔融和荀彧终于明白了满宠的良苦用心，不由得对他心生敬意。

经过这次死里逃生，杨彪忆昔抚今，感慨万千。他算是看出来了，曹操掌控朝政已是势不可当，单靠他一己之力，想要扭转大汉王朝的颓势，无疑是痴人说梦，便有些心灰意懒，萌生了退意。自此，他自称患了腿疾，无法走路，辞官告退，才逃过了一劫。

四年后，杨彪再度出山，被授予太常卿这样一个闲职，只负责宗庙礼仪等务虚的工作，再也无法对朝堂决策发挥实质性的影响力，更谈不上对曹操构成威胁了。

杨彪被罢官后不久，三公之一的司空张喜也遭到罢免。至于是因为什么缘由，由于史书缺乏相关记载，后世不得而知，但肯定也是经历了一番惊心动魄的权力博弈和斗争。

杨彪、张喜都是位居三公、在朝野具有巨大影响力的政治人物，尤其是杨彪，由于长期与天子共患难，其表现出的忠贞不贰的品质，为他赢得了耀眼的道德光环。对付这样的人，曹操能做的就是让他破功，一旦杨彪的道德光环黯淡了，至于是否在肉体上消灭他，就显得无关紧要了。

曹操是个聪明人，懂得物极必反的道理，如果现在就对这些人赶尽杀绝，反而会引来麻烦。

无论是打压杨彪，还是罢黜张喜，曹操的最终目的只有一个，剪除天子身边可以依赖的势力，将他彻底掌握在自己手中。

收网行动

　　曹操的一连串行动，被汉献帝及其追随大臣看在眼里。亲身历经了董卓、李傕、郭汜等人作乱的事件，他们出于本能，很快意识到接下来将会发生什么，当然不会坐以待毙。

　　新的权力博弈又开始了。

　　自汉献帝迁到许都以来，曹操逐渐为皇帝量身打造了一套无形的大网，而且慢慢地将这张网不断缩小。皇帝的侍卫都被换成曹操的亲信，以此加强对皇帝的监控。

　　这让刚刚才呼吸到自由空气的少年天子感到无法适应，更让忠于皇帝的臣属们无法容忍。议郎赵彦私下接触皇帝，给他出谋划策，却很快被曹操察觉。

　　如果说对杨彪这样树大根深的人物，曹操多少还有些顾忌，那么对于赵彦这样小角色的上蹿下跳，他就无法容忍了。

　　从此，曹操与汉室大臣的权力斗争被彻底撕掉了遮羞布，变得血淋淋和赤裸裸，血幕就这样被拉开。

　　汉献帝当时可以依赖的除了杨彪这样忠于汉室的老臣外，就是外戚了，其中的代表性人物就是董承。

第十章

南征张绣

张绣的抉择

　　曹操迎奉汉献帝至许都以后，天下形势大变，诸侯并立之势已经形成。从表面上看，曹操此时掌控了中央政权，可以以朝廷名义号令四方，其实，他能够掌握在手中的地盘只有兖州、豫州而已，其他的地区，都被掌控在那些州牧、刺史等大小军阀手中，自董卓之乱后，朝廷根本无法号令他们。

　　不妨先看看当时的全国局势：袁绍占据着冀、并、青三州，公孙瓒占据幽州，张杨占据了河内，吕布控制徐州，袁术控制淮南，刘表霸占荆州，孙策掌控江东，此外，凉州已沦入韩遂、马腾之手，刘璋将益州收入囊中。

　　总之，此时曹操的处境很微妙。理论上，他据天下之中，可以高举天子正统大旗、占据道义高地，名义上可以号令四方，然而，所有的这些都仅仅停留在理论上而已。

　　实际上，这些割据四方的土皇帝们谁都没有将许都朝廷当回事，真的想要号令四方，还是要凭实力，要有钱有兵。

　　但是目前，论实力，曹操根本没法和这些人相比。

　　袁绍据有三州之地，人口众多、土地辽阔，手下谋臣猛将如云，毫无意外，在众多诸侯中，综合实力第一，而且他祖上四世三公，门生故吏遍布天下，短期内想扳倒他，无异于白日做梦。

　　刘表拥有荆州富庶之地，手下多才俊，还是汉室宗亲，一时半会儿也没理由对他下手。

　　就连身处边缘地带的韩遂、马腾，也不是善茬，别看凉州土地贫瘠，但当地民风彪悍，西凉军的战斗力更是不可小觑。

　　实际上，曹操处境很危险，四周列强环伺，虽然暂时维持着平衡，但只要稍微有点火星，曹操就是坐在干柴火堆上的那个人。

　　现在唯有寻找突破口，打破包围圈。

　　想要寻求突破，肯定要找个最薄弱的环节下手，曹操将四周这些诸侯挨个掂量了一番，觉得应该先拿占据宛城（今河南南阳）的张绣开刀。

　　之所以拿张绣开刀，一是宛城距离许都不远，张绣屯兵于此，对曹操构成现实的威胁，犹如芒刺在背，如果不拔掉，一旦曹操打算对外扩张，就难免会担心后院起火；二是诸侯中，张绣的实力最弱，从来柿子都是专拣软的捏，曹操也不例外。

　　然而事实上，张绣并不是软柿子，而且不好惹。

　　张绣，武威祖厉（今甘肃靖远）人，骠骑将军张济的侄子。初平三年（公元192年），王允、吕布杀董卓。董卓部将张济与李傕、郭汜等人攻长安，为董卓报仇。

　　彼时的复仇队伍中就有张绣，事后，张绣以军功升至建忠将军，封宣威侯。

　　没过多久，李傕、郭汜倒台，他们带领的西凉军也四处星散。张济带领部下像幽灵般四处流窜，过着有一顿没一顿的日子。当时关中一带早已被数年的拉锯战搞得生灵涂炭、几近焦土，根本找不到落脚点。后来，张济想到荆州富庶，便从关中引兵南下，进攻荆州。

张济本来以为，刘表就是一介文士，根本不可能是战斗力强悍的西凉兵的对手，不承想，却在进攻穰城时意外中箭，死于乱军之中。

张济死后，张绣便被西凉军拥立为主。

西凉军经此变故，处于空前的危机之中，张绣也是面临着生死抉择。如今军队已是元气大伤，士气低落，接下来的路该怎么走，是打起为叔父报仇的旗号，继续跟刘表死磕，还是放弃南下之路，另谋出路？

张绣一时很难下决断。

就在此时，有一个人站了出来，他给张绣出了个主意。

他说，咱们既不能再跟刘表打下去了，因为就凭咱这点力量，根本耗不起，时间一长，荆州咱还没占领，自己就玩完了；也不能再走流寇主义路线，因为一支军队一旦没有了稳定的基地，那么同样是死路一条。

"难道说，还有第三条路可走？"张绣有点茫然。

"有！"他语气坚定地回答道。

"是什么？"张绣此时没法淡定了。

"投降刘表！"

这个主张，实在超乎常人想象。

但后来的事情发展，证明了这个主张是正确的。

刘表不但接受了张绣的投降，还将他安排在战略重地宛城驻守，替刘表防守北方战略屏障。

在这个关键时刻为张绣出谋划策的人名叫贾诩，其实，贾诩并不是第一次提这种看似违背常理的建议，作为三国时期顶尖的谋略大师，他露脸很早，但为人低调，所以世人对他的印象并不深。

贾诩：刀尖上的舞者

贾诩初次亮相历史舞台，便是李傕、郭汜作乱时期。他三言两语便使得本来早就丧失斗志，一心想打包回老家的李、郭二人心中重新燃起了希望的火光，杀回长安。

纵观贾诩一生，他总能洞察时局、起死回生，但不得不说，他给李傕、郭汜二人出的馊主意，是他人生中最大的败笔。李、郭二人是披着人皮的禽兽，他们祸害京城，使得长安沦为丘墟，让很多人家破人亡、妻离子散。

李、郭二人觉得之所以能够绝地反击、咸鱼翻生，都是贾诩的功劳，便打算重重酬谢贾诩。他们起先决定给贾诩封侯，贾诩却说："不过是出了保住性命的主意而已，根本没有功劳封侯啊。"

李、郭二人想想也是，便退一步说："要不你来出任尚书仆射吧。"贾诩说："我这个人又没啥好名声，哪有资格担任如此高位？"

做了好事，又不要好处，李、郭二人搞不懂贾诩这样做的动机是什么，他料事如神却又不求回报，实在有点让人匪夷所思，所以他们对贾诩可谓敬重有加，甚至还有点畏惧。

贾诩也趁着这两匹豺狼对自己敬重三分、多少给点面子之际，做了一些好事。

其实，估计贾诩已经为自己当初的多嘴懊悔不已，他也看出李傕、郭汜这些豺狼是成不了气候的，为了避免被他们拉下水，让自己成为殉葬品，他主动与他们保持距离，采取不合作的态度，哪怕是许诺高官厚禄，也不为所动。果不其然，李傕、郭汜等人最终没一个有好下场。

兴平二年（公元195年），汉献帝东归洛阳，行至华阴，受到一名叫段煨的将领的接待，他给狼狈不堪的汉献帝一行提供衣食住宿，由于他原是董卓部下，所以被护送皇帝的杨定认为有不可告人的目的，双方交战数日，最后在皇帝劝解下，双方才罢兵。

算起来，段煨与贾诩是老乡，所以贾诩决定去投靠他。

段煨对贾诩非常客气，生活上照料得无微不至，但是敏锐的贾诩总觉得哪里不对劲。日子一久，他发现原来是段煨对他颇为忌惮，处处防范，唯恐贾诩夺他的位置、抢他的兵权。

贾诩觉得不能再待下去了，便离开了段煨，前往投靠张绣。不过，他离开的时候是独自一人，将家小全部留在了段煨营中。

许多人都不理解贾诩的做法，有的人甚至当着他的面说："段将军待你不薄啊，你为何弃他而去呢？再说了，既然要走，为何还要将家眷留下来？"

言下之意，贾诩做人不太厚道。

贾诩听后笑了笑："你们哪里知道段将军为人，他这个人表面上看一团和气，待人客客气气，其实骨子里是个疑心颇重之人，他知道我有些名气，而且论韬略也胜他一筹，故整天提防着我，我现在离他而去，他肯定如释重负、敲锣打鼓欢天喜地呢。我一个人离开，投靠张绣，他还期望着万一哪一天遇到困难，我能给他做外援，所以他绝对不会为难我的家人。"

后来的事情发展果然如贾诩所料，他离开后，段煨不但没有为难他的家人，反而一直善待有加。至于贾诩，投靠张绣以后，张绣对贾诩言听计从、毕恭毕敬，恨不得当祖宗供着，根本没拿他当下属看待。

可以说，贾诩看事看人很准，从来没有失算过，是个神人。

正因如此，当张绣处于两难之际，贾诩站出来，提出投靠刘表时，张绣没有做太多犹豫，就表示同意了。

贾诩之所以提出投靠刘表，是因为他吃准了刘表此人徒有其表，胸无大志、只求保境，只要对他不构成威胁，他是绝对不会交恶的，何况平白来了一支剽悍的西凉军替他守卫北方屏障，他绝对求之不得。

果不其然，当贾诩出现在刘表面前，说明来意后，刘表当即表示同意两家联合，还对当初张济的意外死亡表示歉意，同意让张绣屯兵驻守宛城。

婶可忍，孰不可忍

张绣投靠刘表后不久，曹操就率领大军从许都杀了过来，时为建安二年（公元 197 年）正月。

消息很快传到宛城，张绣知道，凭自己的这点人马根本没法和曹操抗衡，且自己入住宛城没有多久，也谈不上建立有深厚的根基，至于刘表，如果指望他帮助自己抵抗曹操，无疑是缘木求鱼。

许都至宛城不过区区数百里，张绣很快接到情报，曹操已经渡过淯水（今白河），时间不多了，不能再犹豫了，于是，张绣主动向曹操投降。

这个意外的胜利，出乎曹操的意料，他本来觉得以西凉军彪悍的战斗力，张绣至少会做一番象征性的抵抗，但没想到不战而溃。

胜利来得太突然，曹操像任何一个普通人一样，开始有点膨胀，飘飘然把持不住了。

不仅仅是曹操，古往今来，不知有多少英雄豪杰，在身陷绝境时，往往能够头脑冷静，但当面对成功和胜利，尤其是轻而易举的胜利时，却难以自持，会一时头脑发热，轻则栽跟头受挫，重则身败名裂。

不幸的是，曹操也犯了同样的错误。

曹操接受张绣投降后，一时忘乎所以，栽了个大跟头。

事情经过大概是这样。张绣的叔叔张济死后，留下夫人邹氏寡居。听说邹氏非常漂亮，曹操不由得有些心动，便要求一见，见到后，他发现邹氏虽然孀居，但颇有风韵，楚楚动人，于是按捺不住，便将她据为己有。

曹操霸占邹氏的消息很快传到张绣耳中。

张绣一听，又羞又恼又恨。

对于降曹这件事，本来就是迫不得已，他虽心中颇有些不甘心，也只得忍耐，但曹操实在欺人太甚，如今竟然做出此等事来，这不是公开在世人面前臊他吗？如此奇耻大辱，如果吞咽下去，往后还有何面目见人！

就在此时，张绣又得知另外一个消息，曹操暗中重金收买他的部下胡车儿，要他刺杀张绣。

胡车儿是谁？是张绣属下第一猛将，勇冠三军，曹操这种做法实在太不地道了，也太心急了。

在张绣看来，曹操一方面公开羞辱自己，另一方面又断自己臂膀，分明是将人往绝路上逼。

是可忍孰不可忍！反了！

张绣打定主意后，便询问贾诩。他知道这个贾文和料事如神，想听一下他的意见。

贾诩听后，便表示，曹操的确太过分，但咱不能硬拼，只能智取，将军可对曹操提出，希望将军队撤到城外去，又不敢擅自做主，特此征求他的意见。

这其实是贾诩帮张绣放的探空气球，就是想借机试探一下曹操的态度。

曹操此时完全沉浸在胜利的喜悦中，立刻回复说："没问题啊。"

很快，张绣再次派人来到曹营，面露难色地说："非常感谢您同意我们将军的请求，按理说，我们应该卸掉盔甲、收集武器、解除武装出城，只是我们后勤运输车辆实在有限，根本没有能力装这么多东西，您看能不能允许士兵们穿戴盔甲，携带自己的武器出城去？"

曹操此时还在兴头上，又大手一挥："不成问题！"

来使千恩万谢地离去，曹操对张绣毕恭毕敬的态度很满意。张绣听完汇报后，和贾诩四目相视，会心一笑。

张绣下令，集结人马，全副武装大张旗鼓地出城来。由于提前打过招呼，曹营上下谁也没当回事，因此当张绣军队靠近曹营时，大家都毫无戒备。没想到，就在此时，张绣突然下令：杀进曹营。这下，杀了曹操个措手不及。

因为此前张绣已投降，曹营中的将士们都在吃喝玩乐，曹操此时也在半醉之中。谁也没有想到张绣会突然杀出，一时间都蒙了，许多士卒还没反应过来是怎么回事，就成了刀下之鬼。

慌乱之中，曹操根本没法约束队伍，谁也搞不清来了多少敌人，只听见杀声四起，大家只顾着四下逃命，曹营上下乱成一团。

乱军之中，将帅顾此失彼，曹操右臂中箭，坐下马匹也受伤，危急之中，曹操长子曹昂将自己的战马交给父亲，让他赶紧突围。形势万分危急，曹操顾不了太多，咬咬牙，翻身上马，冲了出去。

此战曹操损失惨重，长子曹昂、侄子曹安民、爱将典韦都死于非命，曹操的卫队几乎全部阵亡，士卒也伤亡惨重，曹操本人虽然负伤，但总算捡了一条命。

撤退过程中,队伍一片杂乱无章,好在于禁始终保持着有条不紊。他带领数百名部下对张绣展开了强烈反击,边战边退,虽然付出了伤亡惨重的代价,但也有效遏制了张绣的攻势,极大地缓解了曹操的压力。

等曹操跑到舞阴(今河南泌阳西北)时,四处逃散的士兵们也三三两两陆续追了上来。此时的曹操也清醒过来,他下令重新整编队伍,待整顿完毕,张绣也带着人马风风火火地追了上来。

曹操命令将士列队迎敌。彼时曹军军心稳定,已非前夜的慌乱之师,大家都明白是怎么回事了,便齐力杀敌。张绣的部队经过一夜的战斗,再加上长途追击,早已成了人困马乏的疲惫之师,更何况在兵力上张绣并不占优势。

经过几个回合的交战,张绣便败下阵来。

曹操遂从容撤回许都,张绣趁机占领了舞阴。

卷土重来

在回师途中，有人向曹操打小报告，状告于禁利用权势打击异己、胡乱整人，告状者是青州兵。

世人都知道，在曹操的队伍中，青州兵身份比较敏感，他们本属于黄巾军，后来向曹操投降，曹操也正是因为收编了青州兵才开始异军突起，逐步强大起来。这帮人大多是饥民出身，无论素质还是军纪都比正规军差得多，但为了稳定队伍，对他们存在的这样那样的问题，曹操在大多数情况下都睁一只眼闭一只眼，这无形中助长了他们骄纵的作风。

对于告状人说的这些情况，曹操自然心知肚明，不过，他想于禁也应该尽快赶来，就具体原因做个解释。

谁料，曹操左等右等，就是不见于禁的身影。

那么，真相究竟是怎样的呢？

原来，于禁在撤退返回途中，发现有不少士兵狼狈不堪、衣衫褴褛，好多人甚至还光着膀子，看上去，与其说是打了败仗，不如说是刚刚遭遇了抢劫。

于禁心中很纳闷，便随便叫住几个人，打听究竟发生了什么事。

大伙儿看见于禁，便围上来，七嘴八舌地诉起苦来，原来他们在撤退途中，遭到了青州兵的抢劫。

于禁一听立刻火冒三丈，值此危急关头，本该同心协力才是，这些青州兵竟然向自己人下手，这还了得。当下下令，将这些青州兵召来，狠狠整顿了一番。

这些青州兵倚仗着曹操平日的优待，有恃无恐惯了，便抢先一步，赶在于禁前面跑到曹操面前恶人先告状。

许多人都替于禁捏了一把汗，都劝他赶紧去曹操那里自我辩解，免得蒙受不白之冤。

于禁却显得从容不迫，还是按部就班地做断后工作，看上去丝毫不着急。后来，经不住别人一而再、再而三地劝说，他便回答道："做事要分清轻重，现在敌人随时会发动攻击，目前的首要工作是如何御敌，与之相比，我个人的荣辱得失根本不值一提。再说了，我相信以曹公之睿智，自会明辨是非，何须我多言！"

后来等威胁解除后，于禁将一切安排妥当，才去参见曹操，说明事情经过。

于禁之所以敢于这样做，一方面固然是因为勇于担当、敢于任事，处处以大局为重，另一方面也是因为对曹操的信任。

果然，曹操听完于禁的汇报后，非但没有责备，反而对他大加赞赏，称赞他身上有古代良将的遗风。

表扬部下的同时，曹操没有推卸自己的责任，主动做自我批评，称本次征讨张绣失败，主要责任在自己。面对失败，曹操表现出了一个政治家该有的胸襟和担当。

曹操说："本次作战失利，一切责任在我，要是我当时提出让张绣送个儿子做人质，就不会出现目前这种局面了，过去的事说什么都无济于事了，不过，请诸位放心，同样的错误我以后不会再犯第二次。"

曹操说到做到，在之后的作战中，再也没有出现类似的战术性错误。

不过在当时，曹操的外部环境非常严峻，南阳、章陵（今湖北枣阳）等地看到曹操战败，纷纷背叛，归附张绣。

如果任其发展下去，那么未来形势如何实在不敢想象。为了扭转局面，曹操派曹洪去讨伐这些背叛地区，孰料却无功而返，张绣、刘表趁机扩大战果，对曹操落井下石，不断发起滋扰战，不让曹操有片刻消停。

就这样，大半年时间过去了，等到当年年底，曹操痛下决心，哪怕穷尽一切办法，也要拔掉张绣这个钉子。

因为严酷的现实就摆在面前，如果连张绣这样一股弱小势力都摆不平，那天下诸侯谁还会将曹操放在眼里？若坐守困城，等着被四周诸侯围困致死，败亡就是早晚的事。

不，决不能就这样坐以待毙。

好在目前他手中还有天子这张王牌，趁着还有效，必须杀出一条血路，从包围圈中撕开一道口子。

就在当年十一月，曹操再次南征张绣。及大军再至淯水时，曹操触景生情，不由感慨万千，时间虽然过去了近一年，但往事历历在目。他想起了死去的儿子曹昂、侄子曹安民、爱将典韦，以及许许多多的阵亡将士。

曹操下令，就在淯水岸边举行盛大的祭祀仪式，追祭阵亡将士，在场的将士们在哀悼同袍之时，无不泪流满面。

　　将士们被祭奠现场肃穆的氛围所感染，这远比任何战争动员都管用，果然，受到鼓舞的将士们一鼓作气，拿下了湖阳（今河南唐河南），守将邓济被活捉，紧接着，很快夺回了舞阴。

　　次年，也就是建安三年（公元198年）三月，曹操又一次征讨张绣。

　　这一次，军师荀攸也随军出征，荀攸觉得，之所以很难一举歼灭张绣，是因为张绣和刘表互相利用，张绣的物资补给主要依靠刘表提供。因此，如果强攻张绣，只能使得张绣和刘表相互抱团更紧，不若伺机而动，时间一长，一旦刘表对张绣供给不及时，他们之间必然离心离德，只要张绣没了刘表的支援，必然支撑不了多久。届时，再果断出击，张绣必败无疑。

　　然而，曹操等不了太久，他此时一心只想洗刷前耻，根本听不进去荀攸的意见，还下令围攻穰城（今河南邓州）。果然不出荀攸所料，刘表派人率兵前来救援，曹操陷入不利境地。

　　就在此时，曹操接到另外一个坏消息，得知他离开许都南征，袁绍的部下鼓动袁绍趁机出兵，将汉献帝抢过来，作为自己的筹码。

　　汉献帝是曹操好不容易竖立起来的一杆大旗，如果被袁绍抄后路抢走了，不但会把曹操直接打回原形，他多年的心血也将全部付诸东流。曹操遂急忙下令撤军。

冰释前嫌

得知曹操撤军，张绣觉得机会来了，便想趁势追击曹军，贾诩站出来劝他，切不可冒险追击，否则必败无疑。张绣此时哪里听得进去？马不停蹄地追击曹操去了。

结果如贾诩所料，张绣大败而归，灰头土脸地回来了。

张绣一看到贾诩，就满脸惭愧："悔不该不听先生的建议。"

贾诩说："现在还不是做检讨的时候，赶紧抄起家伙追上曹操，跟他再死磕一次。"

张绣一听，很纳闷，明明刚吃了败仗，现在又追上去，这不是自讨苦吃吗？

贾诩说："现在没工夫跟你解释，将军放心去追击就好了，我保证你大胜而归。"

张绣心想，不妨就豁出去了。便又调转马头，马不停蹄地追了上去，果然大获全胜。

张绣虽然取得了胜利，但心中的疑团仍未散去，他专门找到贾诩请教其中的奥妙。

贾诩说："道理其实很简单，此次曹操撤军并非是因为被我们打败，溃逃而去，而是主动撤退，以曹操多年带兵的经验，他必然会做到严加防范，因此，将军你吃败仗是必然的。

"至于将军兵败而归后又让您再次追击，那是因为，曹操打败您后自然以为您不敢再去追击，就会疏于防范，因此，您得手也是情理之中的事了。"

张绣听后，连连点头："先生真是料事如神！"此后，张绣对贾诩可谓言听计从，奉若神明。

就在此时，袁绍派使者来招降张绣。

袁绍的出现让人多少有点意外，同时夹在曹操、刘表、袁绍三大集团中间，何去何从，张绣一时难以决断。

当张绣还没拿定主意时，贾诩抢先一步站出来，对来使说："你还是先行回去吧，袁将军要是问原因，你就回答说，我家主公给他捎句话，他袁本初连跟自己兄弟的关系都处不好，我们过去投奔，又岂能有立足之地呢？"

来使一听，当场就拂袖而去。

张绣急得直跺脚："先生一贯行事很周全，为何此次如此草率？袁绍实力雄厚，留着这条路，好歹我们多一个选择嘛，干吗这么轻率地把话说死呢？"

贾诩说："道理很简单，我们现在唯一的出路就是投降曹操。"

张绣一听，傻了眼："先生你的想法也太离谱了吧，你确定不是开玩笑？"

贾诩一脸严肃地说："将军您看我是像开玩笑的样子吗？"

张绣仔细瞧了瞧，摇摇头说："不像！"

贾诩说："我先帮您理一理目前曹袁双方的形势，您就明白了！

袁绍如今拥有北方四州之地，兵强马壮，我们去了他那里能干什么呢？最多也就是敲边鼓的杂牌军而已，对于他们而言可有可无，再说了，袁绍此人志大才疏，一看就成不了大事，跟着他，一句话，没前途。"

张绣听完后不以为然："袁绍再不济也比曹操强，且不说我杀了曹操的子侄和爱将，他会不会记恨报复，就算他抛弃前嫌、不念旧怨，给我留一席之地，那又如何？以曹操目前的实力，比袁绍差得多，跟着他，就有前途？"

贾诩说："将军只知其一，不知其二，曹操虽然目前军事上处于弱势，但他拥有天子这张王牌，在政治道义上就站在了制高点，这是袁绍等人无法比拟的。况且，正因为曹操目前处于弱势，我们才去投奔他，他此刻正需要人马，也需要给天下人做个榜样，将军现在去是恰逢其时。另外，我看曹操此人胸襟宽广，孰轻孰重，他掂得清楚，绝不会将个人恩怨与公事混为一谈。"

张绣听完贾诩一席话，觉得他分析得头头是道，虽然心中忐忑不安，但最终还是听从贾诩的意见，于建安四年（公元 199 年）十一月再次向曹操投降。

面对张绣的来降，曹操虽然心中恨他恨得咬牙切齿，但正如贾诩所料，他还是坦然大度地接纳了张绣。

因为曹操明白，要成就王霸大业，就必须时刻将大局放在首位，他接纳张绣，其实就是演一场给天下人看的大戏：我对有杀子之仇的仇人都能不计前嫌，将纳为己用，更不用说其他人了。

既然是演戏，就要把戏码做足。曹操设下盛宴迎接张绣，像是多年未见的老朋友那般拉着张绣的手嘘寒问暖，仿佛根本没有发生过宛城之战一样。

更令人感到意外的是，就在酒席上，曹操宣布与张绣结为儿女亲家，此后就是一家人了。在之后的日子里，还不断嘉赏张绣，封两千户，终其一生，曹操都没有为难过他。

这就是曹操的胸襟，当然你也可以说这是收买人心的权谋，但能够做到如此极致，纵观历史，恐怕也很难找出几人。

不过，张绣虽然受到曹操的厚待，但曹丕却没有曹操这般的谋略，对于张绣害死哥哥曹昂一事，他始终耿耿于怀，这给张绣造成了很大的压力。

八年后，曹操远征乌桓，就在曹操远征在外期间，张绣很蹊跷地死掉了。关于他的死因，史书上有种种猜测，其中流传比较广的说法就是张绣不堪曹丕的压力，被迫自杀了。

当然，这种说法存在很多疑点。不过，二十年以后，张绣的儿子张泉确是死于曹丕之手，起因是他受到魏讽谋反案的株连，至于张泉是真的谋反，还是曹丕存心打击报复，就不得而知了。

如果说曹操对张绣的厚待，是出于政治需要的不得已而为之，是一场政治秀，那么他对贾诩就是实实在在的尊敬和信任，每次见到贾诩都是客客气气的。

不过，贾诩也是个聪明人，他知道自己始终没法融入曹操的嫡系团队中，因此，他刻意低调做人，至七十七岁高龄之时方才寿终正寝，这在那个战火频仍的年代是非常罕见的。

第十一章　东讨袁术

皇帝轮流做

在曹操和张绣作战期间，发生了一件大事，袁术称帝了。

袁术之所以敢于称帝，是因为在他看来，大汉王朝气数已尽，犹如风中残烛，只要有人轻吹一口气，烛火就会熄灭。

动荡不安的乱世，滋长了不少人的野心，心怀鬼胎的各路诸侯无不想趁机壮大自己的势力，但是想直接取而代之并付诸行动的人，袁术是第一个。

袁术称帝，并不是因为他已经众望所归，或者实力已经独步天下，而是他实在是愚蠢。

要说政治智商，袁绍、袁术这哥俩有一拼。

当初，董卓劫持汉献帝之际，袁绍曾经想立刘虞为帝，还想拉拢曹操入伙一起干，被曹操拒绝。

因为汉献帝还在世，是合法天子，另立皇帝这样大逆不道之事，曹操不想干，同时，他也知道这事成不了。

袁绍打算立刘虞为帝的事，也跟袁术通过气，希望争取自家兄弟的支持。袁术接到袁绍的来信后，冷笑一声，严词拒绝了，而且说得大义凛然。

其实袁术这样做，并不是他有多么高尚，对大汉有多么忠心，相反，他觉得，老袁家已是四世三公，难道还差个五世三公？难道就不能再前进一步吗？

身为人臣，位至三公，已是极致，再往上升就只有取代皇帝了。不错，袁术真正的心思就是想自己做皇帝。

袁绍好歹是立刘姓宗室为帝，已经不得人心，而袁术则是在错误的道路上走得更远，他想直接称帝，这无疑是作死。

其实，在当时想做皇帝的人远不止袁术一人，但是，但凡是有点政治头脑的人都懂得，在这种微妙时刻第一个冒头的，立刻就会成为众矢之的。

因为，天无二日，民无二主。普天之下，莫非王土，皇帝宝座只有一个，大家都是称霸一方的诸侯，凭啥要向某一个人你俯首称臣。

在群雄并起的时候，但凡当出头鸟的，最终都没有好下场。比较聪明的政治家都懂得收敛锋芒、韬光养晦，以待时机。

比如元朝末年，天下大乱，一时间群雄割据，纷纷称王称霸。

元至正八年（公元1348年），方国珍在浙东起义。元至正十三年（公元1353年），泰州人张士诚起义，攻占泰州、兴化、高邮等地，自称诚王，建元天祐，国号大周。元至正十五年（公元1355年）二月，刘福通迎立韩林儿为皇帝，号称小明王，国号大宋，改元龙凤，建都亳州（今安徽亳州）。

元至正二十年（公元1360年），陈友谅杀徐寿辉，即皇帝位，国号汉，改元大义。徐寿辉旧部明玉珍占领四川，于元至正二十三年（公元1363年）在重庆自立称帝，国号夏，建元天统。

在群雄之中，朱元璋是属于势力相对弱小的，北有韩林儿、刘福通，东南有张士诚，西有徐寿辉等，东边和南边有元军，他们的力量都比朱元璋强大，可谓强敌环伺。

面对众人皆称帝称王的局面，朱元璋沉着冷静，接纳朱升"高筑墙、广积粮、缓称王"的建议，兴修水利、广开屯田，发展生产、储备粮草、招纳人才。当各路群雄相互厮杀之际，朱元璋在悄悄壮大自己的势力。

等大家反应过来时，为时已晚。朱元璋削平群雄，统一全国，建立了大明王朝。他才是笑到了最后的那个人。

可惜的是，袁术没有后世的朱元璋那样的胸襟。他目光短浅、自视甚高，自以为只要登基加冕，四方英雄必然传檄而定，因此，他很看不起袁绍拥立刘虞称帝的把戏。

相较而言，袁绍还是要比袁术聪明的，最起码他懂得先立个刘姓皇帝，然后等时机成熟再取而代之。这样一来，因为他自己没有谋朝篡位，所以天下人也挑不出他的错来。

而在袁术看来，这完全是多此一举，是袁绍胆小怕事。与其费这么多周章，还不如自己登基坐殿，称孤道寡。

袁术自认为论家世、论人望，他都有这个资格，目前称帝的时机已成熟。

当初，孙坚攻入洛阳时，无意间获得传国玉玺，几经辗转这玉玺落入袁术手中。袁术觉得这可是个宝贝呀，在谁手里，就意味着谁是天命所归了。

然而，袁术不懂得，如果实力撑不起自己的野心，那么结局一定很惨。

此时，袁术已经权欲膨胀，刹不住了。

建安二年（公元197年）初，袁术在寿春（今安徽寿县）称帝了，宣布新朝国号为仲家。

给官都不要

袁术称帝后，要组建自己的朝廷，这就意味着要脱离大汉王朝，另立中央。按照常理，新朝建立，就要设置百官，大肆封官加爵。

但是，袁术很快发现了一个问题，就是许多人对他采取不合作态度，没人愿意出来担任他这个伪朝廷的官职。

袁术感到很郁闷，世上哪有给官不要的道理？其实，他不明白自他打算称帝起，就已是不得人心了，而且早已有征兆。他曾召开过一次"吹风会"，就他称帝之事，试探了一下下属的反应。

按照一般情况，称帝这种事可以采取以下几种途径。

第一种，所谓的各种祥瑞出现，比如某地出现了某种稀有动物，像凤凰、黄龙、麒麟等；或者是出现了某种变异的植物，如梁上出现灵芝，田间出现一株禾苗长出好几个谷穗等。这都意味着人间有圣人出现，会改朝换代。

这种方法操作起来比较困难，周期长，容易穿帮，况且袁术称帝心情比较迫切，已经不想搞这么复杂的事了。

那么，可以考虑另外一种途径，就是大造舆论。在东汉时期，最有效的造舆论办法就是散布传播谶语，想当年光武帝在建立东汉的过程中，就曾利用谶语，在社会上制造舆论氛围。

所谓的谶语就是类似打哑谜式的政治预言。汉朝时流传着一则由来已久的谶语——"代汉者，当涂高也"，这句话究竟是什么意思，没人说得清，反正有各式各样的解释。

这种模棱两可的话就跟当初秦末流传的"亡秦者胡也"一样，怎样都解释得通。在袁术之前，有个女巫就曾对李傕说："涂即途也，当涂高者，阙也。傕同阙，另极高之人谓之傕。"意思是李傕会取代汉朝，惹得李傕高兴了好一阵，结果他很快就挂了。

在袁术之后，汉魏易代之时，又有人解释称："当涂高者，魏也；象魏者，两观阙是也。当道而高大者魏，魏当代汉。"

不过袁术认为，这句谶语是在暗示他要取代大汉。他认为涂即途，自己字公路，这不就是明白在说，袁公路要取代大汉吗！

虽然袁术自己信心满满，但是世人却不看好他。在"吹风会"上，袁术左瞅瞅、右看看，本指望别人来劝进，自己好歹也要摆个姿态，但是众人都在那里装聋作哑，愣是没人吭声。

袁术见状，只好自己开口了："现如今刘氏微弱，海内纷争，我们老袁家四世三公，百姓归心，民心不可违啊，大伙儿别拘束，有啥说啥。"

摆明了就是想当皇帝，但是在场的人都装作没听见一样，没人搭腔。

袁术一看，很生气，难不成就没一个人站出来支持我吗？正当郁闷之时，主簿阎象站了出来，但他不是带头劝进，而是给袁术当头浇了一盆凉水。

阎象语速很慢，但话的分量很重："想当年周朝从后稷算起，直到周文王，世代积累功业。到文王的时候，殷商天下三分之二归周，但他依然臣服商朝，跟文王相比，你们老袁家虽然历代兴旺昌盛，但还没到周文王的地步吧？汉室虽然衰弱，但也没有殷纣王那般残暴啊！"

阎象的话代表了大多数人的意见：想当皇帝，你还差得远呐！

袁术听后，沉默半晌，一言不发。

但是，皇位的诱惑力太大，他最后还是称帝了。袁术到处发招聘广告，招募人才，可就是无人响应。

这时，袁术想到了一位老朋友，沛相陈珪。陈珪是前太尉陈球的侄子，年轻的时候，陈珪和袁术这帮权贵子弟经常在一起厮混。

袁术心想，毕竟有当年的友谊摆在那里，想必陈珪一定会站出来帮忙。于是，他给老朋友写了一封信，信中称："如今天下大乱，天下英雄并起，就冲着咱俩的交情，难道你不该站出来帮我吗？我成就大事，肯定亏不了你。"

但袁术终究底气不足，为了防止陈珪推托不出山，知道陈珪的二儿子陈应在下邳，袁术就派人将他抓起来，扣为人质，心想：你儿子在我手上，谅你也不敢不答应。

袁术这哪里是求贤，分明就是绑架胁迫，这种做法实在太过卑鄙。

袁术自信满满，等着陈珪上门，但是左等右等，没有等到陈珪，却等到了他的一封劝说信。

袁术胁迫陈应做人质，想着一定要让陈珪投靠自己。陈珪回信答复说："过去秦朝之所以完蛋，是由于皇帝残暴，为所欲为，虐政遍布天下，老百姓遭受痛苦，不堪忍受。现在，大汉虽然衰弱，但并没有像秦朝那样的施行暴政并导致天下动荡。现在曹将军英明神武、顺应时运，正在修复法度，铲除凶残之人，天下重归安宁，是可以预料的。我本以为，您定会和曹将军齐心协力，辅佐汉室，但谁承想，您却私下里图谋不轨，眼看您一步步滑向深渊，自取灭亡，实在让人痛心！如果您现在迷途知返，还来得及。作为您曾经的朋友，我才说这些真挚的话，话虽然不中听，但唯有设身处地的人，才会给您说这些。至于要我依附您，帮您追求个人野心，请恕我誓死不从。"

袁术听说前兖州刺史金尚被曹操赶跑后，赋闲在家，便想任命他为太尉，金尚得知后，干脆跑路了。

宁愿跑路也不愿意出任伪职，可见所有人都不看好袁术。

袁术这皇帝做得实在憋屈，一而再、再而三地被人拒绝，让袁术很没面子。

内部是这样，外部环境同样很糟糕。

起先，孙策和袁术的关系还过得去，但当孙策听到袁术称帝，当即决定不能和他再有什么瓜葛，免得自己也惹一身臊。他写了一封绝交信给袁术，表示从此两家各走各道、互不牵扯。

后来，袁术又想拉拢吕布，派人到吕布那里，表示愿意让自己的儿子娶吕布女儿，和吕布结为儿女亲家。

吕布此人一贯见利忘义，没什么政治头脑，但这次他对利害关系看得很清楚，知道袁术这不是想结亲，而是想拉自己上贼船，他才不愿意上袁术的当。他立即将袁术的信送到许都去，表明自己要与袁术划清界限。

袁术得知后非常恼火，觉得吕布太不仗义，便派人攻打吕布，但哪里是吕布的对手，结果吃了败仗。

孤家寡人

袁术称帝后，可谓众叛亲离，但是他依然不自省，整日沉湎酒色，后宫中妻妾成群，过着奢侈糜烂的帝王生活，至于普通百姓和士卒的生死，他根本不放在心上。

江淮地区本来属于富庶之地，但在袁术横征暴敛的统治下，老百姓不是饿死，就是选择逃亡，有的地方甚至出现人相食的现象。许多地方变成了无人区，寸草不生。

军队无疑是一个政权的主要支柱，但袁术只顾自己逍遥快活，他手下的士兵却大多衣衫褴褛、食不果腹，指望这样的军队来保卫自己，无疑是痴人说梦。

正当袁术在自我毁灭的道路上越走越远之时，在许都城里的曹操已经磨刀霍霍，准备向袁术开战了。

其实袁术称帝，受到最大挑战的就是曹操。

曹操奉天子到许都后，手中有了天子这张王牌，无疑就拥有了政治主动权和道德制高点，但袁术一称帝，王朝境内便出现了两个皇帝，这就意味着国家的土地在法律上面临被分裂的局面，而且更重要的是，曹操好不容易弄到手的这张王牌将有可能贬值，甚至会逐渐变得一文不值。

曹操知道，此时天下各地的那些州牧、郡守、刺史都在盯着许都，就看朝廷如何应对。这些土皇帝中想称王称帝的大有人在，如果听任袁术称帝，那么有了示范效应，估计不少人都会效仿，一旦出现这种局面，就算曹操有天大的神通，也无力回天了。

因此，对于袁术这种敢冒天下之大不韪的刺儿头，必须予以痛击，决不能有丝毫的回旋余地。

曹操决定亲征袁绍，要让天下人看看，他曹操奉天子以令不臣，绝不是一句空话！

下定决心征讨袁术之后，曹操决定先在战术上孤立和分化袁术。袁术周围可以援引的唯有三大势力，一是吕布，二是孙策，三是袁绍。其中，袁绍和袁术兄弟不和，天下共知，且袁绍远在河北，根本无力远道来救援，那么，要重点防范的就是吕布和孙策。

尽管吕布和孙策反对袁术称帝，但那是为了反对袁术打破目前诸侯割据形成的均衡局面，至于能否帮助曹操就是另外一回事了。

在政治斗争中，没有永远的敌人，也没有永远的朋友，只有永恒的利益。

因此，要攻打袁术，首先要争取吕布、孙策等人的支持，最少也要争取到他们在曹操征讨袁术时，保持中立。

建安二年（公元 197 年），曹操派使者到吕布那里递送一封亲笔书信。信中，曹操对吕布大加笼络，不惜溢美之词，并以朝廷名义封他为左将军。

没多久，沛相陈珪的儿子陈登来到许都拜见曹操，代表吕布表示，愿意与曹操和解。

原来，当初袁术派韩胤为使节到吕布那里，替袁术说媒，希望两家结为儿女亲家的消息传开后，陈珪感到非常忧虑。他担心一旦袁术和吕布沆瀣一气，徐州、扬州打成一片，终非社稷之福，便决定不能让他们诡计得逞，于是便亲自跑到吕布那里。两人一见面，陈珪没有说任何客套话，直接开门见山地说道："将军您是何等聪明的人，怎么就犯糊涂了呢？"

吕布一脸茫然，表示很不解。

陈珪便对他分析道："如今，曹公奉迎天子、辅佐朝政，征讨八方、威震四海，将军您应顺应时势，与他合作，开创天下太平，不料您竟反其道而行之。假如您与袁术成了亲家，将会背负不义之罪名，形势就对您不利了。何去何从，还望深思啊！"

吕布一听，觉得有理。想一想，当初董卓死后，自己走投无路，投靠袁术被拒之门外。建安元年（公元 196 年）六月，自己部下郝萌被袁术策反，搞得自己被迫出走，狼狈不堪，这种人实在不可信，万一女儿嫁过去，自己势必会受到他的牵制。

此时，吕布的女儿已经被迎亲队伍接走，正在赶往寿春的路上。吕布仔细一算，应该还没走太远，于是派人快马加鞭去追赶。很快在半道上将女儿追了回来，同时，将韩胤斩首。

就在此时，许都使者到了。

吕布本就是个见利忘义之人，看到书信和许都送来的金印，得意忘形，早就忘了自己和曹操的往日宿怨，还让陈登代表自己赴许都谢恩。

曹操知道，吕布此人终究不可能为己所用，除掉他早晚会搬上自己的日程，不过目前首要对付的是袁术。

穷途末路

其实，得知曹操率兵前来，袁术已经吓得半死，之前那次被曹操像撵兔子一样追杀的经历，给他留下了严重的心理阴影。

曾经有一段时间，袁术还心存侥幸，幻想曹操一时半会儿可能顾不上他，但没想到曹操来得这么快。

他知道凭自己在战场上根本捞不到什么好处，只会让自己死得更快，与其等死，还不如早点收拾收拾跑路吧。

往哪儿跑？东西南北，只有一条道，往南跑，别的方向都是死路。走到半路上，袁术队伍出现了断粮的情况。

袁术觉得不对劲，这些年自己好歹搜刮了好多粮食，不可能这么快就没粮食了，他把沛相舒邵叫来，诘问是怎么回事儿。

舒邵倒是很坦然地说："军粮都分给老百姓了。"

袁术很恼火，自己都快断炊了，怎么还给百姓分粮食？拉出去砍了。

舒邵没有丝毫畏惧，很平静地说："咱们以前作孽太多了，才落得如今的下场，反正是死路一条了，还不如临死前干点人事，积点德，在百姓心中留点好印象吧！"

听完舒邵的一番话，袁术似乎有所醒悟，感到自己以前的做法实在太过分了，便过来拉着他的手说："仲应（舒邵字）啊，你只想自己后世留名，而不愿意与我共同分享吗？"

但，事已至此，说什么都晚了。

袁绍的人心已经彻底散了，队伍不好带了。很快队伍内部出现哄抢现象，部曲陈兰、雷薄发动叛变，抢了粮草跑到灊山去了。

而就在此时，曹操在蕲阳一举击溃留守袁军，袁术大将桥蕤、李丰、梁纲、乐就被斩杀。

袁术再度仓皇狂奔，逃到淮南。

在接下来的两年间，袁术整天提心吊胆，东躲西藏。建安四年（公元199年），走投无路的袁术，只好厚着脸皮到灊山投奔已经背叛了他的部曲陈兰、雷薄，却被拒之门外。

悲愤、羞愧、懊悔之情交集在袁术心头，加上长期逃亡，精神高度紧张，吃饭没有保障，有一顿没一顿的，袁术身患重疾。

此时，他才想起，在北方自己还有个兄弟——袁绍。

于是，他派人给袁绍捎去书信，并将手中那个宝贝疙瘩传国玉玺送给袁绍。此时，他觉得，自己和袁绍虽然以往有些矛盾，但毕竟一笔写不出两个袁字，好歹都是老袁家人。

自己的皇帝是当到头了，肥水不流外人田，那就让袁绍来当吧，好歹也要让肉烂在自家锅里。

袁绍接到信后，答应接纳袁术。袁术便打算投奔袁绍长子，青州刺史袁谭。

但是曹操早就派刘备在下邳（今江苏邳州）等他来送死，袁术只好原路返回，逃到江亭（今安徽寿县），病情也愈加严重。

病重的袁术什么都吃不下，只想喝口蜂蜜水，不过手下端给他的却是一碗麦皮羹，这还是从库房的犄角旮旯搜刮出来的。

现在外面到处都是饿死的人，到处是人吃人，哪有蜂蜜水给你！

当时正在盛夏，袁术独自卧床，面对眼前这碗麦皮羹，追忆往事，当年的荣华富贵，犹如过眼烟云，他沉思良久，最后无奈又不甘地说了一句："我袁术怎么沦落至此啊！"

然后大口吐血不止，不久便死去了。

随着袁术的身亡，东汉末年首次僭越称帝的闹剧暂时收场了。

在此期间，曹操也没闲着，他铲除了另外一股势力——吕布。

吕布信誉透支进程

吕布此人空有一身武艺，却没有政治头脑，做个普通将领冲锋陷阵还可以，但根本没能力做割据一方的政治领袖。

其实，吕布本来可以过得很好，就凭他的一身本领，在当时乱世之中，无论投奔哪一方诸侯，都会受到重用，混个荣华富贵不成问题。

但是吕布愣是被自己的性格害死了。

吕布是那种走路都鼻孔朝天的人，他自恃本领高强，认为可以纵横天下。姑且不说他有勇无谋，只不会做人这一条，就会要了他的命。

吕布不知道，人不能没有原则，不能没有底线。

因为吕布自己恰好就是这样一个人，他没有任何原则，非要说一条他的做人原则，那就是有奶便是娘，谁的大腿粗就傍谁，今天做你的儿子，明天就可以送你见阎王。

从吕布的职场履历就能看出，只要吕布跟了谁，谁就会倒霉，丁原、董卓、王允，概莫能外。

就这样一个人，搁在谁的帐下，谁都要掂量掂量，今天吕布可以为你效力，明天你的脑袋能否长在自己肩上还是个问题。

吕布逃出长安后，到处寻找落脚点和发展机遇。但总是在一个地方待不久，因为吕布的信誉记录实在太差了。

吕布逃出长安后，起先跑到袁术那里。

袁术此人一向是看不起人的，但他对吕布的到来，还是表示了欢迎，且给了相当不错的待遇。因为袁术觉得吕布诛杀董卓，也算是为他们老袁家报仇了，毕竟董卓手上欠了袁术家几十条人命的血债。

然而，吕布很快就暴露出自己的本来面目，他自恃有功，在南阳住了不久，便放任自己的部下抢劫老百姓。

吕布这样做或许是对袁术表达不满，因为袁术此人一贯吝啬。但不管怎样，他选择在寄人篱下之时这样做，实在太不明智了。

很快，他就和袁术起了矛盾。吕布只好向袁术告辞，一口气由南而北，渡过黄河，到并州河内郡投奔同乡张杨。

张杨对朋友很仗义，比袁术待吕布要好得多。不过，张杨的部下中却有人看不惯吕布的做派，暗中盘算把他杀了，送人头去长安，向李傕、郭汜领赏。

不料还没行动，就被吕布察觉。到处跑路的吕布本来警惕性就很高，他甚至怀疑这是张杨在暗中指使，他嘲讽张杨道："你与其杀了我，送我的头到长安，还不如把我捆住，送活的去，可以多领几个赏钱。"

张杨觉得此时做什么解释都没用，便冷冷地说："你说得很对，我真是这样想的。"

吕布没想到张杨会来这么一句，弄得大家都很不自在，只好带部下再次跑路，投奔袁绍。

此时，袁绍正在为"黑山贼"头痛。

所谓"黑山贼"，即黑山军（因最初在河南朝歌县的黑山起义而得名），是于黄巾军覆灭后兴起的一支农民军，领袖为常山人张燕，外号飞燕。

吕布到来后，很快就扭转了局面。要说吕布在作战方面还真是有一套，他知道要对付农民军，官军阵地战那种两军对垒的传统作战方法根本不管用。他带了几十名勇士，骑马冲入敌阵，横冲直撞，砍杀了一些敌人，每天一次，有时甚至一天三次、四次。

吕布作战勇猛无比，无人可挡，给敌人造成了很大的心理震慑。他把黑山军打得溃不成军，迫使张燕接受招安。

然而，吕布和袁绍的"蜜月期"也没持续多久。

吕布仗恃战功，觉得自己"韩信将兵、多多益善"，多次向袁绍要求增兵。袁绍觉得吕布就是条猛虎，如果再壮大他的实力，恐怕就没法节制了，遂一口回绝了。

于是，吕布故态重演，放任手下将士抢劫，招来袁绍的嫉恨。吕布感觉不安，知道没法再待下去了，就请求回洛阳。

袁绍顺水推舟，一面以朝廷的名义任命吕布为司隶校尉，送吕布出境，一面暗中下令，让手下在吕布走出邺城后就要他的命。但是，吕布毕竟是刀尖舐血过来的，看出了这些人来者不善。

一天夜晚，他坐在帐篷里弹筝，弹了一阵，把筝交给了一位亲信继续弹。他自己却在筝声之中，悄悄地从帐篷后门溜走了。

袁绍的手下躲藏在帐篷前门外不远的地方，偷听吕布弹筝，一直等到筝声停止，似乎吕布已经就寝熟睡。

夜半，刺杀吕布的人冲进吕布住所，乱刀猛砍吕布的床，认为他必死无疑。次日，袁绍才得知吕布还活着，便下令捉拿，但士兵们都畏惧吕布勇猛，没人真敢去捉拿。

袁绍一直心惊胆战，下令把邺城的城门关了，叫将士登城去防守，袁绍认为，吕布一定会来邺城找他算账。

但很显然，他高估了吕布的勇气，吕布逃脱后，才想起张杨的好来，便厚着脸皮重返河内找张杨。

途中经过陈留，太守张邈派人迎接吕布，对他大加款待，分手时两人握住对方手臂发誓结好，类似结拜为异姓兄弟的意思。

接下来，就发生了兴平元年（公元194年）吕布、陈宫趁曹操征讨陶谦之际攻占兖州的事件，曹操的老窝差点被抄。

幸亏曹操有荀彧等人支持，才反败为胜，重新夺回了兖州。

吕布最后还是没在兖州站稳脚跟，又过回了以前到处流浪的日子，但环顾四周，各路地方州牧、刺史都被他得罪遍了。数来数去，唯有刘备是地方诸侯中的新人。

吕布遂决定到刘备那里碰碰运气。

有了前几次失败的经历，这一次吕布学得稍微收敛了一些。他一见到刘备就先开始套近乎、叙乡谊，称咱们都来自北方，如今都流落到南方，应该相互照应一下。

其实这套说辞实在滑稽，吕布是五原郡九原县人，相当于今天内蒙古包头人，刘备是涿郡涿县人，大概是今河北省保定市涿州市人士，一个内蒙古人和河北人攀老乡，这也实在有点扯得太远了。

不过双方对自己的处境很明白，大家都是出来混的，何必把话挑得太明白？何况刘备以前也是流浪汉，如今总算有了一块自己的地盘，毕竟是过来人，对吕布目前的窘迫很是理解，所以很大度地哈哈一笑，接纳了吕布。

吕布见状，也再不拿自己当外人，开始对刘备大吐苦水，抱怨关东诸侯不是东西。

"当年董卓专权，关东诸侯起兵，数十万人讨伐董卓，结果一事无成，最终还不是我站出来，才替天下人除掉了董卓。他们十八路诸侯都没办到的事情，我做成了。如今可倒好，我变成无家可归之人，他们不但没有一人肯接纳我，反而一个个都想杀了我！"

看着吕布义愤填膺的样子，刘备笑意盈盈，不停地给吕布劝酒，口中宽慰他道："兄长且宽心，以兄长之勇武，何愁功业不成？"

吕布也当即叫自己的妻妾出来，给刘备行礼，然后坐在一起吃饭，他对刘备也是一口一声贤弟，亲热得不行，仿佛真的是一家人一般。

吕布哪里知道，刘备对他的作为早有耳闻，现在又亲耳听他一番不知天高地厚颠倒是非的话语，早就对他生了厌恶之心。但是，碍于吕布诛杀董卓，有大功于大汉，平日里以汉室帝胄自居的刘备，一时间拉还不下脸面。

更何况自己刚刚得到徐州，立足未稳，而吕布之勇猛天下无敌，万一惹恼了他，凭空生乱，只会让他人占了便宜。

恩将仇报

其实，刘备的担忧并非没有道理。

吕布从来就不是甘愿久居人下之人，这一点，世人都看得清楚，其中也包括袁术，他想借力打力。

建安元年（公元 196 年），整个天下都不太平，大家都缺粮。许都的曹操为了解决粮食问题，在许县屯田发展生产，谋求自给自足，但是同样缺粮的吕布显然没这个耐心，也没这个能力。

当时的袁术还没走上末路，他还想浑水摸鱼壮大自己，但是周围的诸侯，他谁都惹不起，于是便盯上了新来户——徐州牧刘备，打算将徐州这块肥肉吞到肚里。

但是袁术万万没想到，刘备也是一代英雄豪杰，他肉没咬到，门牙倒是被敲掉了好几颗。

袁术派人进攻刘备，刘备派司马张飞守下邳，自己亲率大军在盱眙、淮阴一带抵抗袁术。双方僵持了一月有余，各有胜负。

就在此时，刘备阵营内部发生内乱。下邳国相曹豹是前任徐州牧陶谦的老部下，自恃资格老，便有点怠慢张飞，张飞是个火暴脾气，眼里揉不进沙子，没多久，便杀了曹豹，如此一来，下邳城内局面大乱。

袁术认为有机可乘，觉得是时候引诱吕布这头饿虎出笼了，便暗中让人捎信给吕布，让他出兵进攻下邳，并许诺事成后，送他二十万斛大米。

吕布觉得机会来了，他素来是个见利忘义之人，哪里会念及刘备收留他的情义，于是率军水陆并进，向东袭击下邳。

下邳城内守将中郎将许耽与曹豹都是丹阳人，他对张飞杀死曹豹心怀不满，得知吕布前来，便打开城门，迎接吕布。

张飞得知大势已去，兵败退走，吕布趁机俘虏了刘备的妻子儿女以及官员、将领们的家属。

刘备听到消息后，率军回救，到达下邳后，全军溃散。刘备收拾残部，向东攻取广陵，与袁术交战，又被打败，只好退守广陵郡的海西县。

此时刘备军中粮尽，忍受不了饥饿煎熬的将士们只好自相残杀，以人肉充饥。

眼看即将山穷水尽之时，东海人麋竺用两千名下人以及金银货帛资助刘备，刘备才暂时转危为安。

刘备此人能屈能伸，觉得如今自己走投无路，若投降袁术，则绝无生路可言，相对而言，还不如投降吕布，至少当初自己收留过他，总不能杀了自己吧。遂派人向吕布投降。

此时，吕布正在生袁术的气。原来袁术一看自己偷鸡不成蚀把米，鼓动吕布偷袭刘备，自己没捞到什么好处，反而白白便宜了吕布，遂翻脸不认人，决定不再给他提供粮食。

吕布觉得袁术食言而肥，便委任刘备为豫州刺史驻军小沛，领徐州牧。

吕布的眼里从来没有情义二字，只有利益，今天是朋友，明天便是敌人；今天是敌人，明天也可以把酒言欢，称兄道弟，翻脸比翻书还快。

但他最终就死在自己这种没有信义、只求利益的做人方式上。

很快，吕布的部将郝萌就被袁术策反，趁着夜色发动叛乱。慌乱之中，吕布没来得及穿戴，就卷起衣服、光着膀子逃走了，逃到其部下都督高顺的营中。

直到此时，吕布还没回过神来，高顺问他："将军可知是谁挑头？"吕布摇头表示不知是谁，只记得慌乱之间逃跑时，在一片嘈杂声中隐隐听见有人操着河内口音。

高顺立刻猜了个八九不离十，下邳城内河内人屈指可数，肯定是郝萌，遂立即率军讨伐郝萌，郝萌战败逃走。

到天明时，郝萌被部将曹性斩杀。一场突如其来的军事哗变就这样在一夕之间被平息了。

吕布从军出征以来，历经大小战事无数，凭借自己一身武艺，令敌人闻风丧胆，还从来没有像这次这样搞得如此狼狈不堪。

按理说，经过此事，吕布应该好好地反思检讨一下自己，但是他依然我行我素。

他没料到接下来遇到的将是他生平最大的劲敌——曹操。

第十二章

谁是英雄

拿谁开刀

天下诸侯本来就对曹操持怀疑态度，曹操出征张绣遇挫后，更是引致众人明目张胆地轻视，尤其是袁绍，还写信给曹操，字里行间冷嘲热讽：你曹孟德以为手里有了空头天子这张神主牌，就会人人都对你望风归降啊！

曹操看完袁绍的书信后，被气得半死，以至于情绪反常，行动有些失态，所有这些都被钟繇看在眼里。

众人起初都以为，这是由于征讨张绣的战事不顺所致，但没有人敢说话，谁都不想在这个节骨眼自讨没趣。

钟繇知道荀彧最了解曹操的心思，便问他内因。荀彧笑了笑，就张绣这种小角色，虽然暂时让曹公遇到了小挫折，也不过是兵家常事罢了，曹公断不至于此，肯定还有其他原因。

于是，荀彧径自去找曹操，曹操便把袁绍的信给他看。

"我实在咽不下这口气，但马上讨伐袁绍，咱们这点家底肯定不是袁绍的对手，你们看看怎么办？"曹操还在生气。

荀彧觉得现在仓促和袁绍交战，实在不可取，袁绍虽然强大，但不足为虑，倒是吕布此人迟早是个祸害，不如先拿他开刀。

世间最可怕的人不是那些貌似强大的敌人，而是那些无原则无底线之人，他们一旦丧心病狂，造成的祸患实在不可想象。

而吕布正是被世人公认的此类人。

当时郭嘉也在场，他也持与荀彧相同的观点。他为曹操分析当下的局势：目前袁绍虽然拥有河北四州之地，看似强大无比，但别忘了他身后还有个公孙瓒在和他较劲，因此袁绍一时半会儿抽不开身南下，不如趁此机会，先吃掉吕布，除掉后顾之忧，然后再和袁绍摊牌也不迟。

此外，大家都知道吕布此人反复无常，从不按套路出牌，别看他以前和袁绍有过过节，万一哪天袁绍脑子转过弯来，给吕布抛出点好处，他肯定立马动摇，这两个人一旦结盟，那将是曹操的灭顶之灾。所以先拿吕布开刀，时不我待。

就这样，曹操阵营内部对征讨吕布达成一致意见。

为了避免出征之际后院起火，曹操派钟繇镇抚关中，设法稳住西凉马腾、韩遂，别没事出来瞎捣乱。经过钟繇一番威逼利诱，软硬兼施，马腾、韩遂保证安心保境安民，不给曹操添堵，为了表明诚意，还表示愿意将儿子送到许都来做人质。

稳住西北后，曹操又频频向袁绍示弱示好，设法让袁绍短期内不注意到自己。被人打了脸，还要强颜欢笑，这滋味实在不好受，但曹操明白，此刻就算再难受，也要忍着。

当时，袁绍正忙着对付公孙瓒，根本没工夫理睬曹操，这种结果当然是曹操求之不得的。

设法为自己营造了稳定的外部环境后，曹操开始对吕布下手了。

双方对垒之际，要做的就是设法扩大自己的同盟，尽量分化孤立敌人，这样才能将战果最大化，让自己的损失最小化。

于是，曹操便设法稳住袁绍、拉拢刘备，分化吕布阵营内部。

其实，曹操所做的事，当时还有一人也在做，此人便是袁术。

经过数次较量，袁术算是领教了吕布的战斗力和脸皮的厚度，估计觉得自己很难摆平吕布，便打算稳住吕布，好全力对付刘备。

为了笼络吕布，他不惜和吕布联姻，为儿子向吕布女儿求婚，吕布一开始答应了，后来又反悔了，这桩政治联姻最终还是没有成功。

袁术觉得稳住了吕布，便派大将纪灵等率领步、骑兵三万进攻刘备。危急之时，刘备向吕布求救。

吕布将领们都说："将军一直想杀掉刘备，此次可以借袁术的手来除掉刘备。"

不过，这一次，吕布却头脑灵光，对局势有了很准确的判断，他说："一旦袁术击溃刘备，就可以向北联络泰山的诸将，我就将陷入袁术的包围圈，因此，不能不救刘备。"

但是，吕布也不想为了刘备与袁术闹翻，这样太不划算。他一拍大脑，想了一招两边都不得罪的妙计，于是，便出现了戏剧性的一幕，要不是正史记载，估计都会被误认为是小说家言。

吕布率领步骑一千余人，急速赶赴刘备那里。

纪灵正准备开战，听说吕布前来，他摸不清底细，只好先收兵回营，停止攻战。吕布驻军沛城西南，派遣侍卫去请纪灵等人，纪灵等也派人来请吕布，吕布前往纪灵营中，同时，邀请刘备一起赴宴。

席间，吕布对纪灵说："刘玄德是我的弟弟，被你们围困，所以我来救他。但我生性不喜欢和别人争斗，只喜欢化解别人的争斗，我有一个办法，可化解你们两家的争斗。"

纪灵和刘备一脸茫然，都不知道吕布的葫芦里卖的什么药。

吕布在众人迷惑不解的注视中，得意地站起来，命令手下把铁戟竖立在营门口，然后对旁观的人说："我将用箭射戟头旁边的戟支，如果射中，你们就各自罢兵，如果不中，你们可以留下厮杀，这样可好？"

从中军大帐望去，军营门口的铁戟隐约可见，众人都觉得纵然吕布武艺高超，这也是不可能完成的事。

吕布在众人半信半疑的目光中，张弓如满月，随即射出一箭，不偏不倚，正中戟支，纪灵等人被惊得合不上嘴，半天才喝彩说："将军真是天赋神威！"

纪灵知道此时若再攻打刘备，就等于不给吕布面子，也给了他和刘备合兵反击的口实。亲眼见证了吕布的战斗力，他是万万不敢再挑战了，只好灰溜溜地带兵返回了。

吕布巧妙地用自己的小聪明化解了一场战斗，避免了不必要的流血牺牲，但自此，也算把袁术彻底得罪了。

气量决定成败

建安二年（公元 197 年），陶谦旧部臧霸袭击琅邪国相萧建，攻陷莒县，缴获了一批战利品。或许是为了稳住吕布，臧霸事先答应吕布，事成之后，将战利品送给吕布一部分。

但是臧霸万万没料到，他还没来得及将战利品送出去，吕布就亲自前来索取了。

当时吕布好歹名义上也是一方州牧，但气量之小、贪财之心，由此可见一斑。

吕布手下高顺实在看不下去，便劝他说："将军威名远扬，远近畏惧，想要什么会要不到，何必自己去索取财物！万一不成，岂不损害威名吗？"

吕布听不进去，带领人马，直接开到莒县。臧霸不知吕布来意，害怕他别有所图，所以坚守城池。吕布自讨没趣，只好空手而归。这件事传开来，一时成为笑谈。

吕布撤兵返回下邳后，臧霸派人来和吕布和解，吕布觉得很没面子，但也只好同意。

高顺是吕布帐下为数不多的将才，仪表堂堂，为官清廉，平常说话不多，但他的部下军纪不错，每次作战必定获胜。

吕布生性反复无常，常常朝令夕改，经常轻率地下决定，然后又随意更改，做事情变化无常，全看心情。

高顺常常劝他说话做事要多过过脑子，吕布心中也明白高顺对他忠贞不贰，但就是听不进去高顺苦口婆心的规劝。

此时的刘备在小沛招纳旧部，重新纠集了万余人马，稍稍恢复了一些元气。吕布心中嫉恨刘备，决定亲自出兵攻打刘备。刘备不敌，便前往许都依附曹操。

如何处置刘备，曹营内部意见不统一，有人就对曹操说："刘备此人有英雄大志，不如趁他羽翼未丰，早早除掉他，以绝后患。"

曹操有些顾虑，想听听郭嘉的意见。

郭嘉说："这种说法是对的。但是主公兴义兵，为百姓除暴，诚心诚意地招募天下英雄豪杰，还唯恐他们不来。如今刘备有英雄之名，因走投无路前来投靠，却杀掉他，这将会使您背上谋害贤才的恶名。果真如此，有才智的人士将各自疑虑，改变心意，另选主人，您还去和谁一起平定天下！因除去一个祸患，而失去天下人的期望，这是关系今后安危的关键，您可要想清楚。"

曹操听后笑道："还是奉孝了解我啊。"便厚待刘备，封豫州牧，拨给他一些军队，让他重回小沛，收拢旧部，抗衡吕布。

与曹操的雍容大度相比，吕布的气量就显得狭窄了。得知刘备归附曹操，按照政治游戏规则，此时他再也不能讨伐刘备了，因为背后站的是曹操，而吕布曾经是曹操的手下败将，而且以曹操的实力，早已今非昔比，吕布根本无力抗衡。

如果吕布稍微有点头脑，此时应该派人与刘备和解，就算达不到目的，至少可以缓和一下两人之间的气氛。

但吕布再一次用实际行动证明了他政治觉悟的低幼，他觉得我既然没法打你，我就骂死你，这种思维模式简直犹如三岁孩童一般。

在政治军事斗争中，骂人是常有的事，但那是为了打击对方的士气，树立自己的光辉形象，是政治斗争的延伸，也是一种斗争策略。

但吕布骂人的目的很纯粹，就是给刘备添堵。

吕布特意找来陈郡人袁涣替他写一封信，骂骂刘备。袁涣是何许人也？是刘备在豫州时推举的茂才。

很显然，刘备对袁涣有恩。或许吕布想用这种手段证明刘备很不得人心，可惜的是天下人并非都像他吕布一样恩将仇报，袁涣一口回绝了。

吕布再三强迫，袁涣就是不答应。

恼羞成怒之下，吕布拔出剑威胁袁涣说："你写了这封信，就可以活；不写，就得死！"

袁涣面不改色，笑着回答说："以前只听过有道德可使人感到羞耻，没听过辱骂可以让人羞愧。假如刘备是个君子，他不会因将军您骂他几句，就当回事；如他真是小人，自然会回骂将军，则受到羞辱的是将军您，而不是他。我当初跟随刘备，犹如今天跟随将军，如果有一天，我离开这里，再为别人写信骂将军，难道可以吗？"

袁涣的一席话使吕布感到惭愧，只好作罢。

局外生乱

　　为了麻痹吕布，曹操亲自写信给他，对他大加拉拢。吕布本来就因受到许都方面的冷落而感到很失落，所以，一接到曹操的来信，就立即派陈登带上谢恩的奏章和答复曹操的信，前往京城。

　　吕布的目的本是想借机探听一下曹操的虚实，但没想到，陈登反而被曹操收买了，他一到京城，就将吕布的底细和盘托出，并成了曹操安插在吕布身边的内应。

　　得知刘备从曹操那里转了一圈又回来了，吕布觉得只要刘备还在，自己这个徐州牧就坐得不踏实。建安三年（公元198年），吕布命高顺和张辽去攻打刘备。

　　刘备当然知道，要论单打独斗，自己肯定不是对手，遂派人向曹操求救。曹操刚招抚了刘备，自然要做个样子给天下人看，便派夏侯惇前去援救，但还是被吕布击败了。沛城被攻破，危急时刻，刘备只得再次出逃，撇下妻子在城里，沦为吕布的俘虏。

　　算起来，刘备的老婆这是第二次成了吕布的俘虏。

　　刘备一路狂奔，在梁国国界与曹操大军相遇，与曹操会合后，一同进驻彭城。

曹操打算亲自攻打吕布，手下诸将都担心曹操劳师远征吕布之时，刘表、张绣等人趁火打劫，唯有荀攸坚持说，刘表、张绣他们不敢轻易有所举动，不足为虑，倒是吕布骁勇善战，又和袁术勾勾搭搭，如果他坐大，纵横淮河、泗水之间，必然有其他豪杰响应归附，不如趁他立足未稳，率大军一举消灭了他。

曹操听后，表示很赞同，遂率大军加快行军步伐，前往讨伐吕布。

其实，荀攸的担心不是多余的。其时，泰山军首领臧霸、孙观、吴敦、尹礼、昌豨等都已经归附吕布，如果曹操再观望下去，还不知四周有多少人会因慑于吕布勇猛而投奔他，吕布势力不断壮大，届时必然会挑战曹操，那时候再来决战，势必更加困难。

曹操大军出动的消息很快传到吕布那里，陈宫觉得曹军远道而来，不如以逸待劳，趁曹操尚未防备，主动出击，杀曹操个措手不及。

但是吕布不以为然，他对自己的战斗力信心十足，他傲慢地对陈宫说："公台（陈宫字）你就等着看好戏吧，看我怎么把曹操赶到泗水中淹死！"

然而，吕布没想到，被他信任的广陵郡太守陈登此时早已投降了曹操，转身就作为曹操的先锋，亲自率兵赶到下邳。

但吕布并不把曹军放在眼里，亲自率军迎敌，没想到几次交战下来，都被曹操打败，只好退守城池，不敢出战。

此时，吕布开始有点害怕了。

曹操趁机展开心理战，写信给吕布，对他晓以利害，分析利弊，劝他早日投降，可保富贵。

吕布被曹操的劝降信打动了，意志开始动摇，但是陈宫不同意。他从骨子里就很蔑视曹操，便极力劝阻吕布投降："曹操远来，势不能停留过久。将军不妨率领步、骑兵屯驻城外，我率军驻守内城，互为犄角，与曹军对峙。相信不过一个月，曹军粮食吃光，战斗力下降，我们再行反击，一定会转败为胜。"

吕布听完觉得可行，便同意让陈宫与高顺守城，自己率骑兵截断曹军的粮道。如果真按照陈宫的建议执行，时间一长，说不定吕布真的能迎来战略转机。

然而，吕布是个耳根子软、毫无主见之人，别人稍微一搅局，他就会很快改变主意。

陈宫和吕布刚定下战术方针不久，吕布的老婆便吹起了枕边风："陈宫与高顺向来不和，众所周知，有将军您在，才能镇住局面，让他们同心效力，可一旦您出了城，他们必然会闹矛盾，万一出现什么问题，将军恐怕连容身之地都没有了，届时妾身还指望谁去！"

吕布听完后有些迟疑了，而老婆接下来的一番话让他彻底打消了分兵把守的念头。

"天下谁人不知曹操看重陈宫，犹如父母对待怀抱中的幼儿一样珍惜他，他还不照样抛弃了曹操来投奔咱们？我们待陈宫的条件未必比曹操优厚，您现在把整座城池都托付给他，谁能保证他不会临阵变心？"

可见吕布夫妻俩都一个德行，眼中除了利益还是利益，他们永远无法理解这世间除了利益，还有道义！

形势危急，吕布眼下能想到的唯有一条可走之路，那就是向袁术求救，遂偷偷派许汜、王楷去向袁术求援。

袁术还在为吕布当初悔婚而恼火，说："吕布这是咎由自取，还有什么脸面来找我？"

许汜、王楷说："您现在不救吕布，吕布城破之日，您也快完蛋了，自己也掂量一下吧！"

袁术想想也是，他知道一旦吕布被消灭，曹操的下一个目标就是自己，便集结人马，准备声援吕布。

此时吕布担心袁术因为自己悔婚一事而不肯发兵救援，火烧眉毛之际，再也顾不了父女情深，他与袁术再次约婚，并直接用丝帛将女儿身体裹住，绑到马上，连夜亲自送女儿出城。

谁知刚出城不久，就与曹兵相遇。曹军弓弩齐发，吕布寸步难行，只得又退回城中。

吕布被曹操围困的消息传来，袁术的援军还没到来，河内太守张杨却坐不住了。说起来，张杨和吕布之间谈不上有多深厚的情谊，倒是吕布前后两次弃张杨而去，但或许是张杨念及吕布当日诛杀董卓有功，或许他有英雄情结，对勇猛无比的吕布非常敬慕，当他听说吕布被困，便决定出兵救援。

但是，张杨自身实力有限，不敢与曹操正面冲突，便派人到野王县东市虚张声势，想借此呼应吕布，吓阻曹操。

谁料到，曹操没被吓倒，张杨自己却送了命。

权御之术，其奥妙就在于恩威并施，这样属下才能对你又敬又怕，死心塌地地为你效命。如果管理过于严苛，必然会人心涣散；如果驾驭部下过于宽松，就没有人拿你当回事，而张杨恰恰就属于后者。

张杨性格温和，宽以待人，就算是部下有人叛变，他也只是流泪教训几句，他的属下从没有人因为犯错而承担过责任，或受过惩处。时间一长，也就没有人将他放在眼里了。

张杨决定出兵时，下属中就有人表示不满，毕竟大家都不看好张杨的这个决定，既然明知不是曹操的对手，干吗非要为了吕布这种反复无常之人跟曹操结怨？没多久，张杨被部将杨丑暗杀，杨丑打算跑到曹操那里去请赏邀功，谁料到没走多远，又反被自己的部下眭固所杀。

眭固纠集张杨部下屯军射犬（河南沁阳西北），打算北上投奔袁绍。

河内突发这一系列变化，出乎曹操的意料。他认为，无论如何都要阻止眭固投奔袁绍，不然一旦袁绍搅局，本来和吕布的一场局部战争，就将变成他和袁绍的两雄对决，但眼下他还没有做好与袁绍摊牌的准备。

白门楼

曹操为了避免战争外溢，派史涣、曹仁急攻眭固。

眭固本是黑山军出身，曾经和袁术一起攻打东郡，为曹操所败，走投无路之下，投奔张杨。由于有这段过节，他不敢向曹操投降，唯有投奔袁绍。

眭固字白兔，他驻扎射犬时，有个巫师曾告诫他说："将军字中有兔，这座城名有犬字，兔见犬，能有好下场吗？劝将军赶紧收拾一下，早点离去。"

眭固自然不会将巫师的话当真。没多久，射犬被史涣包围，眭固死于非命，余众皆投降了曹军，曹操乘势吞并了河内郡。

可以说得到河内完全是在曹操意料之外的，但如此一来，曹操的势力范围就扩展到了袁绍地盘的边缘，袁绍顿时有了危机感，两人之间的对决看来不可避免地将提前到来。

曹操此时也在与时间赛跑，因为他不想将战线拉得太长，对于客场作战的他来说，时间越久越不利。于是，为了胁迫吕布投降，曹操下令围绕下邳城挖掘壕沟，做出要引水灌城的架势。

　　此时大军连续作战时日已久，加上高强度的土方挖掘作业，战士们都疲惫不堪，但吕布似乎没有被吓倒，丝毫没有要投降的迹象，曹操感到有些泄气，便有撤兵的打算。

　　毕竟，在外日久，他害怕许都后院生乱。

　　荀攸、郭嘉都不同意，他们分析道："现在到了最关键的时刻，就是拼意志，绝不能退缩撤兵。战事在消耗我们的斗志，对吕布又何尝不是？吕布此人有勇无谋，现在连战连败，锐气已经被消耗得差不多了。吕布此人主要依靠陈宫给他谋划，但陈宫此人智略有余、变通不足，况且吕布不一定听他的。再说两军交战，不仅仅是看双方的军力和后勤物资保障，更要看双方主帅的意志，估计现在吕布的意志都被消磨得差不多了，只要主公您坚定信心，战败吕布是迟早的事。"

　　二人建议曹操，趁着吕布意志薄弱、士气低落之时，加大对吕布的攻势。

　　曹操听完后，便下定决心，不消灭吕布绝不撤兵。

　　没多久，曹军开凿沟渠工程完成，引来沂水、泗水灌城。下邳城在水中泡了一个月后，吕布熬不下去了，他登上城头对曹军喊话："你们不要这样逼迫我，我要向明公自首。"

　　陈宫说："曹操不过是个逆贼，怎配称他为明公！现在投降，无疑是拿鸡蛋碰石头，自己送死！"

　　经过陈宫的一番劝说，吕布总算暂时打消了投降的念头。谁知，此后没多久发生的一件看似不起眼的小事，成了压垮吕布的最后一根稻草。

　　吕布的部下侯成丢失了一匹好马，非常痛惜，但没过多久，又找了回来，他自然是大喜过望。对于一个军人来说，没有什么能比这个更令人开心的了。曹操大军围城数月，城内气氛非常沉闷，将士们都感到很压抑，恰好遇到这件喜事，大家便觉得可以趁这个机会，聚在一起乐和一下，顺便也缓和一下紧绷的神经。

这本是人之常情，没什么大不了的。

将领带着礼品都去恭贺侯成，侯成心情愉快，设宴招待大家，当然无酒不成席，免不了要请来宾喝几杯。

侯成知道吕布心眼小，酒席之间，没忘了同时给吕布送去一份酒肉，但他却不知，自己无意间违反了吕布刚下的禁酒令。

原来吕布因被酒色所伤，担心将士们酗酒误事、耽误军情，故下令军中严禁饮酒。所以当他看到侯成送来的酒肉，非但没有欣慰之意，反而怒火冲天：我再三申明，军中禁止饮酒，你们这是拿我的话当耳旁风吗？

如果吕布仅仅停留在这个意思，以违反禁酒令狠狠斥责一番侯成等人，大家就算感觉有点扫兴，心中不痛快，但因为自知理亏，也就罢了。

毕竟，无论是吕布还是将士们，大家都知道如今大敌当前，闹内讧对谁都不好。

但谁也没料到，吕布拿这件可大可小之事上纲上线，公然斥责说："你们私下聚在一起想干什么，难道在谋划如何害我吗？"

这话传出来，侯成非常害怕。他知道吕布的性格，翻脸不认人，如果他揪住不放，恐怕自己性命难保。

建安三年（公元 198 年）十二月二十四日，侯成与宋宪、魏续等发动叛乱，捉拿住陈宫、高顺，率领部众归降曹操。

吕布文靠陈宫，武靠高顺，如今这两人都被劫持去了，等于断了双臂，一时间惊慌失措，登上了下邳南城门的白门楼。远远望去，但见城外到处都是曹操的人马，吕布顿时感到大势已去，沉重的失败感笼罩在心头，一时间灰心绝望至极，便让手下杀了自己，提着人头前去归降曹操。

吕布身边的士卒都是追随他多年之人，一时间都难以下手，吕布又没有自杀的勇气，只好走下城楼，向曹操投降。

缚虎岂能不用劲

吕布被人捆绑住后，押送到曹操面前。

都沦为阶下囚了，吕布依然驴死不倒架，自视甚高，一看到曹操，就大老远地冲着曹操喊道："恭喜曹公，从今以后，天下可以平定了。"

曹操不解，便问他："为何这么说啊？"

吕布大言不惭地说："您所顾忌的人不过是我吕布。我现已归顺，接下来，我率领骑兵，您自统步兵，咱们强强联合，天下无人能敌。"

曹操被吕布一番话逗得哈哈大笑。此时，吕布看见曹操身旁的刘备，便大声说："刘玄德，君为座上客，我沦为阶下囚，绳子把我捆得太紧，难道就不能替我说句话吗？"

曹操再次被逗乐了，大笑道："像你这样的猛虎，不捆紧一些能行吗？"曹操欣赏吕布的勇猛，一时间动了惜才之意，便想把吕布放了。

曹操回过头来看着刘备，想听听他的意见。

刘备不动声色，只是淡淡说了一句话："曹公难道没看见丁原与董卓的下场吗？"

刘备的一席话立刻让曹操警醒起来，知道像吕布这种反复无常之人是不可信的，如果今日因爱才放过了他，他日必为祸患，放虎容易捉虎难，他曹孟德绝不能重蹈丁原与董卓的覆辙。

于是，曹操缓缓点了点头。

吕布本来已经从曹操的眼神中看到了一丝生机，不料却被刘备一席话搅黄了，顿时急了，大声说道："大耳朵那家伙说的话，曹公且不可信！"

刘备耳朵比常人的要大得多，因此，吕布这样称呼他。

曹操此时已懒得再听吕布聒噪，遂用眼角扫了一圈台阶下的陈宫、高顺、张辽等人。其中，陈宫算是曹操的故人了，两人曾经有过一段不错的共处时光，待到再次相见时，却已是敌对双方。曹操念及旧情，不想让陈宫死，却又不想直说，想让陈宫主动求饶，自己好顺坡下驴，遂徐徐对陈宫道："公台你平生自以为智谋有余，现在为何沦落至此？"言语间充满了揶揄之意。

陈宫听出了曹操的话外之音，但他是性格刚烈之人，便指着吕布说："是此人不用我计，才落到这样的下场。但凡他听我一言，今天或许又是另外一番景象了。"

曹操碰了个钉子，便想用亲情打动他。

"公台想过你的老母往后怎么办吗？"

陈宫答道："我听说以孝道治理天下的人，不伤害别人的双亲，我老母的生死取决于您，而不在我。"

曹操只好又退一步说："那你妻子儿女怎么办？"

陈宫答道："我听说施仁政于天下的人，不灭绝别人的后代，妻子儿女的生死，您看着办！"

曹操听完后，沉默了良久，没有再说一句话，他知道，陈宫主意已决，无需再饶舌。

双方就这么静默了一段时间，陈宫不想再这么等下去，他知道每多耗一分钟，对他对曹操都是一种折磨，便催促快点行刑。

曹操只好点头同意，陈宫傲然转身阔步往外走。曹操本以为陈宫的倔强和固执是做给外人看的，至少他内心里还为他存有一席之地。因此，他眼巴巴地望着陈宫的背影，心中期盼他哪怕是回过头再看他一眼，都会感到些许欣慰，但他最终失望了，陈宫一直迈步向前，自始至终都没有回头。

曹操总算明白了，他在陈宫心中已经彻底死了。那一刻他感到痛心、失落、难过，各种感觉一起涌上心头，忍不住两行热泪滑下脸颊。

与陈宫一样，高顺也沉默不语，只求速死。

曹操没料到，平日勇猛无比、令天下人胆寒的吕布，面对死亡时却流露出恐惧和胆怯，不惜摇尾乞怜，倒是陈宫、高顺这些平常不起眼的人，临死前表现得倒像个大丈夫、伟男子！

陈宫与吕布、高顺全都被绞死，头颅被送到许都。

后来，曹操把陈宫的母亲召来，赡养她直到去世，又为陈宫女儿操办婚事，终其一生都对陈宫家属照顾有加，待遇比当初陈宫跟随自己时还要丰厚。

前尚书令陈纪与他儿子陈群也在吕布军中，曹操对他们全都以礼相待，任用他们为官。张辽率领他的部下归降，被任命为中郎将。

臧霸自己逃到民间隐藏起来，曹操悬赏将他捉拿归案。寻得臧霸，曹操非常欢喜。臧霸还给他带来了两个旧部下——徐翕、毛晖。

兖州之乱时，徐翕、毛晖都背叛了曹操，事后又投奔了臧霸。曹操最恨叛徒，便传话给刘备（刘备当时是徐州牧，是臧霸的上司），要臧霸赶紧把人交出来。

但臧霸没有被曹操的威逼吓倒，反而让刘备回话给曹操，称出卖朋友这种事我做不出来。曹操得知后，非但不生气，反而很欣赏臧霸的胆识和为人。

由于臧霸的缘故，曹操没有再追究徐翕、毛晖的罪行，还让他们继续做官。

后来，吴敦、尹礼、孙观等这些先前追随过吕布的人，在臧霸的感召下也都归降了曹操。曹操对琅邪和东海进行了分割，增设城阳、利城和昌虑三郡，将臧霸等人全都任命为郡太守和封国国相。

煮酒论英雄

建安三年岁末（公元 199 年初），曹操消灭了吕布，总算是除掉了这一心头大患。

在这场军事行动中，曹操有得有失，在作战手法上也发生了很多变化，更多地采用心理战术。当年十月他对彭城采取屠城的策略，就是想通过这种大规模屠杀震慑敌人，使得对手丧失抵抗的勇气；与此同时，他也采取种种手段笼络人才、收买人心，而不是只一味地依靠杀戮。

就算是陈宫，虽然宁死也不投降，但他对曹操的称谓也有了微妙的变化，他不再称曹操为逆贼，而是改称明公。这其中当然有为身后家人处境考量的因素，但同时，又何尝代表着陈宫对曹操的态度有了细微的变化？

所有这些昔日的朋友、今朝战场上的劲敌、昨天的敌人、今天又属同一战壕的盟友，都在为重新一统天下而较量，这个过程，必将是血流成海、尸骨如山。那么，究竟会是谁带领大家还天下百姓一个清平世界呢？

在建安三年（公元198年）的寒冬，天下格局开始渐渐清晰，世人都觉得，将来执掌天下的，必是袁绍和曹操中的一人，而曹操也开始以荡平四海为己任。

在所有人都认为曹操最大的劲敌是袁绍时，曹操却隐隐然觉得其实另有其人，此人便是刘备。

至于是什么原因，曹操一时间也说不准，只是觉得别看刘备以仁厚面目示人，但在他那张貌似忠厚仁义的面孔下，曹操看见了他的狡诈和野心。

刘备说的那句促使曹操下定决心杀掉吕布的话，让曹操颇为不安。其实曹操何尝不明白，刘备这番话表面上是为曹操着想，实则是嫉恨吕布从他手中夺走徐州，想借自己之手报一箭之仇。

对于吕布这种只懂匹夫之勇的人，曹操并不担忧，倒是刘备让曹操捉摸不透。

如今徐州已经平定，接下来该怎么办？

按照逻辑，吕布是从刘备手中夺走徐州的，如今吕布已死，就该让刘备官复原职，重新担任徐州牧。

但曹操不傻，费了这么大劲，才把徐州平定，到嘴的肉岂能吐出来？他知道刘备此人雄心不小，让他有了地盘，以后会比吕布还难对付。

那该怎么办？

杀又杀不得，放又放不得，如何安置刘备，颇让曹操费神。

最后他想出一个既可以说得过去，又可以避免纵虎归山留下隐患的办法，就是给刘备升官，让他到京城去做官，将他置于自己眼皮底下，就算他有天大的本事，变成无本之木后，还能掀起什么风浪来？

于是，曹操让车胄出任徐州刺史，留守徐州，刘备被授为左将军，跟曹操回许都。

可以说，曹操此次远征吕布一举多得，不但除了吕布这一大威胁，收服了刘备这个隐患，而且扩大了地盘、稳固了后方，以后与袁绍对决之时，再无两线作战的顾虑。

回到许都后，曹操对刘备的警惕并没有放松，时不时找刘备来吃饭喝酒，言谈之间，近距离观察刘备，看他是否安稳老实。

两人的这些会谈，被写进了小说《三国演义》中，就成了著名的煮酒论英雄的故事。

车骑将军董承暗中接到献帝的"衣带诏"，要他除掉曹操。事关重大，董承开始主动联系人帮忙，其中就有刘备，众人歃血会盟，然后一起搞了个投名状。

为了麻痹曹操，刘备装得跟没事人一样，回到住的地方种菜，表示自己安分守己，没有异心。

有一次，曹操请刘备过府喝酒。两人一见面，曹操便说："眼下正逢梅子成熟，我用青梅煮了一些酒，请你尝尝。"

按照目前的处境，刘备明白宴无好宴、酒无好酒，只好有一搭没一搭地喝着，随口应付曹操。

曹操说："反正闲着也是闲着，我们不如来讨论一下当今谁是英雄。"刘备谦虚说："我何德何能，哪有资格讨论英雄啊。"

曹操说："不就是闲聊嘛？何必当真，随便说说不要紧。"

于是，刘备掰着指头说："袁术你看咋样？够得上英雄不？"

曹操摇头说："不过是冢中枯骨耳！吾早晚必擒之。"

刘备又说："河北袁绍，四世三公，门多故吏；今虎踞冀州之地，部下能事者极多，可为英雄？"

曹操轻蔑地说："袁绍色厉胆薄、好谋无断，干大事而惜身，见小利而忘命，非英雄也！"

刘备又接连列举了刘表、刘璋、张鲁、孙策等这些当时割据一方诸侯，都被曹操一一否决。

刘备觉得无话可说了，他不知道曹操葫芦里卖的什么药，便摇头说："那就请恕我孤陋寡闻，实在想不到还有谁了，还望明公不吝赐教。"

曹操用手指了一下刘备，又指了一下自己说："今天下英雄，唯使君与操耳。"

刘备正准备下筷夹菜，听闻曹操此言，顿时手一抖，筷子掉地上了。

恰好此时天上打雷，刘备就借口受到雷声惊吓，将此事掩盖过去，曹操也没太计较。

经过此事，刘备开始心虚了，觉得自己无论怎么掩饰和伪装，也瞒不过曹操的眼睛。自己的雄心壮志被识破，许都看来是待不下去了，应该早做谋划，逃出曹操的魔掌。

煮酒论英雄这件事，并不是完全由《三国演义》虚构出来的，其在《三国志》和《后汉书》中也有类似的记载，只不过小说使得这次会面显得更加生动罢了。《三国志·先主传》中的相关记载如下：

曹公自出东征，助先主围布于下邳，生擒布。先主复得妻子，从曹公还许。表先主为左将军，礼之愈重，出则同舆，坐则同席。袁术欲经徐州北就袁绍，曹公遣先主督朱灵、路招要击术。未至，术病死。先主未出时，献帝舅车骑将军董承辞受帝衣带中密诏，当诛曹公。先主未发。是时曹公从容谓先主曰："今天下英雄，唯使君与操耳。本初之徒，不足数也。"先主方食，失匕箸，遂与承及长水校尉种辑、将军吴子兰、王子服等同谋。会见使，未发。事觉，承皆伏诛。

从这段话可以看出，曹操无论是出自真心，还是做表面文章，都对刘备礼遇备至。

那么，曹操为何要对刘备说那番话呢？是英雄惺惺相惜，还是旁敲侧击，敲打刘备要懂得进退、收敛野心，不要抱有妄想痴念？

对此，史学界历来有争议，不少研究者站在不同角度给出各种推测和剖析。但后来发生的事实在是一团迷雾，让人看不清真相，谁也没法说得清曹操当时的真实想法。

比如说，曹操怀疑刘备的野心，挑明了，刘备就是他以后争夺天下的最有力竞争对手。既然如此，曹操为何不干脆把刘备杀了，以绝后患，至少也要把刘备软禁起来才是。

但奇怪的是，其后没多久，曹操还借兵给他，让他拦截袁术（当时，正值走投无路的袁术准备北上投奔袁绍），这样做无疑是放虎归山，难道以曹操的聪明就看不出来，刘备此去无疑是龙归大海，一去不返吗？

既然他如此警惕刘备，为何还要放走他？

真实原因究竟为何，我们不得而知，但毫无疑问，放走刘备是曹操一生中所做的最大误判。

刘备逃出许都，带着曹操借给他的兵，一回到徐州，把曹操任命的徐州刺史车胄杀掉，自己占了徐州，紧接着袁术也死了，他又少了一个外敌。此时的曹操说什么都晚了，他还没来得及讨伐刘备，后院就起火了，一场针对他的政变活动正在暗中紧锣密鼓地酝酿着，许都又将迎来一场血雨腥风。

第十三章

官渡赌局

"衣带诏"疑云

刘备之所以着急离开许都，是因为涉嫌参与了一场针对曹操的阴谋政变，但不知何故，刘备提前溜走了。

这次政变并没有因刘备的缺席而被搁置，反而还在暗中继续发展。

此次政变的主要策划人和发起者是车骑将军董承，据说他暗中接到汉献帝密诏，要他诛杀曹操。

这件事的来龙去脉大致是这样的。

汉献帝迁都许都以后，由于曹操飞扬跋扈，他处处受气，感觉自己这个皇帝做得实在窝囊，忍无可忍之下，决定铤而走险，与曹操殊死一搏。

但环顾四周，当初共患难的汉室老臣现在被曹操清洗得所剩无几，能够委以重任且可以信得过的，就只有董承了。一来董承曾经跟随他千里大逃亡，从长安到洛阳的这一路上忠心耿耿、生死相随、不离不弃；二来董承是汉献帝妃嫔董贵人之父，毕竟是姻亲，相对于外人，更靠得住。

于是，汉献帝密召董承入宫，将带血诏的衣带赐给了他。原来汉献帝在血诏中历数曹操的罪行，要董承联络忠义之士，铲除曹操！董承平素也对曹操不满，于是暗中去找侍郎王服、长水校尉种辑商议。这两人都是他的至交，也对曹操独揽大权表示不满。读了血诏之后，几人即起誓立盟，决心效忠汉献帝。

正在这时，曹操凯旋。曹操特地上表为刘备奏请军功，汉献帝获知刘备是中山靖王之后，按辈分该称他皇叔，有意拉拢他作为铲除曹操的主力军，便立即封刘备为左将军，董承等人也觉得刘备将成为他们的中坚力量。

一天夜里，董承带着"衣带诏"来见刘备。刘备慌忙迎出，并说："国舅深夜来此，定有要事。"董承便将"衣带诏"一事告诉刘备，刘备正好有了反曹的理由，就说："既然是奉诏讨曹，备一定效劳。"从此，刘备便暗中联络将士心腹之人，准备择机除掉曹操；表面上继续装出一副胸无大志的样子，蒙蔽曹操。

其实，早在刘备开始投奔曹操时，曹操手下就有人建议曹操杀了刘备，以除后患。当时曹操的势力还不算大，正值他网罗天下人才、收买人心之时，不能因为杀一个英雄而吓走天下贤士。此时，曹操虽依旧没有对刘备下手，但形势却已经大不相同。刘备知道曹操疑心很重，因此特别低调。经常在后园种菜，还亲自浇灌，装出一副胸无大志的样子。曹操虽然并不知道"衣带诏"的事，但对刘备一反常态、埋头种菜的举动，多少有些怀疑。

曹操决定利用煮酒论英雄来试探刘备，不想被刘备侥幸掩饰过去。但事后刘备仍心有余悸，怕再待下去，必遭曹操毒手。于是，他一面与董承等积极筹划策反，一面暗中与关羽、张飞商量脱身之计。凑巧此时袁谭从青州去迎袁术，袁术要从徐州经过，刘备就主动提出去截击，曹操因为刘备熟悉那一带的情况，就同意派他前往。

刘备立即受命启程。

程昱、郭嘉等听说刘备带着关羽、张飞走了，连忙劝曹操万万不可放走刘备。曹操心中也非常后悔，马上派人去追，可是，刘备早已如鸟入天空、鱼入大海，逃远了。

不到一个月，刘备就在徐州杀了曹操派在那里的守将车胄，自己做了徐州牧，留关羽驻防下邳，自己据守小沛。由于有皇叔的身份，刘备的号召力很大，东海郡及其他郡县都纷纷背叛曹操、归降刘备，其部众不久就有了几万人。刘备便派人到袁绍处缔结同盟，共同对付曹操。

建安五年（公元 200 年）春，董承联络王服、种辑，准备约定刘备内外夹攻，一举消灭曹操。不料，计划泄露，曹操知道自己差点被暗算，大怒，立即将董承、王服、种辑等人及其全家老小悉数诛杀。这还不够，怒气未消的曹操又带剑来到宫中，命将士把董贵妃推出去斩了。

当时，董贵妃已有身孕，汉献帝乞求曹操，希望他网开一面，但被曹操冷酷无情地拒绝了。

很多人把董承事件当作汉献帝与曹操关系恶化的一个标志，其实这种说法并不完全正确。吕思勉在《三国史话》中就对"衣带诏"的真实性表示了怀疑。我们来看一看史书的记载。《三国志·先主传》中说："献帝舅车骑将军董承辞受帝衣带中密诏，当诛曹公。"很多人会误认为是汉献帝下密诏给董承，可这件事由董承自己说出，可信度有多少？这就是为何《三国志》和《资治通鉴》对"衣带诏"的真实性都表示了怀疑。袁宏的《后汉纪》更是直接对此表示否定，连"衣带诏"这三个字都没出现。范晔《后汉书》倒是持肯定态度。《后汉书·董卓传》中记载："帝忌操专逼，乃密诏董承，使结天下义士共诛之。"《后汉书》成书较晚，其史学价值上不能与《三国志》相比，且有刻意抹黑曹操之嫌。董承是牛辅（董卓女婿）的余孽，是西凉系军阀，怎么会是公忠体国的人呢？另外，在曹操迎奉天子初期，他与汉献帝关系不错，皇帝怎么会让董承杀曹操呢？这不过是曹操与董承的矛盾而已。

曹操平定了宫中的阴谋之后，便要派兵去讨伐刘备，将士们都反对，认为应该先除掉袁绍，他们表示："与明公争天下的是袁绍。如果我们东征去攻打刘备，北方的袁绍趁机打过来，到时该怎么办啊？"

曹操说："刘备胸怀大志，若不及早采取行动，后患无穷。"郭嘉同意曹操的决定，接过来说："袁绍反应迟钝且性情多疑，即使发动攻击，也不会太快；刘备刚刚兴起，人心还没有完全顺服，我们如果出其不意，他一定会失败。"曹操于是率军东征。

袁绍的谋士田丰闻听曹操远伐刘备，必定后方空虚，立即向袁绍建议道："曹操远伐刘备，刘备向来处事谨慎，曹操不可能速胜。此时如果我们挥军直袭曹操的后路，可以一举成功。"袁绍却因为幼子患病正重，不愿发兵。田丰为袁绍丧失了这么好的机会而感叹不已："唉！千年难逢的机会竟然毁于一个孩童，真是让人难以相信，我们大势去矣！"

何去何从

　　曹操迅速抵达徐州大破刘备。刘备突出重围，仓皇出逃，投靠袁绍去了。这时，关羽还守着下邳，刘备的家小也在那里，曹操又继续攻打下邳，关羽被逼暂时投降，刘备的家人也当了俘虏。曹操也立刻撤兵，以防袁绍偷袭。

　　经过一系列的征伐，曹操的军事实力得到了提升，再加上迅速平定了汉献帝的阴谋，他的政治影响力也大幅增强，朝廷内外莫不被他震慑。

　　此时的刘备已经有了几万兵丁，包括曹操的旧部——东海郡的昌豨等人带来的人马。他完全有实力与曹操一决雌雄，谁知却忽然怯场，见到曹操的旌旗就下令撤退，弃军而逃，丢掉了妻子儿子，也丢掉了固守下邳的关羽。这件事实在窝囊，有损刘备的形象，以至于后世司马光都觉得这是别有用心之人的故意污蔑。

　　但刘备吃了败仗，确是事实。不仅妻子与关羽都在下邳被俘，张飞与他的一支官兵也被打得与刘备的主力失掉联络，逃往汝南郡（今河南正阳一带），跟黄巾首领刘辟合在一起。刘备自己则带了少数人，去青州找袁谭。

袁谭是袁绍的大儿子。袁绍是刘备的同学兼老上司公孙瓒的死敌。袁绍杀了公孙瓒，那么站在刘备的立场来说，袁绍就是自己的仇人，又怎么可以去找他的大儿子袁谭呢？

原因在于，刘备当时的处境太惨。当年，吕布到了天下无容身之地的时候，还有一个河内太守张杨帮扶。吕布被曹操围困在下邳，张杨还带兵来救，结果死在途中。但此时的刘备，除了关羽、张飞等一班追随兄弟之外，没有任何一个地方诸侯可以依靠。

因此，实在无路可走的刘备只得硬着头皮去青州投奔袁绍的大儿子袁谭。在袁绍与曹操两个仇人之间，袁绍是旧仇人，曹操是新仇人；袁绍是间接的仇人，曹操是直接的仇人。新仇旧恨之间，刘备决定，将命运与生命交递到袁绍的手中。

刘备在做豫州牧时，曾推举袁谭为茂才。东汉的茂才比孝廉略为高些，袁谭未必稀罕这个茂才资格，不过刘备推举他，多少也是一份厚谊。袁谭对刘备之做法，就算没有好感，至少也不会讨厌。袁谭听说刘备想来青州，就立刻带了步兵与马队前去迎接。

袁谭向袁绍报告了刘备的情况，袁绍随即派了大将带领人马来请刘备到袁绍的大本营邺城相见。

袁绍亲自出城郊相迎。建安五年（公元 200 年）春天的刘备，不过是曹操的败军之将，是穷无所归、觍颜来投旧敌的可怜人，为什么袁绍要对他如此礼遇呢？

原因是，刘备的物质力量虽小，精神力量却很大。谁有了刘备，谁就可以提升自己的地位，增强自己的号召力。

刘备所靠并非《三国演义》一书中所称的"皇叔"这一金字招牌。他和汉献帝的血缘极其疏远，只不过是远房本家而已。

　　刘备的精神力量在于人心所向。他之所以深得人心，一是对朋友有信义，二是对老百姓仁慈。

　　无论刘备到了哪里，关羽与张飞总跟着他，即便是暂时分开，关、张二人也迟早会不辞辛苦地跑来和他相聚。不仅关羽、张飞如此，此后的赵云、麋竺、徐庶、诸葛亮也是如此。

　　庞统、黄忠、张松、法正、严颜、马超、刘巴、李平、马良等文武奇才，只要是和他见了面，都愿意和他在一起。他之所以能获得那么多人才的爱戴，是由于他秉性真诚，习惯于对朋友推心置腹、无话不谈，且总是先向朋友表达自己的信任，自然也就换得了朋友们对他的信任。

　　他对泛泛之交也很愿意帮忙、出力，他救过孔融，也救了陶谦，他甚至收留了吕布这样的反复无常之人。

　　刘备对老百姓好，把老百姓的困难放在心里，并努力予以解决。当年，他在平原当县令与国相之时，便已做到了"外御寇难，内丰财施"。

　　青州的人民，不仅是平原国的，还包括其他各郡各国的，都很爱戴他；青州的人民，不仅汉人，就连幽州的乌桓人与其他外族人，都愿意跟他这位"刘使君"到海角天涯。他们加入几千饥民的行列，奔向徐州、援救陶谦、抵抗曹操。

　　当时，刘备自己的兵仅有一千左右，加上这几千饥民，声势也不小。但这声势也只是表面功夫而已，如何对抗得了曹操？

　　陶谦把屯在徐州的、从家乡丹阳招来的四千名士兵都拨给他。刘备之所以名满四海、人心所向，不是没有道理的。

　　刘备向袁绍贡献了一条计策，同时也是向袁绍讨了一个差使：请袁绍派他到汝南郡，联络当地的黄巾军首领刘辟，袭击许县。袁绍同意了，还拨了一些兵给他。这时候，他的旧部军官与兵士中也已经有不少人陆续从徐州辗转来到邺县找他，这使得他又有了一支相当像样的部队。

他带着这支部队与袁绍的兵一起到了汝南，与刘辟及刘辟的朋友刘邵会合在一起，占领了隐强县（临颍县以东）。其他各县的人民纷纷揭竿而起，响应刘备，使得曹操在许县及其以南各县的大小官吏都害怕起来。

曹操派遣曹仁带领骑兵来战，才把隐强与其他各县夺回。

刘备不敢和曹仁久战，便离开豫州，到冀州魏郡邺县向袁绍复命。

一纸檄文

袁绍听说曹操杀了董承、董贵妃，又把汉献帝软禁起来，便抓住这个机会，命文记官陈琳写了一篇声讨曹操的檄文，指责曹操威胁天子、残害忠良，败法乱纪、骄横残暴；还嘲笑曹操出身微贱，是"赘阉遗丑"，号召天下豪杰共讨曹操。

陈琳的文字功夫非常了得，下笔千言，洋洋洒洒，将曹操祖宗八代都骂了个遍。檄文传到许都时，曹操正在生病，当他看到陈琳这篇檄文时，不由得惊出了一身冷汗，恐慌之下，病都好了一半。

再说袁绍那边，为了扩大战线，他还派人去游说刘表、张绣，希望同他们联合起来，南北夹击曹操。不想刘表却被支持曹操的张羡所困，难以抽身北顾。张绣不但没有和袁绍联合，反而听从了谋臣贾诩的建议，归附了曹操。曹操为了稳固后方，和他冰释前嫌，以厚待接纳。

是否马上与曹操决裂，袁绍内部也出现了激烈的争论。田丰、沮授都持反对意见。田丰劝袁绍说："曹操既然击败刘备，则许都已不再空虚。而且曹操善于用兵、变化无穷，其兵马虽少，却不可轻视。现在不如按兵不动，与他相持。将军据守山川险固，拥有四州的民众，对外结交英雄，对内抓紧农耕，加强战备。然后挑选精锐之士，分出来组成奇兵，令其频繁攻击曹操薄弱之处，扰乱黄河以南。敌军救右，我军则击其左；救左，则击其右，使得敌军疲于奔命，百姓无法安心生产。我们没有劳苦，而敌军陷入困境，不用三年，就可坐等胜利。若现在放弃必胜的谋略，而要以一战来决定成败，万一不能如愿，后悔就来不及了。"

袁绍根本听不进去，没有采纳。

田丰的竭力劝谏惹怒了袁绍，认为田丰在扰乱军心，给他戴上刑具，关押起来。袁绍通告各州、郡，宣布曹操的罪状。

建安五年（公元 200 年）二月，袁绍下令进军黎阳。

极度失望的沮授在袁绍大军出征前召集宗族，把自己的家产分给族人，说："势存则权威无所不加，势失则连自己性命都保不住，真是可悲！"

他弟弟沮宗说："曹操的兵马比不上我军，您为什么害怕呢？"沮授说："凭曹操的智慧与谋略，又挟持天子作为资本，我们虽大败公孙瓒，但士兵实际上已经疲惫不堪，加上主上骄傲、将领奢侈，全军覆没，就在这一仗了。"

天下诸侯对即将到来的袁绍、曹操大战，基本都保持中立观望的态度。

袁绍自恃兵强地广，决定与曹操开战。他命大将颜良、文丑为先锋，刘备为后阵，自己带领主力，浩浩荡荡杀奔许都。

袁绍派大将颜良到白马进攻东郡太守刘延，沮授说："颜良性情急躁狭隘，虽然骁勇，但不可让他独当一面。"袁绍不听。四月，曹操率军向北援救刘延。荀攸说："如今我们兵少，不是袁军的对手，只有分散他的兵力才行。您到延津后，做出准备渡河袭击袁绍后方的样子，袁绍必然向西应战。然后，您率军轻装急进，袭击白马，攻其不备，就可击败颜良。"曹操听从了荀攸的计策。

袁绍听说曹军要渡河，就分兵向西阻截。曹操于是率军急速向白马挺进，还差十余里，颜良才得到消息，大吃一惊，前来迎战。曹操派张辽、关羽做先锋，关羽望见颜良的旌旗伞盖，遂策马长驱直入，在万众之中刺死颜良，斩下他的头颅而归，袁绍军中无人能够抵挡。由此，曹操解了白马之围，还把全城百姓沿黄河向西迁徙。

袁绍要渡过黄河进行追击，沮授劝阻他说："胜负之间，变化无常，不能不慎重考虑。如今应当把大军留驻在延津，分出部分军队去官渡，如果他们告捷，回来迎接大军也不晚；如果大军渡河南下，万一失利，大家就没有退路了。"

袁绍刚愎自用，根本不听劝告。在渡河时，沮授看着滔滔大河，若有所思地叹息道："主上如此狂妄自大，下边将领只会贪功，悠悠黄河，我们能成功吗？"

眼看袁绍根本听不进意见，沮授便想称病辞职。袁绍知道他是在使性子，所以故意不批准，又因心中怀恨，就解除了沮授的兵权，把他率领的军队全部拨归郭图指挥。

赢得时间差

白马得胜后，曹操认为在白马的前哨守不住，就沿着当时黄河的南岸向西面走，抵达酸枣县东南一个叫作延津的渡口，在南阪下安营。曹操派人登上高处侦察，很快便得到回报："敌军大约有五六百骑兵。"一会儿，又得到报告说："骑兵逐渐增多，步兵不可胜数。"曹操说："不必再报告了。"命令骑兵解下马鞍，放马休息。

这时，从白马运送的辎重已经上路，将领们认为敌军骑兵多，不如回去守卫营垒。荀攸说："这正是要引敌上钩，怎么能离开？"曹操看着荀攸微微一笑。袁绍的骑兵将领文丑与刘备率领的五六千骑兵先后赶到，将领们请示："是否可以上马了？"曹操说："还没到时候。"又过了一会儿，袁军的骑兵更多了，有的甚至已开始攻击曹军的辎重车队，曹操说："时候到了。"

于是曹军全体骑兵上马。当时曹军骑兵不到六百人，曹操挥军猛击，大破袁军，斩杀文丑。文丑与颜良都是袁绍军中有名的大将，却于两次交战中先后被曹军杀死，沉重打击了袁军的士气。

关羽因解白马之围有功被封为汉寿亭侯，自认为杀颜良帮了曹操的大忙，足以回报曹操的厚待，便放弃了全部赏赐并留书出走，重归刘备。曹操敬慕关羽的忠诚，不许手下追赶他。

随后，曹操退到济水以南，在中牟之东的官渡扎营，袁绍留在延津扎营。决定曹操和袁绍命运的官渡之战，就此拉开序幕。

大战在即，双方都加紧备战。总体来说，袁军无论兵力还是物资都占优势，袁军兵力至少十万人，而曹操不过两万余人。

双方实力悬殊，给曹军上下造成了很大的心理压力。而就在这时，曹营中发生了一次针对曹操的刺杀事件。

从士徐他等图谋造反，但由于许褚总伴随在曹操左右，无从下手。在许褚离开休息期间，徐他等人怀刀进入军营。回到家后的许褚突然心动，立即返回曹操帐中侍卫。徐他等人对此并不知情，所以当入帐看见许褚时皆大惊，连脸色都变了。许褚见状立即把徐他等人杀掉。

就这样，一场刺杀总算有惊无险，但其惊心动魄的程度可想而知。

不过，曹操率先击溃刘备，等于在战略上赢得先机，然后又抢占官渡，掌握了战争主动权，等袁绍反应过来时，双方已形成对峙之势。曹操的聪明之处就在于很巧妙地抢得了时间差。

首战告捷，这极大地鼓舞了曹军的士气，为下一步战胜袁绍增强了信心，而军队的士气往往是决定战争输赢的关键。

曹操为了牵制袁绍，防止袁军从东面袭击许都，派臧霸率精兵自琅邪入青州，占领齐都（今山东临淄）、北海（今山东昌乐）、东安（今山东沂水）等地，巩固右翼；令于禁率步骑二千屯守黄河南岸的重要渡口延津（今河南延津北），协助扼守白马（今河南滑县东，黄河南岸）的东郡太守刘延，阻滞袁军渡河和长驱南下；令主力在官渡（今河南中牟东北）一带筑垒固守，以阻挡袁绍从正面进攻。

曹操知道袁绍志大才疏、胆略不足、刻薄寡恩、刚愎自用，兵多而指挥不明，将骄而政令不一，因此采取的战略方针不是分兵把守黄河南岸，而是集中兵力、扼守要隘、重点设防、以逸待劳、后发制人，集中数万兵力抗击袁绍的进攻。

毫无疑问，以当时的情势而言，曹操这种部署是得当的。

袁绍兵多而曹操兵少，千里黄河多处可渡，如分兵把守则防不胜防，不仅难以阻止袁军南下，且会使自己本已处于劣势的兵力更加分散。其次，官渡地处鸿沟上游，濒临汴水。鸿沟运河西连虎牢、巩、洛要隘，东下淮泗，为许都北、东之屏障，是袁绍夺取许都的要津和必争之地。另外，官渡靠近许都，后勤补给也比袁军方便。

乌巢一把火

　　沮授虽然被冷落了，但最终还是按捺不住，劝袁绍说："我军数量虽多，但战斗力比不上曹军；曹军粮草短缺，军用物资储备比不上我军。因此，曹操利于速战速决，我军利于打持久战。应当做长期打算，拖延时间。"但刚愎自用的袁绍依然置若罔闻。

　　正如沮授所料，曹操缺粮，实在无力长期对峙下去。当年九月，曹军按捺不住，一度出击，与袁军交战，但没捞到什么便宜，只好退回营垒坚守。

　　接下来的日子，双方开始不断采取各种方式斗法。

　　袁绍构筑楼橹，堆土如山，用箭俯射曹营。曹军制作了一种有抛石装置的霹雳车，发石击毁了袁军所筑的楼橹。袁军又掘地道进攻，曹军也在营内掘长堑相抵抗，粉碎了袁军的计策。双方相持三个月，曹军处境困难，前方兵少粮缺，士卒疲乏，后方也不稳固，曹操几乎失去了坚守的信心。一日见运粮士兵疲于奔命，于心不忍，不禁脱口而出："却十五日为汝破绍，不复劳汝矣！"

　　曹操写信给荀彧，商议要退守许都，荀彧回信说："袁绍将主力集结于官渡，想要与公决胜负。公以至弱当至强，若不能制，必为所乘，这是决定天下大势的关键所在。当年楚、汉在荥阳、成皋之间，刘邦、项羽没有人肯先退一步，以为先退则势屈。现在公以一当十，扼守要冲而使袁绍不能前进，已经半年了。情势已然明朗，绝无回旋的余地，不久就会发生重大的转变。这正是出奇制胜的时机，千万不可坐失。"

于是曹操决心继续坚守待机。他一方面加强防守，命负责后勤补给的任峻采取十路纵队为一部的方法，缩短运输队的前后距离，并用复阵（两列阵）加强护卫，防止袁军袭击；另一方面积极寻求和捕捉战机，击败袁军，还派曹仁、史涣截击、烧毁袁军数千辆粮车，增加了袁军的补给困难。

十月，袁绍又派车运粮，并令淳于琼率兵万人护送，将粮食囤积在袁军大营以北约二十公里的故市（今河南延津境内）、乌巢（今河南延津东南）。

恰在这时，袁绍的谋士许攸前来投奔曹操。

曹操、袁绍刚开始交战时，许攸就曾劝袁绍说："曹操兵少，若集中全力来抵抗我军，许都由剩下的人守卫，则防备一定空虚，如果派一支队伍轻装前进、连夜奔袭，可以攻陷许都。占领许都后，就奉迎天子以讨伐曹操，必能捉住曹操。假如他未立刻溃散，也能使他首尾不能兼顾，疲于奔命，一定可将他击败。"

可袁绍不同意，说："我一定要先捉住曹操。"

正在这时，许攸家里有人犯法，留守邺城的审配将他们逮捕，许攸知道后大怒，就投奔了曹操。

曹操听说许攸来了，跣足出迎，高兴地说："子远来了，大事可成！"再请许攸入座相谈。许攸问道："贵军军粮可以用多久？"

曹操说："还可以支持一年。"

许攸说："没有那么多，再说一次。"

曹操又说："可以支持半年。"

许攸说："您不想击破袁绍吗？为什么不说实话呢！"

曹操说："刚才只是开玩笑罢了，其实只可应付一个月，怎么办呢？"

许攸说："您孤军独守，外无救援，而粮草已尽，正是危急的关头。袁绍在故市、乌巢有一万多辆辎重车，守军戒备不严密，如果派轻装部队袭击，出其不意，焚毁他们的粮草与军用物资，不出三天，袁绍大军就会自行溃散。"

曹操大喜，于是留下曹洪、荀攸防守大营，亲自率领五千名步、骑兵出击。军队一律用袁军的旗号，兵士嘴里衔着小木棍，把马嘴绑上，以防发出声音，夜里从小道出营，每人抱一捆柴草。

路上遇到有人盘问，就回答说："袁公恐怕曹操袭击后方辎重，派兵去加强守备。"听的人信以为真，全都毫无戒备。到达乌巢后，围住袁军辎重，四面放火，袁军营中大乱。正在这时，天已渐亮，淳于琼等看到曹军兵少，就在营外摆开阵势，曹操进军猛击，淳于琼等抵挡不住，退守营寨，于是曹军开始进攻，营中大乱，大破袁军。

淳于琼混战中被割了鼻子，被乐进虏获，带到曹操面前。

曹操问淳于琼说："你今天弄成这样，是什么缘故？"

淳于琼答："胜负乃上天控制的，问我干什么？"

曹操想要留下淳于琼的性命，许攸劝道："以后他照镜子（看到自己的鼻子被割了），不会忘记今天的（耻辱和仇恨）。"曹操听完觉得有理，便杀掉了淳于琼。

袁绍听到曹操袭击淳于琼的消息，对儿子袁谭说："就算曹操攻破淳于琼，可只要我攻破他的大营，就会让他无处可归。"于是，派遣大将高览、张郃去攻打曹军大营。张郃说："曹操亲率精兵前去袭击，必能攻破淳于琼等，他们一败，辎重被毁，则大势已去，请先去救援淳于琼。"郭图坚持要先攻曹操营寨。

张郃说："曹操营寨坚固，一定不能攻克。如果淳于琼等被捉，我们都将成为俘虏。"可袁绍只是派轻兵去援救淳于琼，而派重兵进攻曹军大营。曹营坚固，确实久攻不下。当曹军急攻乌巢淳于琼营时，袁绍增援的部队已经迫近，曹操手下就有人提出："敌人的骑兵逐渐靠近，请分兵抵抗。"

曹操怒喝道："敌人到了背后，再来报告！"曹军士兵都拼死作战，于是大破袁军，斩杀淳于琼等，烧毁袁军全部粮秣，将一千余名袁军士兵的鼻子全都割下，将所俘获的牛马的嘴唇、舌头也割下，拿给袁绍军队看。袁军将士看到后，大为恐惧。

郭图因自己的计策失败，心中羞愧，就又去袁绍那里诬告张郃，说："张郃听说我军失利，十分幸灾乐祸。"

张郃听说后，又恨又怕，就与高览烧毁了攻营的器械，到曹营去投降。

于是，惊恐的袁军全面崩溃。袁绍与袁谭等戴着头巾，骑着快马，率领八百名骑士渡过黄河而逃。曹军虽追赶不及，但缴获了袁绍的全部辎重、图书和珍宝。投降的袁军残部全都被曹操活埋，先后杀死的有七万余人。

沮授来不及跟袁绍渡河逃走，被曹军俘虏，于是他大喊："我不是投降，只是被擒！"曹操和他是老相识，亲自来迎接他，对他说："咱们处在不同的地区，一直被隔开不能相见，想不到今天你会被我捉住。"

　　沮授说："袁绍失策，自取失败。我的才智和能力全都无法施展，该当被擒。"曹操说："袁绍缺乏头脑，不能采用你的计策，如今天下战乱未定，我要与你一同创立功业。"沮授说："我叔父与弟弟的性命都控制在袁绍手中，如果蒙您看重，就请快些杀我，才是我的福气。"曹操叹息说："我如果早就得到你，天下大事都不值得担忧了。"于是，赦免沮授，并给予他优厚的待遇。不久，沮授策划逃回袁绍军中，曹操这才将他杀死。

　　曹操收缴袁绍的往来书信，看到许多许都官员及自己军中将领写给袁绍的信，他将这些信全部烧掉，说："当袁绍强盛之时，连我都不能自保，何况众人呢！"

　　冀州属下的郡县大多投降曹操。袁绍逃到黎阳的黄河北岸，进入部将蒋义渠营中，握着他的手说："我把脑袋托付给你了。"蒋义渠把大帐让给袁绍，让他在里面发号施令，袁军残部知道袁绍还在，又逐渐聚集起来。

　　袁军将士都捶胸痛哭，说："假如田丰在这里，一定不至于失败。"袁绍对逢纪说："留在冀州的众人，听到我军失败，都会挂念我；以前只有田丰曾经劝阻我出兵，与众人不同，我也感到心中有愧。"逢纪说："田丰听说将军失利，拍手大笑，庆幸他的预言实现了。"袁绍于是对僚属说："我没有用田丰的计策，果然被他取笑。"就下令把田丰处死。起初，曹操听说田丰没有随军出征，高兴地说："袁绍必败无疑。"到袁绍大败逃跑时，曹操又说："假如袁绍采用田丰的计策，胜败还难以预料。"

　　审配的两个儿子被曹军俘虏。袁绍部将孟岱对袁绍说："审配官居高位，专权独断，家族人丁旺盛，兵马十分精锐，而且他两个儿子都在曹操手中，一定会心生背叛之意。"郭图、辛评也以为如此。

袁绍就委任孟岱为监军，代替审配镇守邺城。护军逢纪一向与审配不和，袁绍去征询逢纪的意见，逢纪说："审配天性刚直，经常仰慕古人的气节，一定不会因为两个儿子在敌人手中而做出不义的事来。希望您不要怀疑。"袁绍说："你不恨他吗？"逢纪说："以前我与他争执是私人小事，如今我所说的是国家大事。"

袁绍这才没有罢免审配的职务。自此以后，审配与逢纪的关系日益亲近。冀州属下一些背叛袁绍的城邑，也逐渐被收复平定。

第十四章

称雄江北

背水一战

　　曹操在官渡大败袁绍后，迅速整顿军马，渡过黄河，紧追袁绍。袁绍认为自己仍然据有大片土地，不甘心失败，为报仇雪耻，又召集河北四州之兵，在仓亭扎寨，准备与曹操决一死战。

　　袁、曹两军对峙，摆开阵势，开始厮杀。第一次交锋，曹军的徐晃军团出战，部将史涣死于袁绍第三子袁尚的利箭之下。

　　曹操未曾破袁军却先失去了大将史涣，心中好不烦闷，知道不能硬拼，就对众谋士说："像这样对阵相互厮杀，何时才是个头啊？这样消耗下去，对我军不利啊！"

　　谋士程昱献计道："昔日秦末楚汉相争，高祖皇帝运用十面埋伏之计，使项羽自刎乌江。我们何不效法古人？"

　　曹操说："希望先生详细讲一讲。"

　　程昱说："将我军退至黄河边上，背水为阵，伏兵十队，引诱袁绍追赶我军。"

　　左右大惊道："这样一来，我军岂不是太危险了？"

　　程昱笑着分析说："兵法上讲，置之死地而后生。我军没有退路，众将士必然死战以求生，如此，我军可稳胜袁绍。"

曹操认为程昱的计谋可行，就采纳了他的意见，立刻将全军分为左右各五队。左列：一队夏侯惇，二队张辽，三队李典，四队乐进，五队夏侯渊；右列：一队曹洪，二队张郃，三队徐晃，四队于禁，五队高览。许褚为中军先锋。

第二天，左右十队人马先行，预先埋伏起来。到了半夜，曹操同许褚率军前进，佯装偷袭袁军大寨。

袁绍早有防备，见曹操率军前来，大笑着说："曹操这下跑不掉了。"下令所有五寨人马全力迎战许褚大军。许褚一战即退，佯败而逃。袁绍率军追赶，喊杀之声不绝。等到天亮，袁绍将许褚逼到河边。眼看曹军已无退路，曹操大喊："后有追兵，前面是大河，我们已经没有退路，大家不如决一死战，反有生路！"曹军闻听，士气大振，一齐奋力向袁军冲杀过去。许褚一马当先，挥刀斩杀袁军十来个将领。

袁军大乱，只好撤退。退了一段路，一声战鼓响，左边夏侯渊、右边高览两支兵马冲出，袁绍带领三个儿子一个外甥，死命冲出一条血路。

又跑了十来里，左边乐进、右边于禁杀出，杀得袁军尸横遍野。又跑了数里，左边李典、右边徐晃两支人马截杀过来，袁绍父子胆战心惊，奔入寨门，令军队埋锅造饭，准备迎敌。正要吃时，左边张辽、右边张郃，径直前来冲寨。袁绍慌忙上马，率部奔向仓亭。人困马乏，正要休息，不料后面曹操率大军赶来，袁绍拼命逃离。正走间，右边曹洪、左边夏侯惇，挡住去路。袁绍大叫："如果不拼死一战，我们都要给活捉了！"奋力冲杀一阵，侥幸逃出重围。

袁绍抱住儿子们大哭一场，长叹道："我经历战事数十次，从没有像今天这样狼狈的！"说完，命令部将回各地整顿军务，自己带着袁尚到冀州养病去了。

经此一役，曹军声威大震，趁机屡屡北进，终于打败了强大的袁绍，为统一北方扫清了最大的障碍。

建安六年（公元 201 年）春，曹操把大军移往获得大丰收的安民（今山东东平西南）一带，以解决军粮问题。同时，想利用袁绍刚被击败、不敢轻易南下的时机，掉过头来攻击南面的荆州刘表。谋士荀彧却十分冷静，劝阻曹操说："袁绍刚刚吃了败仗，军心不稳、人心涣散，应该趁此机会一举歼灭，以除大患。如果南征，路途遥远不说，而且粮食运输是个大问题。万一袁绍收拾残余，趁我们后防空虚，一举而入，我们将陷入被动。"曹操听罢警醒，决定暂时不攻南方。

曹操为了震慑袁绍部队，沿着黄河展示军威，并击破驻防仓亭的袁绍部队。

当年秋，曹操回到许都。不久，曹操侵扰汝南，刘备受袁绍之命，亲自率军进攻汝南。刘备难以抵挡曹操大军，立即弃城去荆州投靠了刘表。刘表听说刘备来投，亲自到襄阳城外迎接，尊刘备为贵宾，增加他的武力，命他驻屯新野，以防曹操。

第二年正月，曹操率军在故乡谯县休整三个月后再度北上，进驻官渡，准备向袁绍的老巢——邺城进军，意图一举歼灭袁绍。

兄弟阋墙

官渡之战大败后，袁绍仓皇撤退，回到冀州后，羞愧、悔恨之下，很快一病不起，建安七年（公元 202 年）五月，大口吐血而亡。

袁绍一死，他的三个儿子袁谭、袁熙、袁尚，为了争权夺利，开始内讧。

袁氏兄弟三人中，袁谭早年被袁绍过继给早亡的兄长袁基，幼子袁尚仪表俊美，深得袁绍喜欢，所以生前一直想让他来做继承人。

按照袁绍的想法，袁谭既然已过继给兄长，就不能接班，袁尚做继承人合乎情理，然而幕僚臣属们却不这么看。他们认为袁谭是长子，理应由他来接班，才合乎宗法制度。

为了防止袁谭抢班夺权，袁绍命他去青州担任刺史。

立袁谭，实在不愿意；立袁尚，臣下反对。袁绍一时陷入两难，迟疑不决。

在袁绍平定河北之过程中，袁谭颇有战功，但他不会做人，平常都是一副贵族公子哥做派，飞扬跋扈，得罪了不少人。

袁绍部下也逐渐分成两派，一派拥护袁谭，一派拥护袁尚，两帮人马为了各自的主子，明争暗斗不止。

沮授觉得如此放任下去，定会出乱子。他劝袁绍，应该尽早明确继承人，让其他人死心，这样才有利于内部团结。

他打比方说，一万人共同追逐一只兔子，肯定会争个头破血流，但只要有一人逮住了兔子，其他人就偃旗息鼓了。如今，长公子袁谭在外，继承人之位悬而不决，储位之争，历来是败亡之始。

袁绍找借口说："我这是为了历练他嘛。"为了显示公平，又命次子袁熙为函州刺史，外甥高干为并州刺史，唯独将袁尚留在身边。

袁绍死后尸骨未寒，兄弟们就开始同室操戈了。

袁谭听说父亲去世，立刻着手往回赶，名为奔丧，实为急着争位。走在半道上，传来消息，袁尚近水楼台先得月，已在逢纪、审配等人的拥戴下称大将军，领冀州牧，抢先一步上位了。

事已至此，袁谭只好退回黎阳，自称车骑将军。

虽然君臣名分已定，但袁尚对自己这位大哥还是不放心，只给他很少一部分兵力，并将心腹逢纪安插在袁谭身边，监视他的一举一动。

袁谭心里窝火，要求袁尚多给他分点兵力，审配等人认为，袁谭一旦兵力过强，必然会尾大不掉，届时恐怕会威胁到袁尚，因此坚决反对。

袁谭得知后，勃然大怒，索性下令将逢纪处死。

如此一来，兄弟二人便公开交恶了。

冀州的变化很快传到曹操耳中，觉得趁袁氏兄弟不和之际，出兵北上，可一举铲除袁氏势力。

当年九月，曹操带领大军渡过黄河，讨伐袁谭。

　　袁尚虽然嫉恨袁谭，但外敌当前，孰轻孰重，还是分得清。得知曹军前来，他立刻亲自引军赶来支援。

　　战争时断时续，从秋季一直持续到第二年春。袁军一方逐渐不敌，落于下风。

　　袁谭、袁尚兄弟二人苦撑半年后，自感不是曹操对手，遂撤出黎阳，退到邺城。

　　曹军一路追击，直逼邺城城下。

　　将士们摩拳擦掌，准备乘胜追击、攻下邺城，活捉袁氏兄弟。

　　然而，出乎大家意料的是，他们却接到命令，撤兵返回许都。

　　众人实在不明白，眼前多好的机会，为何突然要撤兵，这不是前功尽弃吗？

　　其实，曹操有他的战略意图。

　　就在袁氏兄弟败退之时，郭嘉面见了曹操。

　　多年来，郭嘉屡次给曹操出奇谋，无不应验。因此，行军打仗，曹操素来很重视郭嘉的意见，对目前的局势，他很想听听郭嘉有什么看法。

　　郭嘉认为，经过此战，袁谭、袁尚兄弟之间的分歧矛盾必然会加剧，各自手下那帮臣子肯定借机指责对方，以推卸责任，一场内战在所难免。

　　如果这个时候率军杀过去，无疑会促使他们抛弃前嫌，一致对外。袁氏盘踞河北多年，深得民望，决不能指望一朝一夕之间，将其消灭殆尽。不如暂且回兵，以待时机，等他们发生内讧、自相残杀之际，再来收拾残局，岂不是事半功倍？

　　曹操一听，掀髯大笑，还是奉孝懂我。

　　于是，曹操下令，表示要南下征讨荆州刘表。

建安八年（公元203年）五月，曹操命部将贾信留守黎阳，自己率军返回许都，大张旗鼓，摆出一副南征的架势。

果然不出所料，曹操前脚刚走，袁氏兄弟就开始掐起来了。

先是兄弟二人的党羽相互拆台，下套子、使绊子，没多久，哥俩便刀兵相见。

袁尚继承了老爹的基业，自然是实力雄厚、兵强马壮，袁谭哪里是对手？只好一路溃逃，跑到平原躲起来。但是袁尚依然不肯放过他，亲率大军将平原城团团围住。

袁谭感到自己命悬一线，危急之时，他派谋士辛评之弟辛毗向曹操求救。

此时，曹操的南征大军已经抵达西平。

将士们得知袁谭求救的消息后，无不认为，如今袁绍已死，袁氏兄弟恶斗不已，势力早已今非昔比，消灭他们，根本不用费什么劲了。反观刘表，坐拥荆襄之地，实力雄厚，是目前的主要敌人，只要灭了刘表，回头再灭袁氏兄弟也不迟。

再说了，大军已走在南征路上，无功而返，岂不让天下人耻笑？

正当众人七嘴八舌之时，唯有荀攸一言不发，默默静坐在那里，等众人说完后，他方起身说："我不同意大家的看法。"

荀攸分析道，如今天下，群雄并起，在这关键之时，稍有不慎，就有可能满盘皆输。刘表此人，徒有虚名，虽然拥有江、汉膏腴之地，但满足于关起门来过日子，根本没有争天下之雄心壮志，反观袁氏，其则不然。袁氏据有河北四州，地域辽阔，兼有甲兵数十万，一旦袁氏兄弟二人分出胜负、重拾民心，再来对付他们，恐怕就没那么容易了。

为今之计，应趁着袁氏兄弟僵持之际出手，一举平定河北。如此良机，不可错失。

曹操听后，立即表示赞同荀攸的观点。

每当关键时刻，曹操的幕僚中总有一些像郭嘉、荀攸这样的人，能保持头脑冷静，敢于力排众议、提出正确观点，能做到这一点的确难能可贵。

曹操不盲目自信，听得进下属的意见，尤其是能听得进与大多数人相反的意见，做出正确判断。

十月，曹操大军抵达黎阳。

邺城之围

听到曹操率军北返，袁尚顾不上继续攻打袁谭，立刻撤回邺城。袁尚的部下中不少人觉得大势已去，吕旷、高翔等人纷纷阵前倒戈，向曹操投降。

袁谭虽然投降了曹操，但依然不甘心失败，投降也只不过是迫于形势的权宜之计罢了。他私底下和吕旷、高翔等人勾勾搭搭，还给他们送去印信，相约一旦形势有变，便起事。

袁谭的小伎俩早已被曹操察觉，但他目前的主要对手是袁尚，为了稳住袁谭，他佯装不知，还与袁谭结为儿女亲家，为儿子曹整娶了袁谭的女儿。

拢住袁谭后，曹操决定全力以赴，对付袁尚。

大军远征，粮草供应很关键。当初官渡之战，曹军之所以能打败袁绍，就是因为成功偷袭了乌巢，一把火烧了袁绍的粮食储备，扰乱了袁军军心。

如今要深入河北、远征袁尚，必须保证充足的粮草供应，这个道理，曹操比谁都明白。但陆路供应，路途遥远、效率低下，相对而言，最高效的办法自然是水运了。

建安九年（公元 204 年）正月，曹操命人拦截淇水，抬高水位，改变河道流向，向北注入白沟（今卫河），如此一来，就可以轻松地将粮食源源不断地送到前方。

就在这危急存亡的关头，袁氏兄弟仍然内斗不休，袁尚摆出一副不将袁谭消灭，誓不罢休的架势。

二月，袁尚留下部将审配、苏由留守邺城，亲自领兵再次围攻平原。

曹操觉得袁尚在外，后方防守应该空虚，决定先去攻打邺城。

邺城守将苏由早已被曹操暗中收买，他答应只待曹军攻城，便做内应，里外夹击，邺城必破。

曹操对拿下邺城充满信心，只要邺城一失，袁氏根基动摇，大势去矣。

谁料就在此时，出现变故。苏由的保密工作不到位，阴谋败露，再待下去，估计就会脑袋搬家，遂急急忙忙地逃了出来，快马加鞭，直奔曹营而来。

此时，曹操率领的大军已经抵达距离邺城不远处的洹水。

邺城经过袁绍数十年经营，城高池深，城防修建得异常牢固，单靠正面强攻，很难攻下。

邺城城墙异常高大，士卒们如果想用攻城云梯之类攀缘到城头，必然伤亡惨重。为此，曹操想出一个办法，命令士卒们从郊区搬运土方，堆起一座土山来，然后从山顶发起攻击。

与此同时，曹军从城外挖掘地道，企图从地下突破敌人防线，攻入城内。

此举很快被袁军发现，地道遭到破坏。

邺城攻城很快进入僵持阶段。曹操算是看出来了，想速战速决，快速拿下邺城，根本办不到。于是，他决定改变作战方略，命令曹洪继续围攻邺城，自己则带兵攻打邺城四周州县。等外围剪除完毕，邺城就会变成一座孤城，定然难以长久固守，用不了多长时间，必会不攻自破。

没费多大周折，曹操就拿下了武安、邯郸，如此一来，切断了并州、幽州与邺城的联系，两地的援军和粮草再无法靠近邺城。

易阳县令韩范、涉县县长梁歧认为袁氏大势已去，便献城归降。此时，双方还处于对峙局面，许多地方还掌握在袁氏部属手中。如何对待投降之人，是决定着能否争取到人心的关键。

对于收买人心，曹操向来很大方，从来不吝啬爵位，他当即给这两人赐爵关内侯。

至此，曹操已完成了外围包抄，邺城彻底沦为一座孤城。

但曹操低估了审配的抵抗斗志，就算已是困守孤城、穷途末路，审配依然斗志昂扬，他打定主意，要与城池共存亡。

一时间，曹操也不知如何是好。

许攸久居袁绍帐下，对河北情况很了解，他对曹操说："邺城之所以到现在都没拿下来，主要是依靠目前兵力，无法完全堵死邺城与外界的联系。为今之计，唯有在邺城外围深挖壕沟，彻底切断他的一切物资供应渠道，才能逼迫他投降。"

曹操觉得有道理，遂命人在邺城外挖壕沟，沟内引入漳河水。

邺城太大，一圈下来，壕沟的长度足有四十里，工程量很大，所以，挖得不深，许多地方，挽起裤管就可以蹚水过去。

审配站在城头，看到此景，哈哈大笑，觉得曹操完全是白费力气，短期内根本不可能完成如此大的工程量，因此也没太当回事。

其实，这恰恰是曹操为了麻痹敌人制造的假象。

当天夜里，曹操下令全军出动，深挖壕沟，等到天明时，一条深宽皆两丈的壕沟已完成，沟内注满了水，如此一来，邺城守军只有死路一条了。

邺城内出现粮荒，近一半人被饿死，城内到处是死人尸体。

七月，邺城被围的消息传到袁尚耳中，他急忙回兵解围。

听说袁尚大军赶来，曹操手下有些人觉得，袁尚被逼疯了，这是要赶回来拼命。若是跟他短兵相接硬拼，届时城中守军再杀出来，里外夹击，恐怕对己方不利，不如暂且避让，避开锋芒。

曹操听后，想了想说："如果袁尚率军从大道正面赶来，说明他底气十足，要和我们死战，的确应该避让一下。如果他是从小道上潜回，就意味着他已胆怯，那么我们就正面迎敌，争取一战活捉他。"

果然，袁尚率军从西山小道赶回来了，在离邺城还有十七里外的滏水边上，临河安营扎寨，企图与城内守军取得联系，对曹军里外夹击。

夜幕降临时分，袁尚军营燃起烽火，邺城守军看到后，立即在城头点燃烽火回应。

审配趁着夜色率军杀出，曹操立刻回击。

邺城守军因断粮多日，士兵们早就饿得有气无力，战斗力大大下降，哪里招架得住？没几个回合就被击溃，审配无奈，只好撤回城内。

曹操击退城内守军后，立刻发起对袁尚的攻击。

袁尚发现自己里外夹击的企图被曹操识破，再无心恋战，遂希望向曹操投降。

曹操的目的是彻底铲除袁氏势力，所以根本就不接受袁尚的投降，下令猛攻袁尚大营。

乞降不成后，袁尚只好带领残兵败将连夜逃走，曹军穷追不舍。

袁尚手下部将马延、张凯临阵倒戈，投降了曹操。大将投敌，袁军顿时一片混乱，许多人四处逃散。袁尚只顾逃命，把能扔的东西全部扔了，辎重物资丢得到处都是，慌乱之中，连自己的印信都丢了，慌慌张张地向中山（今河北定州）逃去。

曹操命人将袁尚的印信、头盔等物带到城下，展示给邺城守军看。

城内守军一看，立即意志消沉，觉得再守下去已毫无意义，但是守城主将审配不为所动。曹操夜间出来巡视，被审配发现，立刻令人张弓射击，害得曹操差点被射中，丢了性命。

邺城已被包围数月，城内断粮、外无援军，绝望的情绪在城内守军中弥漫开来。

死其实并不可怕，可怕的是看不到任何希望。

谁都看出来了，再守下去，除了被活活饿死，再没任何出路。

那么，坚守到底为了谁？还有何意义？

审配知道，现在军心不稳，所以关键岗位还是得交给自己人去把守，遂让他的侄儿审荣担任东门校尉。

但是，后来的事实说明，在生死关头，自己人也未必靠得住。

审荣觉得，他坚守了数月，已经尽力了，再不想做无意义的抵抗。八月二日夜晚，审荣偷偷打开城门，迎接曹军入城，毫无防备的审配被捉。

英雄总是惺惺相惜，哪怕是敌对双方，也并不影响相互欣赏。审配让曹操吃尽了苦头，但是从内心，他敬重审配是条汉子，这样的人要是能为己所用，该有多好！

曹操说："你忠于袁氏，尽忠职守，我能理解，如果能降我，可以既往不咎。"

但曹操遭到了审配的严词拒绝，那么，剩下只有一条路可走，就是杀掉他。

虽然处死了审配，但曹操没有过于难为袁绍家属。原因很简单，袁绍一门四世三公，门生故吏遍布天下，尤其是在河北，其号召力不可小觑，万一处理不好，很容易激化矛盾。

进入邺城伊始，曹操便派专人把守袁氏住宅，任何人不得随意滋扰，违令者定斩不赦。

尽管有士兵把守，还是有人没被拦住，进入了袁府，因为没人敢阻拦他。

他便是曹操的长子曹丕。

曹丕时年十八岁，正是血气方刚。他进入袁府，但见府内亭台楼阁，非常奢华，不过，经过战乱，已到处一片狼藉，一老一少两位妇人正在瑟瑟发抖，相拥而泣。

老者为袁绍妻刘氏，少者为袁绍次子袁熙妻子甄氏。

曹丕见甄氏生得美艳无比，惊为天人，顿生爱怜之意，后娶她为妻，甄氏后来为曹丕生下一子，即为魏明帝曹叡，这是后话。

安顿好袁绍家属后，曹操特意到袁绍墓前致祭，追忆两人当初一起搞恶作剧、游玩的美好时光，谁知如今两人再次相见，却是阴阳两隔，讲到动情处，难以自禁，不由得泪流满面，周围的人无不动容。

或许有人认为，曹操这是为了收买人心在演戏，不过是虚情假意的即兴表演而已。

不能否认有这个因素在里面，但曹操除了是一个权谋高手，也是一个性情中人，所以临祭袁绍，多少也是真情实感的流露。

东临碣石有遗篇

最初，曹操攻击邺城之时，袁绍的外甥高干怕曹操会将兵锋指向自己，遂投降了曹操，曹操仍命他当并州刺史；而已投降曹操的袁谭此时却变了卦，举兵攻击袁尚据守的中山，袁尚无力抵抗，北逃幽州，投奔了二哥袁熙。袁谭便把他的部队全部接收，回军驻防龙凑（今山东德州东北）。曹操写信给袁谭，责备他言而无信。

次年，即建安十年（公元 205 年），曹操在一个月之内先杀袁谭，又把袁熙、袁尚赶出幽州，二人不得不逃奔塞外的乌桓部落，于是，幽州也归曹操了。

已经归降曹操的并州刺史高干乘机脱离曹操，想用奇兵袭取邺城。不料曹操早已有了防备，于是，高干只好派兵把守壶关（今山西长治东南），提防曹操前来进攻。

建安十一年（公元 206 年），曹操亲自率兵大败高干，并州从此也被并入曹操的势力范围。至此，冀、青、幽、并四州已经全部落入曹操的手中，曹操势力大大增强。曹操自三十五岁陈留起兵，从最初的几千人，经过近二十年的南征北战，终于统一了北方，成为中原地区最大的军阀割据势力。

　　曹操取得冀、青、幽、并四州以后，就与塞外的乌桓直接接触了。乌桓是北方的一个少数民族，乌桓首领叫蹋顿，势力很强大。袁绍当初为了笼络他，曾拜蹋顿为单于，并把本家的女儿嫁给乌桓的军事首长当妻子。袁熙、袁尚投奔乌桓后，蹋顿乘势和袁尚兄弟联合起来，侵扰河北的边境。

　　曹操为了彻底消灭袁绍的残余势力，巩固其在河北的统治权，决定出兵对乌桓进行反攻。出兵之前，曹操首先在河北地区开凿"平虏"和"泉州"两渠，使滹沱河、泒水、白沟、潞水、濡水（今滦河）五条河从河北的饶阳县贯通到河北的东产县，以保证日后行军时粮食运输能畅通无阻，做到了"人马未动，粮草先行"。

　　得知曹操准备向乌桓部落发动大规模进攻，将领们纷纷反对，认为袁尚等不过是一群漏网之鱼，不必兴师动众。加之乌桓贪得无厌，没有同情悲悯之心，怎么会轻易受袁尚的利用？如果北伐塞外，刘备一定会趁机说服刘表，袭击许都，形势将不利。

　　曹操认为很有道理，刘备不得不防，正犹豫，谋士郭嘉却提出了不同意见："乌桓部落仗恃远在北方蛮荒，一定没有戒备。我们趁机发动突击，可以立即击败他们。况且袁尚兄弟若获得喘息之机，布告四州之民起来反抗主公，形势将大大不利。毕竟眼下四州人民只是因畏惧我们的强大才不得不服，而我们一时之间也不能给他们带来什么好处。假定放弃他们，大军南征，袁尚用乌桓部众作为资本，号召所有愿为恩主效死的豪杰之士，到那时候，乌桓大军一旦出动，其他游牧民族可能会全体响应，这种情势足以使蹋顿动心，激起他的非分之想。届时，青州、冀州恐怕会不保。刘表并没有图谋天下的野心，他没有能力驾驭刘备，他之所以收容刘备，实在是迫于无奈。所以，就算我们在许都一个兵也没有，也不用担心。"

曹操于是下定决心，发动大军从沿海出兵，取道山海关，准备直捣乌桓腹地柳城（今辽宁朝阳南）。

当时已逢盛夏，大雨不止，沿海一带，地势低凹、泥泞难行，而乌桓部落沿边严守险关，大军无法前进。曹操十分忧虑，便依照当地名士田畴的计谋，假意向后撤退，然后再突袭。

于是他在泥沼地带的通路两旁竖起大木牌，宣称："现在天气盛暑，道路不通，且等到秋季再行出击。"果然，乌桓派出的探哨看到木牌，认为曹操真的撤退，就回去报告蹋顿，蹋顿也信了，对曹操的防御便松懈下来。

曹操在突袭前找到郭嘉征询他的意见，郭嘉说："兵贵神速，我军不如留下辎重，减轻装备，强行二日路程，急剧挺进，打他们个措手不及。"

曹操会意，立即命辎重在后、轻兵在前，命田畴率领他的部众充当向导，攀登徐无山，向北挺进，逢山开路、遇水搭桥，凿山、填谷，差不多走了五百里，穿过白檀、平冈（今辽宁朝阳），又穿过鲜卑部落王庭，向东直扑柳城。

这时，曹军离柳城只有二百里了，乌桓蹋顿闻讯，大吃一惊，忙同袁尚、袁熙率领辽东、辽西和右北平三郡乌桓数万骑兵迎击曹军。

八月，曹操率军攀登白狼山（今辽宁朝阳西南），突然跟乌桓军遭遇。乌桓联军军力强大，而曹军因系轻装，只有少数战士身穿铠甲，将士们不免心生胆怯。

曹操却神情安定，登高下望。只见乌桓兵又挤又拥，阵脚散乱、纪律松懈，心里便有了底，于是命张辽、徐晃带领千余骑兵，趁其不备，猛冲下去。自己率军随后接应。

　　乌桓联军措手不及，兵马乱作一团。张辽拍马上前，一刀把蹋顿斩下马来。袁尚、袁熙见势不妙，拨马往回飞奔，曹操乘胜追击，斩杀二十余万人，一口气占领了柳城。

　　辽东郡乌桓单于速仆丸跟袁尚、袁熙一同逃亡，投奔了辽东郡长公孙康，随行的还有数千名骑兵。有人建议曹操追击，曹操说："不必，我等着公孙康送来袁尚、袁熙的人头。"于是班师。

　　公孙康果然打算取袁尚、袁熙二人的性命作为呈献给朝廷的一份厚礼。于是在马厩之中埋伏精兵，然后延请袁尚、袁熙。还没等他们落座，公孙康就发动袭击，把二人生擒并立即诛杀，连同速仆丸的人头，一并送给曹操。

　　将领们惊奇不已，询问曹操："我们撤退之后，公孙康为什么要处决袁尚、袁熙？"曹操说："公孙康一向畏惧袁尚、袁熙，我们如果急于进攻，他们势将联合在一起，拼力抵抗。只要稍微放松，他们就会自相残杀。这是郭嘉临死前的计谋，如今果然应验了。"

　　曹操平定了乌桓，派田畴镇守柳城，自领三军回撤邺城。他还把被乌桓掳去的十余万汉人带了回来，又将边境上十余万乌桓人迁入内地，与汉人杂居。乌桓的骑兵也被编入曹军，后来随曹操东征西讨，号称"天下名骑"。

　　曹操班师途中，经过碣石（今河北昌黎北），见山上有巨石矗立峰顶，巍然耸立。曹操登高远眺，只见波涛阵阵、山岛耸峙，海面一望无际，便吟出了那首脍炙人口的名篇佳作：

　　东临碣石，以观沧海。水何澹澹，山岛竦峙。树木丛生，百草丰茂。秋风萧瑟，洪波涌起，日月之行，若出其中。星汉灿烂，若出其里。

幸甚至哉，歌以咏志。

　　洪亮高亢的吟诵，掺杂着风声、涛声以及远处隐隐约约相互冲杀的声音，久久回荡在天海相接处……

第十五章

决战赤壁

景升诸子类猪狗

  曹操统一北方以后，南方还有两个主要的对手：一是荆州的刘表，一是江东的孙权。荆州位居长江中游，沃野千里、物产丰富，是兵家必争之地。曹操心里十分清楚，要想打下南方，统一中国，首先就得占领荆州，这样才能向东攻击江东，往西进逼汉中蜀地。

  建安十三年（公元208年）春，曹操返回邺城，为了准备向南方扩张，他命人挖掘人工湖，命名为"玄武池"，用于训练水上部队。

  夏季，朝廷撤除"三公"官称，恢复丞相、御史大夫，任命曹操为丞相。派张既前去游说驻军槐里（今陕西兴平）的将军马腾，许诺他如果放弃军权，将会在朝廷为其谋得职位，以解自己的后顾之忧。马腾接受了建议，带着全家老小全部迁到邺城，曹操举荐他为皇城禁卫司令（卫尉），他的儿子马超为偏将军，继续率领父亲的部队留守槐里。

  曹操安置好了内外事务之后，于秋季开始对荆州发动攻击。当初曹操远征北方三郡乌桓时，寄居荆州的刘备就劝说刘表袭取空虚的许都。可是刘表正如郭嘉所说那般，只会高谈阔论、坐保荆州，毫无讨伐进取之心。同时，他对有野心的刘备也处处提防，致使错过大好时机。

曹操击灭三郡乌桓回到邺城后不久，割据江东的孙权也起了想统一大江以南的念头，就趁刘表经常生病之际，利用他的前部将甘宁袭杀驻守夏口（今武汉汉口）的刘表大将黄祖，屠洗夏口城，劫去男女数万。

此时刘表已经病重，曹操恐刘表病死之后，荆州的地盘不是为刘备所得，便是遭孙权吞并，便向荆州急行军。

然而，大军还没有和荆州军队接触，刘表就病死了。刘表有两个儿子刘琦、刘琮，二人是同胞兄弟。刘表在他们的母亲去世之后，又娶了荆州大族蔡夫人，蔡夫人的弟弟蔡瑁也是荆州政坛的重要人物。

刘表刚开始因长子刘琦的相貌与自己甚为相像，十分宠爱他。

但后来刘表的小儿子刘琮娶了蔡夫人的内侄女，蔡氏遂特别喜爱刘琮，厌恶刘琦，常向刘表进毁琦誉琮之言。刘表宠爱后妻，每次都相信她。蔡氏的弟弟蔡瑁与刘表的外甥张允也跟着每天在刘表耳边说刘琦的坏话，夸奖刘琮。

刘表和蔡夫人打算立刘琮为继承人，蔡瑁、张允则为其党羽。刘琦因蔡夫人的中伤而失宠，最终依从诸葛亮的计策请求出镇江夏。刘琮因着兄长失宠和蔡夫人的影响，很受父亲的宠爱，刘表亦打算让他接手荆州。刘琦和刘琮兄弟之间因而生了仇隙。

在刘表死前数月，刘琦感到处境危险，便离开了荆州这个是非之地，到夏口去补黄祖的缺，当江夏太守。

建安十三年（公元 208 年），刘表病重，刘琦从江夏回来探望父亲。蔡瑁和张允怕他们父子相见会感动刘表，便将刘琦拒于门外，不让他见刘表。刘表逝世后，刘琮在蔡瑁等人拥护之下接任荆州牧。

　　曹操领兵南征荆州后，面对大军压境，蒯越、韩嵩及东曹掾傅巽等人游说刘琮归降曹操。刘琮仍想反抗，说："今天与你们诸位据守荆州，守父亲的基业，观望天下转变，不可以吗？"

　　但傅巽说："逆顺有大体，强弱有定势。我们以臣下抵抗朝廷，是叛逆之道；以荆州去对抗中原，必定是危险事；为刘备抵抗曹操，是不划算。三项都显得不足，故想抵抗朝廷军队，必定是灭亡之道。将军觉得自己与刘备相比如何？"

　　刘琮如实回答："不如。"

　　傅巽便说："若刘备不能抵抗曹操，那么荆州就不能自存。若刘备能抵抗曹操，那么刘备就不再是将军的臣下了。希望将军不要再疑惑。"

　　刘琮听后想想也是，自己没有力量抵抗曹操，倘若利用刘备抵抗曹操，如果失败，荆州会遭到更大的破坏，自己的身家性命也难保；假使刘备抵抗成功，刘备又不肯心甘情愿做自己的部下，服从自己的调度，荆州地盘还不是自己的，遂接受了他们的建议，向曹操投降。

　　曹操轻而易举得到了荆州，他很看不起刘表的这些儿子，轻蔑地说："刘景升诸子若豚犬耳！"

孙刘联盟

刘备自从建安六年（公元201年）投奔刘表以后，驻在荆州已有八年之久。其间，他拉拢了不少荆州的豪族地主，因此，他后来撤退时，"荆楚群士，从之如云"。

建安十二年（公元207年），经司马徽、徐庶推荐，刘备三顾茅庐，访得"卧龙"诸葛亮，从此有了替自己安邦定策的谋臣，如猛虎添翼。后来，他又利用清查户口的机会，招募到不少壮丁补充到自己的军队中。刘备在荆州的八年，虽无明显建树，但无论在军事力量、民心所向方面，还是在人才方面，都得到了很大程度的充实。

刘琮并没有把自己归降曹操的事告诉刘备，等到刘备发觉情况有异，派人去问刘琮时，刘琮才命他的属官宋忠到刘备那里，送上正式通知。此时，曹操大军已经压境，形势非常危急。

刘备于是赶忙把自己的军队从樊城向江陵一带撤退。由于追随他的部众多达十万余人，辎重车辆更是多达数千辆，因此行动十分迟缓，每天只能前进十余里。

刘备派关羽率领船舰数百艘走水路，约定在江陵会师后，再做打算。有人向刘备建议说："行军向来以迅速为重，所以应先保守江陵。我们的部众虽多，可有铠甲的士兵太少，如果曹操大军追及，如何抵御？"刘备说："创立大业，百姓为本，他们追随我，我怎么能忍心舍弃？"

曹操获悉江陵储存有大量粮草武器，唯恐被刘备得到，于是放下辎重，率轻装部队先到襄阳。听说刘备已经南下，又立即特选精锐骑兵五千人，紧急追击，一天一夜急行三百余里。

此时正值烈日当空骄阳似火，行军路上都是荒山野岭，找不到一滴水。兵士们都渴得有气无力，前进速度大受影响。这对行军极为不利，况且还要追击刘备，如此下去，难以成功。幸亏曹操利用"望梅止渴"之计，才解了燃眉之急，使大军得以继续行进，终于在当阳长坂坡追上刘备。

刘备部众崩溃。刘备抛弃妻子儿女，同诸葛亮、张飞、赵云等人，在几十名骑兵护卫下逃走。所有部众及辎重，悉数被曹操所得。

曹操于是占得江陵，任命刘琮当青州刺史，封侯爵，蒯越等封侯，另任命一批荆州名士担任荆州地方官，以此顺从民心。同时，取得荆州的江北四郡，收编荆州军七八万人，艨艟斗舰千余只，军用物资不计其数。艨艟斗舰机动性很大，来去如飞，敌舰无法靠近。曹操得此舰千余只，又加上荆州军士素习水战，愈加对顺江东下攻击孙权信心十足。

刘备自当阳被曹操击溃以后，向汉水方面撤退，正好与关羽率领的自汉水而下的水军会合。渡过汉水之后，又碰到刘表长子江夏太守刘琦，两下会合，有军队约两万人，一同退至夏口。夏口在江北，刘备仍认为不安全，又从夏口退到鄂城的樊口。刘备还在当阳长坂坡的时候，孙权就曾派鲁肃去联络他。因此，刘备到了樊口，也派诸葛亮同鲁肃一起去见孙权，并表示愿意组成联军，共同抵抗曹操。

曹操南征荆州之时，孙权正屯兵柴桑（今江西九江）。诸葛亮晋见孙权，分析时局说："现在全国一片混乱，将军在江东起兵，而玄德公（刘备）在汉水以南集结部众，欲与曹操争夺天下。如今，曹操大军已击破荆州，声威大震。四方英雄豪杰已无用武之地。玄德公向南撤退，还望将军量力收容。将军如果有决心和能力，以吴越的人力与朝廷抗衡，就应该趁早跟曹操断绝关系；如果自认为不能，不如趁早收起武器，脱下铠甲，向北方归降吧。当今，将军表面上服从朝廷，内心自有打算，迟迟不能做出决定。此等紧急时刻，仍优柔寡断，将军不怕大祸临头吗？"

"为什么刘备自己不去归降曹操？"孙权没好气地问。

诸葛亮早就料到孙权会反问这么一句，于是正色说："田横，齐国的一个壮士，还能坚守大义，不肯屈辱，何况刘豫州皇家苗裔、盖世英才，志士对他的仰慕，如同流水归向大海。如果大事不成，只能是天意，怎么能当曹操的部属！"

孙权当时年方二十七岁，正值血气方刚之时，被诸葛亮这么一激，勃然大怒道："我不能把吴国的故土、十万士兵，拱手奉送给别人，使之受制于人。我决心已定，不必再说了！我知道非刘豫州不能抵抗曹操，可是刘豫州最近连连挫败，怎么能当此重任？"

诸葛亮心里知道孙权已经有了联合抗曹的意愿，便献上对策："刘豫州虽然在长坂坡遭到挫败，但集结部众，加上关羽水军，还有精锐一万人，刘琦所属也不在一万人之下。曹操劳师远征，身心俱疲，加上不熟悉水战，且荆州将士大多并不心服。将军如果真能派一位猛将，率军数万人跟玄德公合作，一定可以击破曹军。曹操军败之后，定向北撤退。如此，荆州与江东势力强大，定会奠定鼎足三分的形势，还望将军早拿主意。"

孙权听后，便召集部属，商议接下来该怎么应对曹操。

黄盖诈降

曹操见孙权对形势抱观望态度，不敢得罪自己，便踌躇满志、雄心勃勃，认为只要挥师东下，孙权一定会慑于自己的声威，献地投降。

"不见得！"谋士贾诩提醒曹操保持冷静，说，"丞相平定了北方，今天又降伏汉南，声名远播。如果此刻能利用荆州四郡资源，休整部队、安抚百姓，时机一到，江东就会不战而服，不要急于一时。"

此时，曹操已被自己的实力冲昏了头脑，根本听不进贾诩的话。他写了一封信，派人送给江东孙权，信中说："近来奉天子之命，讨伐叛逆，军旗到处，刘琮降服。现在，我亲率军八十万，希望跟将军在吴国故地狩猎。"

孙权接到曹操这封充满傲慢和挑衅的信件后，让部属传阅，众人无不震惊。长史张昭首先发言："曹操挟天子以令四方，我们抵抗他，名不正、言不顺。再说，我们凭借的是长江天险，如今曹操占了荆州，长江天险早就失去了屏障作用。如果曹操水陆并下，敌强我弱，我们如何抵挡？不如归顺朝廷。"

众人纷纷表示赞同。

只有鲁肃一人不发一言。稍后，孙权起身出去，鲁肃追到走廊上，孙权会意，拉起他的手问："子敬（鲁肃字），我看你一言不发，必定早已有了主意，说吧。"

鲁肃答道："刚才众人的议论可能会让将军误入歧途啊！像我鲁肃可以归降曹操，大小也能再谋得一个职位，而将军却不可以，请将军早日做出决定。"

孙权叹息说："众臣所言，使我失望，你的睿智分析跟我的想法完全相同，看来只有你子敬了解我啊。"

鲁肃劝孙权召回周瑜，共商大事。

周瑜返回后，对孙权说："曹操名义上是汉朝丞相，其实是想篡位的奸贼，天下人人得而诛之。将军英雄盖世，又继承父兄的基业，据守江东广大土地，拥有充足的精锐部队，自当横行天下，为汉王朝清名正位，怎么能投降？"

周瑜紧接着分析道："目前，北方尚未完全平定，西北有马超、韩遂，仍驻屯关西，始终是曹操的后患，他却强行南下，这是他的失策。曹军向来善于野战，而疏于水上用兵，如今竟然舍弃马匹，改用船舰，跟吴越士兵在江河争锋，岂不是自寻死路？现在正是严冬，千里冰封，战马吃不到野草，曹操还驱赶这些北方部队盲目地投入到错综复杂的河川湖泊之间，水土不服，疾病必定流行，曹操这是不顾一切贸然前来。将军请拨付给我数万精锐，挺进到夏口，保证为将军击破来敌。"

孙权听了，又感动又高兴，遂猛地站起，慷慨激昂地对众人说："曹操老贼早就打算颠覆朝廷，自己篡位，只是顾忌袁绍、袁术、吕布、刘表以及我孙权。如今，其他英雄都已被消灭，只我还在，我跟曹操老贼势不两立。你主张迎战，正合我意，公瑾真是上天赐给我的将才啊。"说罢，抽出佩刀，向桌案砍去，坚决地表示："谁要是再敢说迎降，跟这个书案的下场一样！"

当夜，周瑜再次晋见孙权，说道："大家看到曹操的书信，都被他的水陆两军八十万吓得惊慌失措，不能正确分析其虚实。其实，曹操所统率的直属部队不过十五六万，而且经过长途跋涉，早已疲惫；新接收的荆州部队充其量也不过七八万，而且并没有完全臣服。用疲惫的将士驾驭军心不稳的部众，人数再多，也难以凝聚力量。我只需五万人的精锐部队就足以克制敌人，请将军不必担心。"

孙权非常感动，拍着周瑜的背亲切地说："知我者，公瑾也。你的见解跟我的相同。五万人一时难以集结，现在已征调三万人，粮草、船舰、武器都已经准备齐全，你跟鲁肃、程普先行出发，我在后方继续集结部队，作你的后盾。"

于是命周瑜、程普为左右翼总司令，鲁肃任赞军校尉，率军北上，与刘备合兵一处，共同抗击曹操。

曹操率水陆两军自江陵出发，沿江东下，到达赤壁（今湖北赤壁西北），与周瑜、刘备联军遭遇。这时，曹操军队中疫病的传播已不受控制，所以和孙、刘联军一接触，曹军就打了个败仗，退到北岸乌林，与孙、刘联军隔江对峙。

当时已经是十二月份了，长江之上寒风凛冽，舰船被波浪颠簸得七歪八扭，骑惯了马、不习惯坐船的曹军将士，在船上一直呕吐不止。这个时候，曹操想到了一个办法：把这些舰船连起来。把小船联合在一起变成一艘大船，它就不颠簸了。

这个主意是谁出的？不知道是曹操自己想出来的还是曹操的谋士想出来的，史书对此没有记载。《三国演义》说是庞统献的连环计，这肯定是与史实不符的。根据《三国志·庞统传》的记载，庞统根本就没有参与这场战争。

然而，正是这个做法给了孙、刘联军可乘之机。周瑜的部将黄盖就对周瑜说："今寇众我寡，难以持久。然观操军船舰首尾相接，可烧而走也。"

曹操除了把水军舰船连成一片驻扎在北岸以外，他的陆军也已经开到了，把营寨扎在岸上。黄盖说现在敌人多、我们少，这样僵持下去不是个事儿，但是我看他们把船连成一片了，那就有办法了。干脆就放它一把火，把他烧走。

周瑜采纳了黄盖的计策。于是黄盖诈降，还派人送了诈降书。曹操把送信的人叫来盘问了一番，最终确定是真投降。

得知曹操上当了，周瑜和黄盖准备了几十艘船，船上都装满了柴火，又浇上了油，然后在这些柴火上蒙了一块布把柴火遮掩起来，再在船上插上旗子，大船后面又系了些小船，以备逃跑时使用。

一天，东南风大作，黄盖带领十艘艨艟斗舰，直奔北岸曹营。曹操官兵都以为是黄盖来降，便聚集在江边和船头观看，向江心指指点点，欢声雷动。

当黄盖的船队将要靠近北岸时，黄盖命人点燃柴火，在确认每只船都已经被点燃后解开备用小船，安全撤离。风助火势，十艘船如离弦之箭冲向北岸，冲入曹操舰群。刹那之间，曹操船队都燃起了大火，不一会儿又蔓延到岸上的营寨。一时间，只见江心和岸边烈焰冲天，曹军士兵、马匹，或被烧死，或坠入长江溺死。曹军哭号之声闻于天，死伤难以计数。

曹操一看这下没救了，就下了道命令，放火把没烧着的船也都烧了。反正要走人了，这船不能留给刘备和周瑜。

都是骄傲惹的祸

　　江北情况很快被报告给周瑜，于是他下令立即擂动战鼓，并率轻装舰艇随后赶到。战鼓雷鸣，曹操大军顿时崩溃。曹操在硝烟弥漫中难以收拾局面，便带着残部由小道向西逃跑。

　　沿途泥泞不堪，路又阻塞，再加上突然刮起的狂风，队伍几乎不能行走。曹操命令老弱残兵去背草填路，骑兵部队才勉强通过，而那些背草铺路的老弱残兵，很多因被人马践踏而倒在泥浆中，死亡不计其数。刘备、周瑜水陆并进，在后追击，一气追到南郡。

　　曹操大军惨败之后，又兼粮草不济和瘟疫横行，人马伤亡过半。曹操害怕失败的消息传回许都，朝廷会发生变故，所以不敢在荆州多做停留，留下大将曹仁、徐晃守江陵，乐进守襄阳，自己引军北还。

　　周瑜进攻江陵，经过一年多的时间，终于将城攻下，迫使曹军退守襄、樊。在此期间，刘备将少数兵力派往长江南岸协助周瑜攻江陵，主力部队则南下攻占了荆州位于长江以南的四个郡，趁机发展壮大了自己的势力。此时的局面正如诸葛亮在战前给孙权分析的一样，三国鼎立之势初具雏形。

曹操向来心胸开阔、气度恢宏、礼贤下士，对属下的意见也是耐心倾听、虚心接受，人们都甘愿为他效劳。纵然与张绣有深仇大恨，一听张绣来归降，也立即握手言欢、封赏有加；陈琳的檄文何等恶毒，因为人才难得也予以宽恕。正是他这种管理方式和用人心态才有了之前无往不胜、节节挺进的局面。

然而，接连的胜利使得曹操迅速膨胀，以为天下人都不如他，终致赤壁之战大败。一代雄才的曹操尚不能避免头脑发热，世间的英雄豪杰又怎能因小小失误而求全责备、妄自菲薄呢？逆境之中能保持谨慎清醒者又有几人？一旦顺境，最易出错的便是得意忘形。曹操因此而致使天下三分，这也是他至死都悔恨不已的吧。

曹操撤退时途经华容道，北风凛冽，道路泥泞，人马难行。曹操只好下了一道命令，让老弱病残负草填路。路还没有完全填好，曹操的骑兵就冲了过去，结果这些负草填路的赢兵被曹操的骑兵踏在泥泞里面，死于非命，惨不忍睹。

这件事情反映出两方面的问题，一是曹操逃亡得很狼狈，什么都顾不上了；二是曹操这人确实心太狠了。曹操没有人道主义观念，他为了自己的成功从来都是不惜牺牲别人的生命的。

曹操在赤壁之战中究竟犯了哪几个致命的错误呢？曹操又是如何一步步从具有绝对优势到大败而逃的呢？

裴松之说："赤壁之败，盖有运数。实由疾疫大兴，以损凌厉之锋；凯风自南，用成焚如之势。天实为之，岂人事哉！"按照裴松之的这个观点，曹操之所以在赤壁之战吃了这么大一个败仗，第一是由于他的军队遇上了疫病，得了一场我们现在说不出名字来的大面积感染的流行性传染病；第二则是他做梦也没有想到的，一贯刮西北风的冬天会刮起东南风来，实在是运气不好。

其实，曹操的失败，他个人的主观原因也很重要。曹操发动这场战争，本来是有优势的，有什么优势呢？第一，曹操挟天子以令诸侯，诸侯不敢与之争锋，这个叫作政治上有优势。第二，曹操夺得荆州威震四海，许多人闻风丧胆，这是心理上的优势。第三，曹操夺得荆州势如破竹，军心振奋，以振奋兴盛之师战闻风丧胆之军，有气势上的优势。第四，曹操人多势众，孙、刘联军相对人数较少，曹操有军事上的优势。

曹操正是仗着这四大优势，才敢顺江东下来打刘备和孙权。那么为什么后来失败了呢？

根本的原因在于曹操的战略目标不明。他的主要目标当然是想打刘备，但也起了顺便打孙权一下的心思，胃口太大了，贪得无厌。

他这个时候的正确做法应该是把目标锁定在刘备身上。如果把目标锁定在刘备身上，就应该在当阳大败刘备以后乘胜追击。曹操从北边通过宛城、义县往南进军，到了新野的时候刘琮就投降了。刘备在樊城慌慌张张渡水到襄阳，然后往南跑，带着很多人，一天只能走十几里。曹操五千轻骑兵一日一夜三百里追上来，在当阳大败刘备，此时应该揪住刘备不放才是，可他居然跟刘备分手了。之后刘备斜趋汉津，跟着鲁肃、诸葛亮、张飞、赵云，还有前来接应的关羽一起到夏口去了；曹操却往南跑，到江陵去了。

如果把目标锁定在刘备身上，就应该在刘备跑到夏口之前把他灭掉，顺便把鲁肃也俘虏了，但曹操没有这样做。曹操也可以在到了江陵以后马上掉转头再去追，这样至少可以赶在孙、刘联盟形成之前把刘备灭了。但他也没有这样做，而是到了江陵以后就停下来，安抚荆州投降的人。

贾诩建议曹操说，你这个时候不要顺江东下，你应该把这个地方安抚好，采取怀柔政策，让荆州的士民都真心诚意地归顺你，到时候江东就会不战而降。他不接受，两个月以后又上路了。坏就坏在这两个月，如果停留的时间短，他可以击破刘备与孙权的联盟；如果停留的时间长，他可以做好充分的准备，等来年开春以后，不刮北风不生病的时候再去打。而他却在一个错误的时间，发动了一场错误的战争。

就算这些都做不到，他其实还有一个办法，就是自己在江陵待着，派曹仁等人率步兵进攻夏口，即便不能把刘备消灭，也能把刘备堵住，或者逼着刘备往南跑去投奔苍梧太守吴巨，那也比让他投奔孙权要好很多。

或者率领部队去夏口，甚至可以进军樊口，把这个地方扼守起来，对孙权也是一种威慑，说不定孙、刘联盟就搞不成了，即便搞得成他们的军队也不会来到赤壁。

可惜的是，这些事情曹操都没有做。因为什么没有做呢？像曹操这样一个军事大家怎么会犯这样一系列的错误呢？很多学者的结论是骄傲轻敌。由于骄傲轻敌，他对孙、刘联盟的估计不足，总认为孙权会像公孙康一样把刘备的人头给他送过来，但他没想到的是孙权不是公孙康，此时也非彼时。曹操前期之所以能在中国北方连续取得胜利是因为当时群雄割据、互相争斗，曹操坐收了渔翁之利。现在他把这些诸侯都收拾完了，只剩下刘备和孙权了，他们能不联合吗？他们不联合就是死路一条，所以必定是铁了心联合起来对付自己，可惜曹操没有估计到这一点。

所以说曹操之败在于骄傲，孙、刘之胜在于联盟。赤壁之战的时候，孙权二十七岁，诸葛亮二十八岁，周瑜三十四岁，鲁肃三十七岁，曹操五十四岁。吴晗先生说赤壁之战是被进攻的打败了进攻的，哀兵打败了骄兵，青年打败了老将。其实吴晗先生还有一个人没有算进去，那就是刘备。刘备当时多少岁呢？四十八岁，如果把刘备加进去，那么孙、刘联军这边首脑人物的平均年龄是多少呢？三十四岁，正是周瑜的年龄。因此，赤壁之战也可以说成是周瑜打败了曹操，也就是三十四岁的打败了五十四岁的。

不过，曹操虽然老了、败了，但是笑傲江湖的英雄本色依旧未改。曹操从华容道冲出去以后又笑了。大家问他："丞相为何而高兴呢？"曹操说："刘备，吾俦也。"刘备确实是我的对手，可惜的是，他的行动总是晚了一步，如果他在这个地方埋下伏兵堵截，再放一把火，我们这些人恐怕连骨灰都没有了。

曹操虽然失败了，但依然不忘自嘲，表现了他的乐观主义精神。

得陇不望蜀

　　赤壁之战的大败使曹操明白，他一时之间无法同时解决孙、刘两家，只有努力使北方保持一个相对安定的环境，加强农业生产，积攒力量，等到具备了战胜孙、刘的经济基础后，才能获得战略上的优势，才有胜利的可能。曹操决定把这一策略作为大的战略方针，首先巩固自己的后方，统一关中，然后再乘机夺取汉中，进攻巴蜀。

　　此时关中还处在割据分裂的状态之中。割据的将领中最强的是马超和韩遂。其他一些将领虽无大志，但兵马强悍，且关中地形复杂、疆域宽广，易守难攻，平定关中谈何容易？而且，这些割据势力名义上还接受朝廷的任命，如果骤然用兵攻击他们，实在是难以令天下人信服。

　　曹操于是先扬言要夺取汉中，讨伐黄巾军的余孽——张鲁领导的农民军。这样一来，曹操的大军就可以名正言顺地经过关中，而这些地方的将领必会出兵阻挡，到那时曹操便可正式下令对他们进行讨伐。

　　建安十六年（公元 211 年）春，曹操命驻扎洛阳的司隶校尉钟繇率大将夏侯渊等打着征讨张鲁的旗号进兵关中。关中割据各处的将领果然立即警觉起来，纷纷采取行动。马超、韩遂、侯选等十部人马联合叛变，推马超、韩遂为总头领，率部众十万，据守潼关。曹操命安西将军曹仁率领大军继续前进，但不可与对方交战。

七月，留曹丕、程昱守邺城，五十七岁的曹操亲率大军西征。很快，曹操大军抵达潼关，此时关中各处军阀纷纷向潼关集中，以阻止曹军西进。曹操手下的将领们建议迅速出战，他却要大家耐心等待，让敌军多多聚集，以便一战解决。

马超来阵前挑战，曹操下令固阵坚守，不要出战。与此同时，曹操暗中命徐晃、朱灵率步骑混合兵团四千人，从蒲坂津（今山西永济西黄河渡口）渡过黄河，在黄河西岸建立基地。

闰八月，曹操突然从潼关北渡黄河，士兵先乘船过去，曹操自己跟虎贲武士一百余人，留在南岸断后。最终，曹操涉险过河，抵达对岸。

曹操抵达蒲坂后，再由坂津西渡黄河，然后沿着黄河修筑夹道，向南推进。马超等退到渭口潼关。曹操为了吸引更多的敌人，并没有和马超军团正面接触，而是派出小股军队四处游击，使马超等无法判断他的真正意图。

一天夜里，曹操派士兵乘船进入渭水，并迅速搭建浮桥。到了深夜，部分主力部队已在渭水南岸筑下营寨，设好埋伏。等到天亮，马超等才发现曹操大军正在渡过渭水，对自己构成极大的威胁，于是匆忙出击，却被早已埋伏好的曹操部队击败，马超等只好放弃潼关，撤退到渭水之南。马超以愿割让黄河以西土地为条件与曹操讲和，曹操佯装答应，实际上大军继续前进。

九月，曹操大军主力全部渡过渭水，马超为了给立足未稳的曹军以迎头痛击，屡次主动挑战，曹操却重施故技，严守营垒，不予回应。马超等摸不清曹操的意图，心中不免忐忑不安，不敢贸然进攻。

曹操虽然表面没有动静，却在暗中运筹帷幄。他接受了贾诩的建议，最终采用离间之计使得马超跟韩遂互相猜疑，无法合力迎敌。曹操估计两人已貌合神离，于是约定日期决战。他先用轻装部队突击，一阵厮杀后，再突然投入主力部队。马超、韩遂难以抵挡，各带人马逃奔凉州，其余将领死的死、散的散，关中联军至此溃灭。

关西平定了，曹操率军回到长安。将领们这才向曹操说出心中疑问："当初，敌人主力据守潼关，渭水北岸没有敌军兵力，我们不从河东直接攻冯翊（今陕西高陵），反而把重兵压在潼关之下，然后再北渡黄河，为什么多此一举？"

曹操说："敌人据守潼关，我们重兵一旦进入河东，敌人一定沿着黄河布防，严密把守渡口，我们就无法强渡。所以我把重兵集中在潼关城中，吸引敌人主力，黄河两岸的防备自然松懈，徐晃、朱灵两位将军才能轻易取得西河（今陕西西北部）；然后，我再从潼关北渡内河。后来，敌人之所以愿意割让西河，就是因为有两位将军的大军已先进入，我们用车辆和树木，沿着黄河向南修筑夹道，一方面是为了安全，另一方面是向敌人示弱。渡过渭水后筑营，敌人猛攻而不应战，目的在于骄敌，让其以为很快就会结束战斗。他们果然没有做长期相持的准备，而一味割地求和，我满口承诺，一切接受，在于使他们自以为获得安全保障，不再警惕我们养精蓄锐。攻击一旦开始，就要做到所谓的'迅雷不及掩耳'。战略技术，变化莫测，不能固执。"

这一仗，几乎完全是按战前曹操说的那样进行，主动权被牢牢控制在他手里，显示了曹操高超的军事才能。

　　韩遂逃到凉州后不久就被部下杀死。马超退到陇上，攻打凉州未成，先投张鲁，再投刘备。

　　马超被赶跑，韩遂也死了，曹操算是基本平定了西北地区，再加上大将夏侯渊又占领了陇后，至此，关陇地区尽归曹操，北方地区算是基本统一。

第十六章　一步之遥

生子当如孙仲谋

本来曹操要接着攻打汉中，无奈在河北自己的腹地发生了以田银、苏伯为首的农民起义，曹操闻讯迅速把关中大军抽调回河北，然后来到邺城。此时，田银、苏伯已被击溃，形势刚刚稳定下来，曹操害怕匆匆出兵西北会再次导致局势失控，也担心孙权会趁机骚扰自己的后方，再加上已认定东吴才是自己平定天下的首要之敌，于是率兵四十万，直指东吴。曹操想用强大的军事力量震慑孙权，使他不敢轻易对北方用兵，然后他就可以专心经略西北了。

此时已是建安十七年（公元212年），曹操在朝野内外的声望达到了顶峰。正月，汉献帝下诏特许曹操"赞拜不名，剑履上殿，入朝不趋"。曹操看到权力能带来如此荣耀，权力之欲自然更加膨胀。

十月，曹操欲东征孙权。临行前，曹操和文武大臣欢宴，众人免不了对他颂扬一番。尚书董昭说道："丞相栉风沐雨几十年，其间，尽扫群雄，为民除害。自古以来，人臣拯救国家，能有丞相这样功绩的有几人？以您这样伟大的功业，不应该长久屈居臣属地位，您深以为自己的德行赶不上古人，内心不免忐忑，您愿意保持自己已有的名声节操。然而，您身为大臣，如果让其他人在大事上对您有所怀疑，就不可不多加考虑了，建议您晋级'公爵'，加'九锡'，以此表彰您对国家的特殊贡献。"

众人纷纷附和称是。曹操听了，心中暗喜，不禁有点飘飘然。什么叫"九锡"？"锡"即"赐"的意思，加"九锡"，就是要皇帝赐赏九件特别贵重的东西，这是古代大臣少有的最高荣誉，通常也是旧王朝的丧钟、新王朝的新生。

"万万不可啊。"在旁一直不说话的荀彧突然开口了，荀彧向来与众人难以合群，刚直不阿、实话实说，这次也不例外，"丞相本是打着拯救朝廷的旗号起兵，常常以忠贞不贰、辅佐朝廷、安定国家为己任，忠贞诚恳、谦恭退让。君子爱人，应磨砺他的品德，若轻易加'九锡'，恐让天下人不满，不宜采取这种行动。"

曹操听后虽然心中不悦，但又不便发作，只得表面答应不加锡，把称魏公的事暂时搁起。

曹操大军出发之后，曹操还想着怎么把荀彧除掉，以扫清自己做魏王的障碍，便写信要求荀彧到前线劳军。荀彧到谯县才赶上大营，曹操让他以侍中、光禄大夫身份担任丞相府军事参议官（参丞相军事），荀彧只得随军。曹操大军推进到濡须（今安徽无为）时，荀彧称病留在寿春，曹操无奈只好同意了。荀彧前思后想，觉得曹操要对自己不利，忧虑成疾，竟然一病不起。

一天傍晚，荀彧正躺在床上休养，忽报曹丞相派人来慰问。来人带了一盒食品，说是主公丞相的心意，一定要收下。荀彧疑惑地打开盒子，里面什么也没有，原来是个空盒！荀彧明白了，这表示自己对曹操已经没有任何价值。五十岁的荀彧两行热泪夺眶而出，在极度的忧郁病苦之中服毒自尽。

曹操得到荀彧自杀的消息，叹了一口气。虽然感到有些懊悔，但毕竟已经无法挽回。便下令厚葬荀彧，又追封他为"敬侯"。

建安十八年（公元213年）正月，曹操在濡须口击破孙权的江西（今长江西岸）大营，孙权亲率七万江东部队抵御。僵持一月有余，其间，曹操视察东吴的船舰、武器以及军队阵容，见各自阵容严整，颇有章法，不免慨叹："生子当如孙仲谋！"

后来，孙权写信给曹操，说："春季已到，江河水势将涨，北军不习水性，阁下应该迅速撤退，以免出现不测。"另附一小纸条："足下不死，我不能安枕。"曹操阅后，对手下将领说："孙权还真不欺骗我啊！"于是下令撤退。

五月，汉献帝将土地肥沃、人口众多的冀州十个郡封给曹操作采邑，因曹操长期驻扎邺城，而邺城又是十郡之一，还是魏郡太守的治所，故称此冀州十郡为"魏国"，加封曹操为魏公，兼任丞相和冀州牧，加"九锡"。

七月，曹操在魏国开建天地祭坛（社稷）和曹姓祖先祭庙。曹操为了更好地控制汉献帝，强迫汉献帝纳自己的三个女儿为妃，并封为妃嫔中第一级的"贵人"。从此，曹操在朝廷里更是一呼百应，群臣唯唯诺诺，不敢有违逆。

刘备乘曹操与孙权交战之机攻入益州（今四川成都），取代刘璋做了益州牧，又命关羽镇守荆州四郡，至此，蜀中尽归刘备。

神权王国的覆灭

初平二年（公元 191 年），张陵的孙子张鲁在汉中地区建立政教合一的农民政权，张鲁称"师君"。此时中原大乱，军阀混战，且忙着征剿黄巾军，根本无力讨伐张鲁，因此，这里成了汉末乱世中的一片净土，民众自愿投奔者达数万家。

中原混战结束后，任何当朝执政者都绝对不会允许张鲁政权这个异数存在。此时，曹操已完成歼灭黄巾军、铲除各路中原军阀的工作，汉廷已经形同虚设，曹操大权独揽，便将剑锋指向蜗居汉中的张鲁。

建安二十年（公元 215 年）三月，曹操亲征张鲁。

曹操大将张郃、朱灵部击破武都郡氐人，过陈仓（今陕西宝鸡东北）、出散关、抵达河池（今甘肃徽县）。七月，大军进抵阳平关（今陕西勉县西北）。

张鲁自割据汉中以来，久未经历战争，得知曹军大举来犯，便打算投降。张鲁弟弟张卫死活不肯，并沿着山势筑造长达十里的城墙，带数万人据险而守。

据张鲁投降曹操的人讲，阳平关下，南北两山相距很远，难以持久据守。他们劝曹操尽早兵发阳平关，曹操从之。可是，等到兵临关下，却发现完全不像那些人说的那样。敌军早已严阵以待。无奈，曹操下令进攻阳平山上各城。可惜山陡如削，无法攀登，一时难以攻下，士卒伤亡惨重，粮草又不济，曹操心情沮丧，打算派少数兵力切断山下通道，自己班师而回。

曹操性格坚毅，一生经历战争无数。可以说自他陈留起兵，近三十年以来，几乎每年都在作战，他不止一次遭遇过比这次攻城更艰苦、更惊险的情形，可为何这次能够接受无功而返，准备班师呢？也许他是真的感到累了，无能为力了，谁知道呢！

于是，曹操命令大将军夏侯惇、将军许褚传唤已攀登上山的部队撤退，但没想到前锋部队在夜中迷失道路，竟误入了张卫的另一大营。张卫的将士不知真假，以为曹操趁机来劫营，纷纷逃窜。夏侯惇、许褚得到消息，知道这是误打误撞，马上报告曹操，曹操趁机下令向张卫大营总攻，一举击破了张卫军团，攻下了阳平关。

张鲁听说阳平关失守，也无意再战，不久便向曹操投降，曹操遂占有汉中。丞相主簿司马懿建议曹操："刘备刚得益州，蜀民还没有心服，他又正远在江陵与孙权争夺土地，这个机会不可错过。我们占据汉中，益州震动，如果大军压境，他们就一定会瓦解。圣人行事，既不可以违背天时，也不可以不顺应时机。"

谋士刘晔也认为若不及时乘胜占领蜀地，刘备、诸葛亮定会遍施恩泽、安抚百姓，等到人心稳定，那时便不易攻取了。曹操听了，沉默良久说："人最痛苦的是不能自我满足。我们刚得到陇地，又在盼望得到蜀郡，实在是不应该呀。"于是下令班师。

其实，刘备此时刚刚得到益州，尚无恩德加于百姓，未免人心浮动。若曹操此时趁机兵发刘备，很有可能取得胜利，可惜他错过了良机，再也没有机会了。

借刀杀人

　　赤壁之战后，孙权占了江东，刘备向孙权"借"了荆州，接着又占领了益州，对孙吴构成威胁，孙、刘两家的矛盾便逐渐尖锐起来。孙权派人向刘备讨还荆州，刘备岂肯答应？双方争执不下。后来，刘备闻听曹操要进攻汉中，威胁益州，这才慌忙同意平分荆州，以缓和矛盾。

　　孙、刘关系稍稍缓和，刘备便集中兵力与曹操争夺汉中。建安二十四年（公元219年）正月，刘备大将黄忠在阳平定军山斩杀曹军大将夏侯渊，大败曹军。曹军士气受挫，到了五月，曹操不得不退出汉中，撤回长安。刘备趁机占领汉中，自称汉中王。

　　早在刘备在荆州三顾诸葛亮于草庐之中时，诸葛亮就曾对刘备说："如果掌握荆州、益州，据守险要，安抚、接纳境内外的所有外族，和平共存，再跟孙权敦睦邦交、缔结盟好，就能做到对内清明政治、对外通观全局。一旦有变，即可命令一员上将率领荆州之军，攻向宛城、洛阳，将军则带领益州大军出秦川，攻向长安，这样一来，天下必定平定。"这就是著名的《隆中对》，也可以说是刘备的长远规划。

刘备在攻克汉中后，就立刻开始按照计划实施了。他命驻防荆州的关羽进兵襄、樊，北向宛、洛，以攻曹操。

七月，关羽进攻樊城。曹军由征南将军曹仁防守樊城，闻听关羽率大军前来攻打，派于禁、庞德等七军屯于樊北，与城内互为掎角，以待关羽。此时正值雨季，大雨不断、汉水暴涨，关羽用计水淹七军，降于禁、杀庞德，很快包围了樊城。曹仁知道难以抵挡，只好带领将士坚守待援。

这时曹操正在洛阳，听到于禁被擒、樊城被围，心中不免惊慌，遂召集文武百官商议，准备暂时放弃许都，避开关羽的势头。

迁都不仅劳民伤财，而且政治影响深远。曹操面对关羽的强势进攻，竟然首先考虑这样做，可见曹操此时已无当年的锐意进取之心。

谋士司马懿竭力劝阻迁都，他说："樊城被水淹了，但是对我军并没有造成重大的战略影响。刘备、孙权虽然表面和好，实际矛盾很大，关羽得志，孙权必定忌惮。我们何不派人去劝说孙权，讲明事成之后，可以将江南封给他，让他趁关羽后方空虚，袭击其后方，关羽必定回救，这样樊城之围便不攻自解了。"

曹操一听，觉得有理，便一面下令曹仁坚守城池，一面派人去策动孙权。同时，又故意把这个计划泄露给关羽。

曹操派来的使者向孙权说明来意，孙权大喜。既可击败关羽，扬名天下，又可扩大自己的领地，实在是天大的好事。于是立刻派吕蒙领大军沿江而上，前去偷袭关羽的后方江陵、南郡。

同时，曹操也派徐晃领援军去救樊城，徐晃见东吴开始偷袭关羽后方，便开始对关羽进行反攻。关羽与徐晃相持，很快南郡、江陵失陷，关羽只得从樊城撤退，一路上军队逃散者众多，整个荆州都空掉了。

关羽无处可逃，只得退到麦城。吕蒙率军包围麦城，关羽从麦城逃出，路上被吕蒙所杀。

曹操这一次利用孙、刘矛盾消灭了关羽，不但解除了襄樊的暂时威胁，而且从战略上来说，使蜀汉失去了荆州根据地，诸葛亮的战略计划遂告流产。

孙权杀了关羽，夺了荆州，害怕刘备找自己麻烦，就想栽赃曹操，不想被曹操识破奸计，没有得逞。

要做周文王

朝中大臣多次要求曹操称帝，曹操都予以婉拒，并把自己和周文王相比，将之作为屡屡推辞的理由。

周文王三分天下有其二，但仍旧做着殷朝的臣下，他的儿子才灭了殷做了王，也就是周武王。曹操说自己要做周文王，潜意识里已经表明，他这一生做魏王就可以了，让他的儿子去做皇帝。

其实，曹操很早就有这样的想法。早在进兵关陇之前，他就将文武百官召集到邺城的铜雀台，同他们一起登台摆宴欢庆，并在席间表明了自己大权独揽的野心。

铜雀台濒临漳河，台高十多丈，左面有玉龙台，右边有金凤台，各高十丈，上有双层桥相通，金碧交辉、雄伟壮观。为什么取名"铜雀台"呢？"铜雀"是一种名贵的酒器，"雀"又写作"爵"，有"爵位""爵禄"的意思。曹操自从迎帝迁都以来，挟天子以令诸侯，权势越来越重，但又怕被人说专权，因而便借着"铜爵"的因由，在邺城大兴土木，建造铜雀台，以显示他高贵的爵位，并表示这便是自己晚年的最大享乐，并无其他奢望。

　　当天，曹操头戴嵌宝金冠，身穿绿锦袍、玉带珠履，居高而坐。文武百官依次侍坐两侧。曹操先命武官曹休、文聘、曹洪、张郃、夏侯渊、徐晃、许褚等比武取乐，随后又命文臣王朗、钟繇、王粲、陈琳、阮籍等即席赋诗。平日，大家都知道曹操诸子能诗善文，便纷纷要求他们一展文才。曹植首先应声而起，于众人面前，挥笔成章，片刻之间，写成一篇《铜雀台赋》：

　　从明后而嬉游兮，登层台以娱清。见太府之广开兮，观圣德之所营。建高门之嵯峨兮，浮双阙乎太清。立中天之华观兮，连飞阁乎西城。临漳水之长流兮，望园果之滋荣。仰春风之和穆兮，听百鸟之悲鸣……

　　曹操在一旁听他诵读着，连连点头，众人也无不称赞。接着，文官们都争着赋诗作文，大多称颂曹操的功德巍巍。曹操一一阅毕，笑着说："诸公称誉过甚。想当初，我刚举孝廉，年纪很轻，又非知名人士，恐怕被世人看作平庸无能，故决心办好地方政教来树立名誉，不想没多久，便招来祸端，只得称病回乡。从此，春夏读书、秋冬狩猎，只想等到太平之日，再干一番事业……"

　　"丞相雄才大略，怎能长久埋没深山……"左右笑道。

　　"不想朝廷任命我为典军校尉。不过，当时我只想为国家讨贼立功，死后能在墓碑上写一句'汉故征西将军曹侯之墓'，也就心满意足了。后来，讨董卓、剿黄巾、除袁术、破吕布、取袁绍、击刘表，直至身为丞相，人臣之贵已极，还有什么不满足的呢？如国家没有我这个人，真不知会有多少人要称王称帝呢！"

　　"即使周公也比不上丞相啊！"众人齐声称颂。

"可是，"曹操面色一下凝重起来，语气也更恳切，"总有人说我势力强盛，又生性不信天命，说我有称帝的野心。此等胡乱推测，常常使我感到不安。我常读史书，见齐桓、晋文、乐毅、蒙恬等人，虽然都兵势强大，但仍坚持君臣大义，我总被感动得流泪。我之所以说出这些肺腑之言，是恐怕别人不相信我啊。"

曹操的语气更加恳切而坚决地说道："想让我放弃所统领的军队回到武平侯国是不可能的。为什么呢？我确实怕若放弃了兵权，就会被人谋害，我既要替子孙打算，也要考虑汉室家国的安危。天下还不太平，我不能让位，至于封地，我愿退让。现在我把阳夏、柘、苦三县两万户的封地交还给国家，只享受武平县一万户的租税，以此减少别人对我的诽谤，同时也稍稍减轻我的责任。"

"丞相英明，丞相高虑。"百臣众口称赞。曹操笑了笑，便命呈上美味佳肴，大家开怀畅饮。文武官员轮番敬酒，一时觥筹交错、颂辞不断。曹操兴趣更浓，连饮数杯，命人取来纸笔，当即赋成一首《短歌行》：

对酒当歌，人生几何！譬如朝露，去日苦多。慨当以慷，忧思难忘。何以解忧？唯有杜康。青青子衿，悠悠我心。但为君故，沉吟至今。呦呦鹿鸣，食野之苹。我有嘉宾，鼓瑟吹笙。明明如月，何时可掇？忧从中来，不可断绝。越陌度阡，枉用相存。契阔谈䜩，心念旧恩。月明星稀，乌鹊南飞。绕树三匝，何枝可依？山不厌高，海不厌深。周公吐哺，天下归心。

诗成，曹操便命歌伎谱曲入乐，当场唱了一遍，歌声慷慨奔放，感情深沉，表达了曹操感慨人生短促和思贤若渴的心情。这首诗是自《诗经》之后，四言诗中难得的优秀篇章。众人听了无不动容。

"丞相思贤若渴的心情，我们都可理解。不过如今丞相身边，文武齐备，天下贤士，莫不归心，哪里还用得着这番焦虑呢？"众人在一旁劝慰道。

"不，不，天地间，人为贵。自古以来，开国和中兴君主，是请有才能的人和他共同治理天下的呢？当初他们得到人才时，难道是偶然碰到的吗？不都是当政的人访求来的。当今天下尚未平定，正是访求人才最迫切的时刻。你们想一想，现在难道没有穿着粗布衣服，怀有真才干，却像姜子牙那样在渭水边钓鱼的人吗？难道就没有像陈平那样蒙受盗嫂受金的污名，却未受到重用的能人贤士吗？"曹操说到这里，越加激动起来，"你们要帮我发现那些地位低下的被埋没的人才，要'唯才是举'，即使那种被认为不孝但有治国用兵才能的人，也要把他们推荐给我，不能有遗漏！"众人听了连声称是。曹操求才若渴、忧国忧民之心情，由此可见一斑。

夺嫡之争

建安二十一年（公元 216 年）五月，汉献帝晋封曹操为"魏王"。

当初，中尉崔琰推荐杨训给曹操，曹操以礼相待。等到曹操晋封王爵，杨训上书歌功颂德，引起朝中部分人的不满，讥笑杨训只会阿谀世俗，虚伪浮夸、不做实事，还借机挖苦崔琰竟然推荐这种人。崔琰向杨训要了奏章草稿观看，写信给杨训说："呈递奏章是一件好事，不过要注意影响。"当时，和崔琰有仇的人乘机向曹操检举道："崔琰态度傲慢，怨恨诽谤、悖逆不逊。"曹操听后非常恼怒，不分青红皂白，立即逮捕了崔琰，将他剃光头发，罚当奴工。

所谓墙倒众人推，有人见检举有利可图，便进一步向曹操揭发："崔琰当奴工，常常手捻胡须，两眼直往前看，好像对谁有怒气。"曹操听信谗言，下令赐死崔琰，崔琰最终在狱中自杀。

尚书仆射毛玠对崔琰无辜冤死狱中哀叹不已，于是又有人到曹操那里去告毛玠对崔琰的死似有同情之心，对曹操表示不满，还说他看到犯人的妻子被罚没为官家奴婢时，曾说："天之所以久不下雨大概是因为有冤屈。"

曹操闻听大怒，立即逮捕毛玠投入监狱。侍中桓阶、和洽苦苦请求曹操一定要掌握真实情况再做决定，曹操没答应。直到当了魏王之后才放毛玠回家，不再任用。

至此，曹操已经几乎没有当年闻过即改、媚言不进、明察秋毫的优秀品质了。彼时，他已是六十几岁的老人，对权力的迷恋使他丧失了部分理智——害怕因失去权力而使自己死无葬身之地，这是曹操内心最纠结的。

建安二十二年（公元 217 年）四月，汉献帝下诏，魏王曹操可设置天子旌旗，出入戒严，须限制行人、清街道。十月，命魏王曹操官帽中佩挂十二旒穗（即古代君王皇冠上前后垂下的玉石串珠），乘黄金装饰的车辆，驾马六匹（古代只有天子可驾六）。曹操封了魏王，妻子卞氏封王后。眼见自己年事已高，立太子的大事被提上日程。

最初，曹操娶丁夫人，丁夫人膝下无子。妾室刘氏生大儿子曹昂，卞氏生了四个儿子：曹丕、曹彰、曹植、曹熊。刘氏早死，曹操请丁夫人养育曹昂，而曹昂在南征张绣时战死。丁夫人悲哀哭泣，难以自拔，曹操恼羞成怒，跟丁夫人"离婚"，把她送出府门，由卞氏继任夫人。卞氏所生小儿子曹熊早死。次子曹彰从小很有力气，勇猛善射、武艺高强。曹操曾对他说："你不读书，不懂圣贤之道，只会骑马射箭，这是一夫之勇，有何可贵？"

曹彰说："男子汉就应该驰骋疆场，建功立业，读那么多书有何用？"曹彰长大以后，跟随曹操南征北战，果然骁勇善战，屡建奇功，颇得曹操的欢心。

因为曹彰的胡子是金黄色的，曹操就叫他"黄须儿"。有一次，他立了大功，曹操要召见他，大哥曹丕对他说："你虽然立了功，但不要太过骄傲，应多提携别人，总结自己的不足，这样父亲会更加欣赏你的。"曹彰见了曹操，果真像曹丕说的那样，把功劳都推给手下的将领，反而说自己还要继续努力。曹操听了大喜，捋着胡子说："黄须儿真是天才啊！"但是，曹操对他始终不放心，怕这个黄须儿只是有勇无谋，难成大事。因此，从没有立他为太子的想法。

长子曹丕和三子曹植都是才子，但曹操更喜欢曹植。曹植机敏而多智，学识广博而反应敏捷，十几岁就读遍了经书子集，诗词歌赋也都超过曹丕很大一截。有一次，曹操看了他写的文章，问他："是不是叫人代写的啊？"曹植立即跪下说："孩儿向来出口成章、下笔成文，如若不信，请父亲当面出题！"曹操当即令他作文，果真挥洒自如、一气呵成，从此便对他厚爱有加，要求也更加严格。其实，曹操这是打心眼儿里想让曹植做太子。

建安十九年（公元214年），曹操带领曹丕一起出征，让曹植留守邺城。临出发前，曹操告诫曹植说："我二十三岁的时候任顿丘令，回想自己那一时期的所作所为，真是获益匪浅；现在你也二十三岁了，更应该努力上进。"这也从一个侧面说明曹操对他确实寄予厚望。

曹操虽然很看重曹植，但是要立他为太子，必须拿出充足的理由，否则难掩众口。曹植身边的一些文人，如丁仪、杨修等也早已看出曹操对曹植的喜爱之情。他们见太子久久未能确立，便在曹操跟前竭力夸奖曹植，想为以后扶摇直上下赌注。

有一次，丁仪对曹操说："三公子天性仁厚，文章辞赋又名扬天下。当今天下贤才君子，无论老少，都愿与之相交。这真是魏王的福分啊！"

"哪里哪里！"曹操听了很受用，脸上笑呵呵地客气道，"子建（曹植字）确实文采非凡，机智敏捷，但还没有你说的那么好……"

　　曹操心中对曹丕、曹植难以定夺，便用不计名的方式向外界探听众人对两个儿子的印象。结果发现陈群、贾逵、华歆等人都主张立曹丕，反对曹植，而且崔琰还公开表态："按照《春秋》大义，法定继承人应属于长子。五官中郎将曹丕深有仁爱、孝顺之心，人又聪明，应该继承正统。"

　　人事管理官（东曹掾）邢颙也回答道："废长立幼是古代最大的禁忌，请殿下多多考虑。"曹操见反对立曹植的不少，只好暂停议论此事。

　　有一天，曹操令退左右侍从，征求谋士贾诩的意见，贾诩沉默不语，曹操说："我跟你说话呢，你怎么不作声啊？"

　　"我心里正在考虑一件事，所以没有听到，请魏王恕罪。"

　　"哦？！正在想什么事啊？"

　　"正在想袁绍父子和刘表父子！"

　　曹操听完点头沉默不语，表情复杂，但心中已经对册立曹植为太子有所动摇。

　　曹丕见父亲喜欢三弟曹植，对自己时常非常冷淡，因此深感不安，于是派人请求贾诩赐教怎样得以自保。贾诩说："还望将军培养德行，放宽胸襟，努力学习学业，不违背做儿子的行为规范，这样就够了。"曹丕采纳，从此更加严格要求自己。

　　朝歌（今河南淇县）县令吴质是曹丕的密友。曹丕经常把吴质藏在装绸缎的竹筐里，用车载到家里，秘密交谈、议事。这件事被曹植的拥趸杨修得知，报告给了曹操。

　　曹丕得知后非常害怕，马上通知吴质，让他小心。吴质说："没关系，我来想办法。"第二天，曹丕照旧命人将装载绸缎的车辆驶人家中。杨修又向曹操汇报，曹操立即派人去查，却没有结果。曹操从此怀疑杨修，对杨修称扬曹植的话也有所提防。

有一次，曹操出征，曹丕、曹植都来送行。曹植歌功颂德、出口成章，左右都十分惊讶，曹操也非常高兴；曹丕则怅然若失，高下立现。吴质附到曹丕耳朵边低声说："大王出发，在人前只要表现出父子之间的亲情就可以了。"等辞别时，曹丕下拜，泣涕满面，曹操跟左右也都有些伤感，于是大家都认为曹植虽然文采华美，但不如曹丕忠厚敦义。

才高者难免有纵意任性的脾气，曹植也是如此，并且常常难以克制。曹丕则善用权术，知道树立自己的形象，于是王宫中人与曹操左右都对他称赞有加，曹操也就逐渐改变了对曹植和曹丕的看法。

建安二十二年（公元 217 年），一件事的发生终于使曹操彻底下定了决心。

曹植由于从小养成了一种放纵不羁的性格，所以时常会恣意行事。一日，天高气爽，正是游乐的好时节，曹植便约了几位好友，驾了一辆车，向洛阳大街飞驶而去。

车子经过东汉的王宫。他想，当初皇上从这里进进出出，肯定非常威风！现在父王喜欢我，我早晚要从这里经过，何不今天就来试一试？于是趾高气昂地对守门人说："快给我打开司马门！"

司马门是王宫的外门，在宫墙内有司马官守卫，除了供皇帝使用之外，平时是绝对不准开启的。汉献帝虽早已迁往许都，但洛阳的王宫仍然是东汉王朝的象征，所以日常仍有官员把守。司马官见曹植要私开宫门，便劝阻道："请公子原谅，私开司马门，我们不好交代……""有什么担当不起的，马上打开城门，快！"

守门官只好开了门。曹植快马加鞭，得意地驶入了宫门，同时还发出一阵不羁的笑声。

擅闯司马门可是重罪，曹操第二天就知道了，他大为震怒，把曹植狠狠地训斥了一通。他说，私开司马门，有杀头之罪，何况，这不仅仅是违反禁令那么简单，更重要的是曹植的这一行为会授人以柄，让其他人认为曹家有篡汉的野心。

他见曹植如此轻率行事，怕他以后再做出什么出格的事来，于是决定尽快册立太子，以免二子继续争斗。

处理完了"司马门事件"后不久，他下了一道《立太子令》，正式确立曹丕为太子。

王宫里的左右女官（御女）都齐声向卞夫人致贺说："将军被封为太子，天下人都非常高兴，夫人应该大行赏赐啊。"

卞夫人却说曹丕本来就应该被封为太子，只不过是自己的教导没有出现差错，让他顺利册封而已，实在不值得大肆庆祝。曹操对曹植却日渐疏远。

曹植跟杨修友善，一直主动跟杨修交往，杨修不敢拒绝。鉴于曹植时常思虑不周，于是杨修揣摩曹操的心意，预先写好若干问题的答案，交给曹植，对曹植的助手说："等大王手令送过来，参考问题性质回答。"如此一来，常常是曹操给曹植的问题刚刚下达，答案已送回案头。反复几次，曹操不由对曹植敏捷的反应感到惊奇。

经过调查，得知真相后，曹操对曹植更加疏远，对杨修也是万分厌恶，加上杨修又是袁术的外甥，曹操便伺机找了个借口将杨修逮捕并处死。从此，曹植心灰意懒，天天狂欢无度。

到了建安二十四年（公元219年），又发生了一件事，更加深了曹操、曹植间的嫌隙。当时曹仁在樊城被关羽包围，曹操令曹植急速带兵前往营救。不想，曹植竟被曹丕存心灌醉，躺在床上，爬都爬不起来。

曹操对曹植非常失望，只好改派徐晃前往。曹植更加失意了，再加上曹丕的猜忌、打压，以致终生郁郁不得志。

曹操为了魏国的根基稳固放弃了曹植，给这位才高八斗的文学才子带来了极大的打击，使他终生都难以再振奋起来，只能借诗言志，实在可惜。

死后薄葬

关羽水淹七军，包围樊城，曹操设计解围，随后回到洛阳。由于曹操长期过着军旅生活，精神高度紧张疲劳，便落下了头风病的病根。这次刚回洛阳不久就旧病复发，请医服药也不见好转。

一天晚上，他又感到全身不适，头痛得特别厉害。想起被自己杀害的华佗，不免有些后悔。第二天仍不见丝毫好转。到了第三天，他知道自己来日无多，就召集心腹大臣曹洪、贾诩、华歆、陈群、司马懿等来到榻前，对他们说："我依法严厉治军，这是我取得成绩的基础，这一点是正确的，至于我的那些失误和过失，你们都应该尽量避免……"

不等他说完，华歆在一旁轻声说："大王一生以法治军，说不上有什么大过失。望大王静心养病，别的不必忧虑……"

"不，让我说完，要不然恐怕没机会说了。"曹操很吃力地说，"现在四方还没有安定，不能遵照古代丧葬的制度，那样太奢侈。我死后，穿的戴的就像活着的时候一样，不必另做新衣服。文武百官来殿中吊唁的，哭几声就足矣。安葬以后，众官员就可以正常生活，不必搞得太铺张。驻防各地的将士，不必为了给我奔丧而离开岗位，官吏们也要各守职责。我死后就埋葬在邺城西面的山岗上，跟西门豹的祠堂离得近一点，也不要用金玉珍宝陪葬……"

听闻此言，卞氏和一群婢妾、歌舞伎人一边抽泣，一边跪在曹操榻前。曹操看了看她们，断断续续地对左右大臣说："她们都很勤劳，我死后，要把她们安置在铜雀台，好好对待她们。"然后又对妻妾们说道，"你们要在铜雀台的中央安放一张六尺长的床，挂上灵幔，供上祭物，每月初一、十五，你们应向灵帐歌舞。平时，你们要常常登上铜雀台，看望我的陵墓。"接着，又对卞夫人说，"我遗下的熏香可以分给各房夫人，不要用香来祭祀。各房的人没事做，可以让她们学着纺织丝带和做鞋子卖，换些钱用……"

说到这里，曹操忽然呼吸急促起来，卞夫人要他别再说话。她知道曹操一生主张节俭，有时衣服、蚊帐破了，不准换新的，而要缝补了再用；坐垫的茵褥，只是用来保暖，从不镶边和绣花。他的姬妾都不准穿着锦绣，曹植的妻子就因为穿绣衣被他知道后，被勒令返回娘家，并被逼自杀。她生前仅做了送终的四季衣服，盛在四只箱子里，箱子上分别标注了春夏秋冬的字样。

曹操早就提倡"薄葬"。建安二十三年（公元218年），他颁布了一道《终令》，明文要求死后不要厚葬，要将自己埋葬在瘠薄的土地上，依照地面原有的高度作为圹基，陵上不堆土、不植树。一年后，他甚至还为自己准备了送终的四季衣服，并留下遗嘱说："我如果死了，请按当时季节所穿衣服入殓，一概不要金玉珠宝铜器等物随葬。"

卞夫人虽然知道这些，但仍然追问，是不是还要做些衣服。曹操挣扎着说道："不用了，只要那四只箱子即可，其他一概不要。

我历年做官所得的各种绶带以及一些衣服，都放在府库里，如果留着没用，可以让孩子们分掉……"

一生驰骋疆场的曹操与世长辞，时年六十六岁。此时为建安二十五年（公元 220 年），正月二十三。

曹操死后，曹丕继承父亲的位置，为魏王、丞相，尊父亲为魏武王，母后卞氏为王太后。十月，曹丕便废掉了汉献帝，正式称魏文帝，追尊他父亲为武皇帝。

第十七章　赏罚分明

执法如山敢碰硬

曹操虽生性多疑，但却有着无上的权威，使得众将领对他深信不疑。这也是他在军中严肃风纪、严令治理的结果。

曹操作为一名不世出的军事家和政治家，深知法治的作用与威力。在他刚刚执掌洛阳城北的治安事务时，便执法如山，敢于碰硬。为了扩大影响面，他还拿皇帝身边的红人——宦官蹇硕的叔父开刀，终于肃清了洛阳的治安问题。他担任济南相时，又将胡作非为的地方官和豪强恶霸严厉惩治了一番，济南国国内一时间吏治清明，百姓称颂。

通过在不同职位上的政治实践，曹操充分认识到法治的重要性。因此，曹操起兵以后，把法治同军事家惯用的严肃军纪结合在一起，形成了严格执法、赏罚分明的治军法则。自陈留起兵，至建安二十五年（公元220年）去世的三十余年间，曹操制定并颁布了一系列军规法令。这是他之所以能够以弱胜强、不怕强敌的重要因素。所以即使是曹操的敌人，在对他咬牙切齿的同时，也不得不赞叹曹操的治军能力。

曹操治军军令严明。他带兵打仗靠的是治军的智慧，他给曹魏留下了一套严明的管理制度，所以魏国才不像蜀汉一样要靠人治才能得以维持。从这一点来讲，曹操不愧是一位真正的政治家。

曹操有着超越同时代人的法治观念。他亲自制定各种军令、法令等，并带头严格执行。其中，行军作战的具体条例有《战船令》《军令》《步战令》等。

在《战船令》中规定，登上战船前擂第一通鼓开始做准备；擂第二通鼓，什长、伍长先登上船，整理好槽桨，战士再持兵器上船，各就各位；擂第三通鼓，大小战船依次出发，前后左右不得随意交叉。违令者要斩首。

在《军令》中规定，将士在行军中可以打开弓调试，但不准搭箭，而在军营中，不准拉开弓。行军开始时，要举直矛戟，展开旗帜；擂鼓后走出三里，才可以斜拉矛戟，卷起旗帜，停止擂鼓。军吏不得在军营中杀牲口出卖；行军时不得随意砍伐百姓的树木等。违令者予以量刑处罚。

在《步战令》中规定，临阵时不准喧哗，要静听鼓音，指挥旗指向哪里，就要冲向哪里；有部队受到敌军攻击时，其他部队要前去救援；没有将军的命令，不得在军阵中随意走动；战士在将要作战时，不准抢夺牛马衣物。违令者要斩首。

由此可见，曹操对行军作战的一些规定是明确的、具体的，而不是笼统的、抽象的，这样便于将士们掌握。其他方面的军令条例，基本上也是如此。

曹操颁布的这些法令，并非表面上的虚文，而是每一项都要严格执行的。在实际执行中，他的态度也是非常认真的。他曾这样说："我没有听说过，让无能的人和不勇敢作战的士兵得到俸禄和赏赐，就可以建功立业，使国家昌盛。所以贤明的君王是不会这样做的。

和平时期可以崇尚德行，但战争时期要奖赏有战功的人。"他说到做到，被他奖赏的有名事例非常多。

曹操还曾这样明确表示："只奖不罚不是国家的正法。将领带兵出征，打了败仗的要按律治罪，造成损失的要罢官和削去封爵。"这对那些随大流、恃功而骄的将领来说，这无疑是一种有效的约束。

曹操在《孙子兵法》注中总结说："对待士卒不能一味地施与恩惠，也不能一味地进行惩罚，是奖是惩要按律严格执行。如果不这样，他们就会像被娇惯的孩子，不服管教，这样反而害了他们，也不能很好地调用他们。"

曹操在宛城被张绣打败以后，夏侯惇属下的青州兵乘势下乡，劫掠民家。平房校尉于禁下令，有见到青州兵胡作非为者立刻杀掉，毫不留情，以此安抚乡民。青州兵流着泪向曹操诉苦，诬陷于禁要造反，要把青州军马赶尽杀绝。曹操听后非常震惊。不一会儿，夏侯惇、许褚、李典、乐进都到了。曹操和众人商议后决定，若于禁果真造反，必须刀兵相见，不得手下留情。

于禁见曹操等都到了，乃引军射住阵角，开始安营扎寨。有人对于禁说："青州军在丞相面前说将军你造反，现在既然丞相到了，你为什么不前去分辩，让丞相明察，还要先安营扎寨？"于禁说："张绣的追兵在后，离我们很近，若不先准备，怎能御敌呢？分辩是小事，退敌才是大事，要分清事情的轻重缓急。"刚刚扎好营盘，张绣的军队就从两路杀到了。于禁起身先出寨迎战，张绣急忙退兵。左右诸将看见于禁向前，都率兵追赶，张绣军大败，被一路追出百余里。张绣无法抵挡，只好领着败兵投刘表去了。

曹操收军点将，这时于禁才入帐叩见曹操，详细说明了由于青州兵肆行劫掠，大失民望，自己才下令诛杀的经过。曹操说："你不来跟我说明情况，而先安营扎寨，这又如何解释？"于禁随后详细做了解释。

曹操听后很高兴，说："将军在匆忙之中，能整兵坚垒、任谤任劳，使我军反败为胜，古代的名将也不过如此啊！"于是赐以金器一副，封益寿亭侯；同时发布命令斥责夏侯惇治军不严之过。

论功行赏，大功大奖、小功小奖、有特殊贡献的给予重奖，这样分级奖励，才能激励将士们尽力做出更大的贡献。赏和罚的手段是相辅相成的。要处罚就要迅速执行纪律，及时教育，因为赏罚的目的是鞭策警示他人，一旦时过境迁就失去了效用。

曹操之所以能一人掌控全局，就在于他高超的驾驭能力。他知道，高明的君主只要能用好刑与德的权力即可掌控群臣。对人处罚即为刑，对人封赏即为德。作为大臣，都害怕受刑罚而喜欢得奖赏，因此，只要掌握了奖惩权，大臣们就会敬畏他的管理权威而努力使自己趋奖避罚。

曹操奖得既诚恳、又大方，罚得也铁面无私，不分亲疏、公平公正，令人信服。

曹操的三子曹植才华超群，称得上曹操诸子之英，深受曹操宠爱。但由于临战前醉酒不能受命，被曹操罢免了所有的官职。曹操对儿子的要求如此之严，在当时确实难能可贵。

曹操以法治军，赏功罚罪，也确实收到了提高军队战斗力、以弱胜强的效果。他训练了一支无往不胜的军队，为"曹氏集团"统治秩序的稳固起到了决定性的作用。实际上，由于曹操严格执行法令，他的军队在作战时步调一致、行动一致，具有较强的战斗力，保证了他在军事上的胜利，而军事上的节节胜利又使他的政治地位得以逐步提升。

以身作则

《论语》中说："其身正，不令而行；其身不正，虽令不从。"这条千年古训证明了一个放之四海而皆准的真理：人，特别是有影响力的人，自身的素质与行为对他人有巨大的影响力。曹操虽然不是皇帝，但实际上却比皇帝更有权威。他为什么可以令出必行，让人心服口服呢？究其原因，其严于律己、身体力行的作风起到了至关重要的作用。

在曹操之前，除《孙子兵法》外，可参考的军事理论书籍并不多，因此他常常对兵书加以评说。曹操自登上政治舞台，戎马倥偬三十多年，从来手不离书，这十分难能可贵。试想，他把那么多的文人志士聚在自己的周围，能写出那么多独具特色的"建安风骨"的篇章，这是何等优秀？

曹操虽然生性奸诈多疑，但其手下众将领都对曹操深信不疑。纵观曹操征伐不断的三十多年，他手下的名将领很少在其危难之际背叛，这种对主公的忠诚之心，不能不说与曹操平日的一视同仁、赏罚分明有关。

曹操为了学习怎样治军，不仅对部下不偏不倚、公正对待，还在熟读前人经典的基础上，亲自写了十多万字的兵书，并用以指导军事行动，这本身就足以奠定他军事统帅的地位。大凡按照他的命令打仗，往往胜多负少，其在三军中的威望自然就树立起来了。曹操注重理论联系实际，不断将丰富的政治、军事实践上升为理论，又用理论指导实践。因而，与同时代许多优秀人物相比，他使人产生了更多的服从感、敬畏感和敬重感，这也是他比同时代的群雄有着更高超的领导艺术的重要保证。"一代之治，始于一代之学。"不同的时代有不同的实际状况、不同的难题。曹操顺应时代的要求，开一代学风、创一代业绩的史实，当对我们有深刻的启迪。

在我国历史上，因由外戚专权、后宫干政、衙内非为而导致一个政权衰亡的例子实在不少。曹操非常注重吸取历史的经验教训，按照"欲治其国，先齐其家"的古训，从严治家，以治好自己家庭的实际行动，来推动整个国家的治理。曹操一生娶妻纳妾甚多，有名有姓的就有十几个。对于众多的妻妾，曹操管理得很有条理，一不让她们乱干预朝政，二不让她们挥霍浪费。

曹操的几个儿子，有的文采出众，有的武艺超群，这都与曹操手把手地调教有关。除了几个早夭的之外，其余都要上疆场冲杀锻炼，有的还战死在阵地上。正是曹操的管教有方、以身作则，才使他们个个脱离了公子王孙的声色犬马，得以青史留名。

曹操对曹植曾抱有极大的希望，在曹植二十三岁那年，他专门给曹植写了一封戒信，以自己年轻时的经历启迪曹植积极进取。曹操从严治家的事迹，至今仍不失其现实意义。

曹操十分崇尚严明的法纪，讲究以法御军治国。他一生主持制定了很多法律和规定，一经颁布，他就带头身体力行，以自己的模范行动带动部下。

曹操有"逆气病"，发病时头痛欲裂，常要准备一盆凉水浸头。开始的时候是用铜器来盛水的，但放久了水会有铜臭味，就改用银做的一个小方器来盛水。有人不解，误认为曹操爱财，曹操听说后，立即又改用木器。曹操如此谨小慎微，为的是不给下级造成不良影响。按照那时的风俗，像曹操这样的大人物去世，送终埋葬该相当有排场，但曹操对此很反感。他在死前，专门发布了薄葬命令，而且为了保证他的遗令落实，还在生前自己制作了简单的葬衣。

曹操具有治军的智慧，也有一颗公正的心，他的治军原则是以正确与否为标准，在事实面前，人人都平等，自己也从不例外。正因如此，他的部下平日也都敢于尊重事实，据理力争，不能不说这一切与曹操平日的训练有关。

曹操注重自身修养，虽居高位仍然以身作则，以自身的"正"来影响下属、激励下属。这种行为上的躬身垂范必会给人以极大的心理上的激励。这样的人带出来的队伍，才能在关键时刻爆发出超强的战斗力来。

曹操以身作则、严于律己的行为，很大一部分来自其统一天下、图成霸业的远大抱负，对当下的我们来说，也有很大的借鉴意义。

遵守军纪无差异

当今社会竞争激烈，谁要想在社会中站稳脚跟，就必须严格要求自己，不能置身事外。曹操虽生活在"刑不上大夫"的时代，但在这方面却做出了很好的表率。

为了取得战争的胜利，统一天下，曹操极力争取天下民心。因为他懂得"民为邦本"的道理，所以他每次出征，都严明军纪，防止扰民。

在一次兵伐南阳张绣的途中，曹操见路上麦子已经成熟，而百姓却因为大兵将到都逃避在外，不敢回家收割麦子。曹操于是派人四处寻访远近的父老乡亲以及各处守境的官吏，并发布命令："吾奉天子明诏，出兵讨逆，与民除害。方今麦熟之时，不得已而起兵，大小将校，凡过麦田，但有践踏者，并皆斩首。军法甚严，尔民勿得惊疑。"百姓知道后都欢喜称颂。官军经过麦田，都下马用手扶着麦子，互相传递而过，不敢践踏。看着他们远去的背影，百姓都在路边拜谢不止。

一天，曹操正乘马走在行军途中，忽然田中惊起一只麻雀。曹操的战马受到惊吓，蹿入麦中，践踏了一大块麦田。曹操便把行军主簿找来，拟议自己踏麦之罪。行军主簿说："丞相是军队首领，岂可议罪？"曹操说："我自己制定的法令，自己却违反了，如果不惩治，何以服众？"随即拿起剑就要自刎，众将急忙拦住。郭嘉说："《春秋》上说：法不加于尊。丞相总领大军，怎能自戕？"曹操沉吟良久，说："既然《春秋》有法不加于尊之义，那我暂且免死，但也要有所惩罚。"于是，他用剑割下自己的头发扔到地上，"割发以代首"，并派人将此事传告三军："丞相踏麦，本当斩首号令，今割发以代。"

曹操割发代首的事传开后，全军上下无不震动，十分佩服曹操这种精神，都更加自觉地遵守纪律。军队继续前进，再经过麦田时，大家就更加谨慎了。曹操这种严于律己的行为，产生了很大的影响，加强并提高了曹军的战斗力。

纵观此事的始末，曹操用一个小计谋实现了大目的。当自己的战马践踏麦田时，曹操感到很为难：一方面要严守军纪，另一方面要保全自身。当郭嘉说出"法不加于尊"的古训时，曹操就坡下驴，适时演出了割发代首这精彩一幕，以严肃法令。

其实曹操完全可以宽恕自己，但他并没有这样做，而是将自己的头发割下来掷在地上，表示自己受了髡刑。髡刑是古代剃去罪人头发的一种刑罚。在封建社会，人们认为身体发肤是父母给的，毁伤了它就是不孝。因此，割发被列为一种刑罚。曹操的割发，有以发代首的意思。在封建统治者宣扬"刑不上大夫""罚不加于尊"的情况下，曹操能够表示自己不置身于法外，确实难能可贵。

对曹操的割发代首，后人多认为这是曹操的诈术，用以收买军心民心，这一观点实在让人无法苟同。它其实体现了曹操不以己废法、不以情废法的品质。

曹操能割发代首，既说明了曹军的纪律严明，最高统帅犯了法也不可饶恕，也表明了曹操自己图霸天下的决心，这确实是难得的。

曹操出身于官宦家庭，后经自己的不断努力才走向权力顶峰。因此，他对于形形色色的人，尤其是底层人民的心态很了解。曹操知道，决定胜败的关键不仅仅是几员将领，更重要的是手下数以万计的官兵。正所谓火车跑得快，全凭车头带。为了凝聚官兵之心，曹操始终用同一标准来要求自己和其他官兵，这种做法是曹操的过人之处。

优待下属笼人心

《孙子兵法》中提到："赏罚是军队管理的重要手段。"后世的军事学家也指出，赏罚的有效与否在于是否公开、公平。虽说赏罚的手段有很多，但曹操的赏罚方式却与众不同，他将赏罚与一个将领的荣誉结合起来，创新了赏罚形式。他深知，处于乱世，大家都是为了"居有屋，食有粟"，所以，凡有功者，必大加封赏，并尽可能让每个军士明白一个简单的道理：勇敢向前冲，绝对有好处。他的这种做法，在群雄并起的纷乱时代，确实收到了很好的效果。

当年，曹操初登铜雀台，挂袍比箭，本是为了欢庆一番。当曹休射中靶心并且引发了一场将军之争时，台上的曹操并没有因为众将失态而生气，相反，他抓住机会，出乎众人意料之外地对众将均有赏赐。依常理，登台喜庆，大家高兴即可，对于突然发生的争袍之事，不能不说有悖于曹操的本意。但是曹操对事情的处理方式，可谓高明之至，不仅没有冷了众将领，反而是大大笼络了人心，巩固了自己在众将领中的地位。

仔细分析争袍之事，曹操挂袍，众将相争，说明在众将心目中曹操的地位非比寻常；曹操看众将争来夺去，虽行为粗鲁，与自己的本意相悖，却又从一个侧面显示出曹军人才辈出，这让曹操非常高兴；曹操遍赏众将说明他不受常理约束，不但不责怪众将，而且能把这种事情转化为众人皆大欢喜的局面，其机智聪明和善于把握大局的能力可见一斑。

战争是不得已而为之的事情，有战争就会有伤亡。人都有趋利避害的本能，所以战争中难免有贪生怕死者，有临阵脱逃者，还有进攻时后退者。要防止这些现象的发生、赢得战争的胜利，就要靠严厉的惩罚手段。

曹操认为惩罚是军令的基础，是指挥员号令大军的权威所在。因此，无论是治政还是治军，都必须做到赏罚分明，分清是非善恶，这样才能令行禁止、指挥有度。

曹操奉行有功者必赏的原则。最集中的一次，是建安十二年（公元 207 年）的大封功臣。曹操下了一道《封功臣令》，令文说："从我起义兵讨伐叛乱，到现在已经有十九年了，每战必胜，这难道是我个人的功劳吗？实在是文武官员献策出力的结果啊！天下还没有完全征战，我还要和文武官员一起去征战，若独自占有这些功劳，我怎能安心呢？所以现在要赶快给大家评定功劳，进行封赏。"

在这个令文中，曹操认识到从中平六年（公元 189 年）起兵讨伐董卓到现在，十九年间所取得的辉煌成就，并不是靠他一个人的力量，而是众多谋士、武将共同努力的结果，未来的统一大业还需要靠大家的共同奋斗。功劳不能自己独贪，要由大家分享。因此，论功封赏了很多文武官员。

曹操进行封赏的态度是严肃的，也是认真的，有功劳该封赏的，本人不接受也要想办法让其接受，因为他要贯彻论功行赏的原则。

曹操远征乌桓，田畴立了大功，曹操要论功行赏，表封田畴为亭侯，食邑五百户。田畴认为自己逃到徐无山中避难，没有替自己在幽州的旧主刘虞报仇，是不义的行为，不应该享受荣誉，坚决不接受封爵。

曹操非常体谅田畴的心志，暂时没有勉强其接受。可是等曹操南征荆州回来后，觉得这样做不合适，又发布了《爵封田畴令》，令中说："田畴言辞恳切，一再辞让。历经三年，一直未能封赐。这虽然成全了一个人的高尚声名，却严重违背了论功行赏的国家制度，损失是很大的。应该按照前表封赏，不要让这个过失一直延续下去。"

后来，田畴还是坚辞不受，曹操又做了不少劝服工作。尽管最后田畴还是没有接受封赏，但这已足够能说明曹操执行论功行赏原则的态度是认真的、严肃的。

建安八年（公元 203 年），荀彧对自己被封为万岁亭侯一事坚决推辞。于是曹操给荀彧写信说："与您共同建立朝廷以来，您纠谬辅政，帮着举荐人才，还帮着提出计策，并进行周密谋划，已经做得太多了。立功不一定非得在战场上。希望您不要推让。"

荀彧见曹操如此恳切，才接受了封爵。当建安十二年（公元207年）给荀彧增封时，荀彧反复辞让多次，曹操又给荀彧写信说："您的计策和谋划不只是表奏（《请增封荀彧表》）中所说的那两件事。您前后反复谦让，想学战国时的鲁仲连先生吗？这实在不是节操上通达的圣人所看重的啊。您的周密谋划、安定众人，使我多次获得荣誉，仅用表奏的两件事来报答您，您为何还要多次谦恭推让呢？"

在这封信中，曹操不仅肯定了荀彧的功劳，还对他过于谦让的态度提出了批评。最后，荀彧接受了增封。

有功必赏，既有力地执行了国家的封赏制度，也极大地笼络了军心，让将士们行军打仗有了盼头的同时，也借此稳固了自己的权威地位，何乐而不为？

战斗中树立威望

　　曹操从起兵反董卓到最终登上魏王宝座，前前后后经历了无数生死之战。曹操在作战过程中常常身先士卒，勇敢杀敌，赢得了将士们的尊崇。在曹操心中，乱世中的人心可以说是最浮躁且让人难以捉摸的，其进退行止带有很大的随机性和情绪化。因此，曹操懂得，在乱世统领人心不一的人马，如果不能从自身的角度加强修炼，严以律己、以身作则、有错必纠，将很难令众人信服，他人的支持也会大打折扣。

　　威信，就是威望和信誉，是领导者必须具备的素质。有威信的领导者，其计划、指令、任务容易被下属接受。他的指示、意见令下属信服，他领导的团体就像是一部运转正常的机器，能快速、高效地工作。否则，就无法有所作为。能树立威信的方式很多，严于律己是首要的。古人云："人非圣贤，孰能无过。"其实圣贤也不一定无过，像诸葛亮这样比较全能的人不也有失误吗？关键是能不能像曹操那样有自知之明，有自我检讨的勇气。

　　在曹操的官宦生涯中，威信与人情始终是一对不可调和的矛盾，要立威当然就要铁面无私，而铁面无私就会给人一种不近人情的感觉，这便是为官做人的两面性，不可避免。但曹操始终铭记一点：将帅的威信只有从严肃的纪律中来，才能得到大家的真心顺服。这是一个看似浅显实则深奥的道理。

曹操常说："身不正则令不从，令不从则生变。"对于胸怀天下的曹操来说，有了这种威信，就有了感召天下、不怒自威的力量源泉。

古语说得好，"上行下效""上梁不正下梁歪"。只有自己这根"顶梁柱"行得正、站得直，才能让下面的军士没有钻军令空子的机会，这样的队伍才能是铁板一块，才有征服天下的实力。

曹操始终明白，腐败往往是从统治者的内部开始的，风气的败坏是从上层渐至下层的，所以榜样的作用十分重要。榜样有两种，一种是好的，可以催人奋进；一种是坏的，可使世风变坏。我们常说榜样的力量是无穷的，如果给自己树立一个能鼓干劲、可添豪气的榜样，这确实是一种自我激励的好方法。

曹操西征关中时，在与马超对决的渭水之战中，为了在战术上对敌人形成掎角之势，同时也为了稳定渡河军队的军心，他不顾危险，亲自断后督军，结果引来了马超的全力攻打，险些送了性命。多亏许褚奋力杀敌，再加上丁斐施计才使他得以抵达对岸。将士们看到曹操这般躬身退敌，怎能不感动，怎能不以一当十奋力拼杀？

作为军队的最高统帅，曹操完全有理由不冒这个险。但他经过对敌我双方实力的比较，再出于对当前严峻形势的考量，知道自己必须亲自去督军以振奋军心，才有胜利的希望。此外，一向诡计多端的曹操做事情往往会举一反三，他要让全军将士都明白这一点：我曹操都这样做了，大家看着办吧。果然，他的这一行动不仅稳定了军心，更让自己在军队中的威信得到了空前的提高，最终顺利完成了渡河的预定目标，完成了针对敌人的战略部署，极大地推进了战争的进程。

渭水一战，曹操几乎丧命，纵然是有不得已而为之之嫌，但在统帅的做事风格上，堪称一代典范。由此可见，只有上下一心，同甘苦、共命运，这样的队伍才永远不会被打垮。

曹操此举虽然冒了不小的风险，但不仅在短期内完成了战略部署，而且从长远看，自己的威望确实提高了不少，真正达到了"投入少，产出多"的效果，是完全值得的。

由于曹操在治理军队、治理国家时能做到严于律己，所以其在军民心目中享有极高的威望。他手下的官兵做到了有令必行、有禁必止，军队的士气旺盛、战斗力强，这恐怕也是他最终获得成功的重要原因之一！

不念旧恶能容人

俗话说："宰相肚里能撑船。"对于领导者来说，谋略和大度是两种优良的品质，二者相辅相成，若能理性运用，必能高人一筹。有谋略而不能宽容待人，会显得太过残忍；空有大度而无谋略，则难以有大的建树。有谋略和宽容待人这两点曹操都做到了，所以他成了一名成功的政治家和谋略家。曹操在用人方面能够做到宽厚待人、不翻旧账，从而赢得了手下人为他拼死卖命的忠心，且敌方投靠者也不在少数。众多人才各尽其能，最终联合打造了一个高效运转的团队，为曹操开疆拓土立下汗马功劳。

曹操用人不念旧恶。有一次攻下敌人城池后，他从袁绍的图书案卷中翻检出一沓书信，皆是曹营里的人暗中写给袁绍的投降书。当时有人向曹操建议，严肃追查这件事，把凡是写了密信的人统统抓起来杀掉。然而曹操却有着更高的眼界和更宽广的胸怀，他说："当袁绍很强大的时候，我自己都不能自保，何况其他人呢？"于是下令把这些密信付之一炬，一概不予追究。用人不疑，疑人不用，是用人的一个重要原则。那些私通袁绍的人怎会不感念曹操的恩，不死心塌地地为曹操卖命呢？曹操以此迅速稳定了军心。

曹操为何不对这些人严加审问，而采取如此宽宏大量的措施呢？

一则避免误伤忠臣。曹操既然已掌握了与敌人私通书信的名单，他对这些人就已心中有数，只要以后谨慎使用，仍可发挥其长处。这样一来，曹操就掌握了对他们主动权。而这些人与敌人私通书信，原因各不相同，其罪有轻有重，不能一概而论。如果不问青红皂白，都加以严惩，将扩大株连，造成不必要的内部混乱。

二则不自砍臂膀。当时，群雄并起，天下大势未定，正是用人之际。曹操烧了这些书信，以示宽容，那么这些与敌人私通书信的人将会对曹操感恩戴德、忠贞不贰，死心塌地地为曹操卖命效力。事实也正是如此，这些人中有很多日后都成了曹操的得力帮手。

张绣是董卓手下四大将之一张济的侄儿，年轻时只是一个县吏，因镇压了一次黄巾军的暴乱而闻名于当地。后来，他拉起自己的队伍，投奔了叔叔张济。当时司徒王允与吕布等人设计杀了董卓，董卓的四大将领趁机起兵，打着为董卓报仇的旗号，壮大自己。张绣随军参加了对吕布的战争，并因军功而升为建忠将军，封宣威侯。后来，张济在一次战争中身亡，张绣便接替了叔叔的位置，驻屯宛城，并与刘表结为盟军。

曹操迎汉献帝到许都后，挥师南征张绣，大军杀至宛城，张绣自知不敌，于是投降。一开始双方欢宴终日，气氛倒很融洽，没想到曹操坐收了一支大部队，有些得意忘形，竟然纳了张绣的婶婶为妾。

张绣无法面对这种侮辱，于是发动了对曹操的突然袭击。曹操猝不及防，大败而逃。长子曹昂、侄儿曹安民被杀，自己也中了流箭，险些遇害。待曹操缓过气来，兴兵报仇，张绣便与刘表互相援助，双方攻战几年，各有胜败，曹操一时奈何不得张绣，只得咬牙切齿、望城兴叹。

后来，曹操要去对付更大的敌人袁绍。官渡之战前夕，曹、袁都来争取张绣这支生力军。在这个节骨眼上，张绣听从了谋士贾诩的意见，再一次向曹操投诚。贾诩准确分析道："曹弱袁强，投曹才会受重视，且在此紧要关头帮曹操一把，可消除昔日宿怨。"

果不出所料，曹操听说张绣来降，异常欢喜，并让自己的儿子曹均娶了张绣的女儿，冤家变成了亲家，还拜张绣为扬武将军。在官渡之战中，张绣果然为曹操出了大力，打完了袁绍又接着攻打袁谭。曹操对他的封赐也特别大方，封给他的土地比诸将都多。两亲家誓将袁家赶尽杀绝，遂一起并肩出征乌桓，追杀袁尚。

贾诩曾经给张绣出谋划策，差点儿将曹操杀死，曹操不计前嫌，亲自迎接，还拉起他的手说："有小过失，勿记于心。"此后，贾诩成了曹操帐下的重要谋士，为曹操的征伐立下大功。

对于那些反对过自己，甚至辱骂过自己的人，只要有真才实学，肯转变态度，曹操都能够宽大为怀，不予追究。陈琳在官渡之战前夕为袁绍起草了一篇讨伐曹操的檄文，历数曹操的种种"罪恶"，还说曹操的祖父曹腾是宦官，父亲曹嵩是领养的，因而曹操就是"赘阉遗丑"。揭曹操出身的老底，这是明显的人身攻击。

陈琳骂曹操的父祖，从情感角度，这比骂他本人还难以接受。但是，面对陈琳如此的"恶毒攻击"，在打败袁绍后抓到陈琳时，曹操也只是责备他说："你过去为袁本初写檄文，骂我也就罢了，怎么还往上牵扯，骂到我父亲和祖父的头上去了呢？"

陈琳赶紧向曹操赔罪，说是箭在弦上，不得不发，是不得已而为之。曹操爱才，不但没有杀他，还任命他为司空军谋祭酒。这是曹操不念旧恶的有名事迹。

能够做到"得容人处且容人，不记他人小过失"已属实难得，而为了雄韬伟略放弃个人恩怨就更是难能可贵。由此看来，曹操还真是一个宽宏大量的英雄。

一个军事指挥员，如果心胸狭窄、鼠目寸光，为了一点小事，就不能容人而打内战，发现自己的部下有一点与自己不一致的地方，就使出一套整人的权术，这样的人必然是不能成大事的。

第十八章　唯才是举

广纳良士为我用

天下之争，其实就是人才之争。诸雄争霸，最后的胜利者，往往不是最勇猛的，而是最善于用人的。最典型的例子就是刘邦，他自己既无大才，更无大德，却能善用张良、韩信一干人等，才得以夺取天下。

曹操是一位富有远见的政治家，而且颇有学识，从古人的经典著作中学到了不少经验与教训，因此他更加重视人才的搜罗和善用，这是曹操能以英雄之名流传千古的原因之一。

曹操最初起事时，其"集团"尚小，他可以亲自处理具体的军政事务，此时他既是统帅又是谋士。待到后来兵多将广，不再可能面面俱到，他便把自己置于统帅的地位，而把自己手下的将领置于将才之列。统帅和将才的区别在于：前者下达命令，后者执行命令。此时，他更加清楚地认识到笼络人才、招贤纳能的重要性和急迫性。事实上，曹操之所以能灭袁绍、吕布等大小军阀，威逼江东、取西凉，成就大业，其中一个主要的原因就是，他比刘备、孙权更能搜罗人才、善用人才，也就是说曹操胜在"谋其人也"。

曹操始终把网罗人才作为一件大事来对待，每得一人才，往往忘乎所以，甚至比打了胜仗还要高兴。

建安十三年（公元208年），曹操占据荆州后，论功封赏，蒯越等十五人被封侯。蒯越，字异度，原为大将军何进的东曹掾。曾劝何进诛宦官，何进犹豫不决，蒯越知其必败，便出奔刘表，成为刘表的重要谋士。像曹操这么爱才的人，早就想得到蒯越了。平定荆州后，即任蒯越为光禄勋，并高兴地说："不是因为得到了荆州才这么高兴，而是因为得到了蒯异度啊。"由此可见，曹操把得到人才看得比争夺地盘更重要，所谓"得一城一池容易，得一人才难"。

此外，荆州名士韩嵩也得到了重用。韩嵩，字德高，官渡之战时曾和蒯越同劝刘表归附曹操。刘表拿不定主意，决定派韩嵩先到曹操那里探听一下虚实。韩嵩推辞说："将军如真有打算归附曹操，派我前去可以。如果没有拿定主意，只是探听曹操的口风，最好不要派我去。因为我到许都后，如果朝廷给我一官半职，我将不得不从命，这样一来，就不能再为将军效力了。希望将军慎重考虑！"

刘表仍坚持要韩嵩去，果然，韩嵩到许都后，被任命为侍中、零陵太守。刘表要杀韩嵩，但韩嵩有言在先，再加上众人求情，最后只能把他关押起来。曹操到荆州后，立即把韩嵩从监狱中释放出来。韩嵩在养病期间，曹操就已经将大鸿胪的印绶授予他，并请韩嵩品评荆州士人优劣，凡韩嵩推举的一律加以任用，可见曹操对韩嵩的重视和信任。

由此可见，曹操对人才的渴求是多么的强烈。随着地盘的扩张、人才的聚集，对众多能人贤士的有效管理便成了当务之急。曹操注意发挥东曹、西曹，也就是人事部门的作用。曹操"唯才是举"的用人方针能得以顺利施行，东、西曹的官员功不可没。

崔琰是第一个被曹操选中的掾属。崔琰博通经学，秉性耿直。他先跟随袁绍，袁绍死后因托病不出来辅佐袁尚、袁谭，被关进监狱。曹操平定冀州后，任崔琰为别驾从事。他扬扬得意地对崔琰说："我昨天查看了冀州的户籍，估计可得三十万兵众，真可算是个大州啊！"

崔琰听后，没有迎合曹操，而是痛心地说："如今天下混乱，冀州百姓的尸骨还暴露在荒野。我没听到我军官兵去慰问百姓，解救生灵于涂炭，却明公听到这里计算收获，这难道是百姓所盼望的吗？"曹操听了，收敛起得意的面容，向崔琰表示歉意和感谢。

崔琰德才兼备，而且正直清廉、知人善用。曹操做了魏王后，提拔崔琰为尚书，全面负责中央的人事工作。

毛玠向曹操提出"奉天子以令众臣，修耕植以蓄军资"的建议，被曹操采纳。他清廉公正，也是一个德才兼备的官员，曹操很赏识他，把他安排在东曹掾的职位上。

毛玠办事公正，认真履行职责，不徇私情。他和崔琰一样，选用了不少具有真才实学而又清廉正直的人。毛玠还特别强调为官要清廉，提倡节俭。他管理下的满朝官吏没有不以廉洁节俭为自律标准的，连曹操都感慨地说："把人管理到这种地步，使天下的人都恪尽职守，自己管好自己，我都无事可做了！"

崔琰和毛玠在人事部门的工作可谓有声有色，没有辜负曹操的期望，可见曹操选贤任能的眼光和能力是非常突出的。可以说，他们的成功，是曹操知人善用的一个缩影。

唯英雄不问出处

曹操唯才是举，对那些"污辱之名，见笑之行，或不仁不孝而有治国用兵之术"的人才，他一概予以任用。

东汉时期，朝廷但凡选才用才，首先考虑的是名节德行、家世族亲，而不是是否对国家有用，这就导致了很多名不副实的人入朝为官，人浮于事者大有人在。除了名气大，没有一点儿政绩，对国家毫无贡献。曹操看透了这种现象带来的后果，于是在他发布的几个"求贤令"中提出了大胆的用人标准。《三国志·武帝纪》中记载："若必廉士而后可用，则齐桓其何以霸世……唯才是举，吾得而用之。""夫有行之士，未必能进取，进取之士，未必能有行也。""不仁不孝而有治国用兵之术，其名举所知，勿有所遗。"

曹操用人的核心是唯才是举，就是无论其德行高低，只要有才就一律加以任用。这在当时确实是颠覆了传统，具有超前的意义。曹操的这种用人思想，很好地契合了非典型时期——乱世——不拘一格的选人用人方式，说明他确实是一个善识时务、因时而变的英雄。

唯才是举的用人政策确实为曹操汇集了不少人才。他的主要将领，有的被提拔于行伍之中（如于禁、乐进），有的曾经效力于敌手（如荀彧、郭嘉），还有的被发现于降军之中（如张辽、徐晃），可谓来源广泛、不一而足。

郭嘉，字奉孝，颍川阳翟人，刚开始在袁绍帐下效力，没想到袁绍鼠目寸光，而且优柔寡断，善于谋事却又难以做出决断，很难成就一番大事业。意识到跟着袁绍就等于葬送了一生的抱负，于是郭嘉毅然选择离开了，在荀彧的推荐下投靠了曹操，给曹操做谋士。曹操很器重他，因他屡出奇谋妙计，扭转局面，使战争的局势对曹军有利。可惜，郭嘉不幸染病早亡。赤壁之战失败后，曹操曾痛哭道："如果奉孝在，不至于如此大败。"可见曹操对像郭嘉这样难得的人才之不幸早亡感到无比痛惜。

为了网罗人才，曹操曾多次下《求贤令》。建安十一年（公元206 年），曹操下令要求各地方长官推荐人才，表示无论是像姜太公一样怀着"美玉"的奇才，还是像陈平那样落魄的能人，都可以辅佐他治理国家。英雄不嫌出身低，只要有能力，他都会量才任用。

这个法令颁布后，孔融、祢衡等有才华的人纷至沓来，为曹操献计献策。曹操还下令分发"意见表"，以此鼓励大家多提意见，广纳良言。

建安十四年（公元 209 年）十二月，曹操又下了他的第二道专门针对"唯才是举"的法令：《敕有司取士毋废偏短令》。其中，对"有才而无德"的功利主义用人方针做了进一步的阐述：真正的"人才"都会有各种各样的缺点，绝不能因其"德行一般"而荒废了才能。

曹操还具体举例说明：苏秦在历史上一直被传统儒学之士所不齿，主要原因在于他的家世不好，品德可谓恶劣。但是曹操却公开表示这样的人也是当前急需的人才。

建安二十二年（公元217年）八月，曹操再下《举贤勿拘品行令》，继续奉行"重才能而轻出身"的用人方针。

才德兼备固然最理想，但战乱时期不同于和平时期，退而求其次，"有才无德"的人只要善于利用，也可为国效劳，那为何不好好利用呢？这样的人在特殊时期仍被委以重任，会更珍惜知遇之恩，鞠躬尽瘁。曹操对"不仁不孝而有治国用兵之术"的人委以大任，体现了他"为达目的，誓不罢休"的一贯风格。

这三道求贤令一道比一道具体，求贤的心情也越发迫切。究其原因，一方面，曹操的年龄越来越大，完成国家统一大业的任务却看似遥遥无期（东吴和蜀汉）。因此，他的这种心情就在求贤令上淋漓尽致地展现出来。另一方面，三国都对人才非常重视，不断争夺人才，而时间的推移和战争的摧残又使得人才越发难以被发现。这就不得不让曹操责令其所有部属尽力地去发现人才、举荐人才，特别是发现、举荐以前因为这样那样的毛病而不被重用，现隐藏在民间的那些奇才，其最终的目的就是最大限度地挖掘人才，以满足不断扩张的人才需求。

当然，曹操的"唯才是举"并不是真的放弃传统、没有底线，完全不顾其德行和个人素质。初平三年（公元192年），曹操入主兖州，当了州牧后，曾任命东平人毕谌为别驾，后来张邈叛变，扣押了毕谌的母亲、弟弟、妻子、儿女等亲属。

曹操打算遣还毕谌，说："您的老母亲在张邈那儿，您可以离去。"毕谌顿首向曹操表明自己没有二心，曹操感到很欣慰，并为他涕泣流泪。可曹操离开后不久，毕谌就逃回了东平。等到吕布被破，曹军生擒了毕谌，大家都为毕谌担忧，曹操却说："能孝顺亲人的人，不也会忠于君主吗？这正是我所需求的啊。"

于是任命毕谌担任鲁国相。可见，曹操用人还是非常重视传统道德的。

通过凡此种种，我们不难发现，曹操的唯才是举方针在现实中得到了认真的贯彻实行。就这样，一大批出身低微，甚至反对过曹操的人都聚集在曹操周围，成为曹操重要的智囊和将领。这不仅增强了曹操的实力，而且对于削弱大族地主的垄断政权，使更多的中下层开明人士能得到参与政治的机会，起到了推动作用，加快了北方统一的进程。

手段百出挖人才

越是能人，越不轻易抛头露面，但这些人却是推动事业向前的关键力量，拥有他们无疑会对事业有所帮助。曹操是个目的性很强的人，在这方面，他也有自己的办法。

曹操自从"挟天子以令诸侯"后，就有了广征天下贤士的政治优势。袁涣、张范、凉茂、国渊、田畴、邴原、毛玠、徐奕、何夔、鲍勋、华歆、王朗、程昱等，皆被曹操征辟署职。

荀彧善识人，他对构建曹操的智囊团起到了不可或缺的作用。荀彧前后所举包括"命世大才，邦邑则荀攸、钟繇、陈群，海内则司马宣王，及引致当世知名郗虑、华歆、王朗、荀悦、杜袭、辛毗、赵俨之俦，终为卿相，以十数人"。

曹操辟司马懿，司马懿借故不出。建安十三年（公元208年），曹操再辟为文学掾，敕使者曰："若复盘桓，便收之。"司马懿惧怕曹操的威势而就职，为丞相东曹属，转主簿。曹操辟阮瑀，阮瑀逃入山中，曹操"使人焚山，得瑀，送至，召入"，辟为司空军谋祭酒，与陈琳共管记室。虽然强征士人是古代司空见惯的获得人才的方法，但曹操的所作所为确实体现了他爱才之决心。

东汉末年，战乱不断，"智能之士思得明君"。慧眼识主，主动投靠曹操的天下智能奇士也不少。

官渡之战前，曹操力量尚薄弱时，郭嘉、桓阶、贾诩等人就纷纷投奔而来。荀彧、郭嘉两位大才，都是从兵强马壮、地广人多的袁绍营垒中投过来的。郭嘉初见曹操，就倾心悦服，对人说："真吾主也。"桓阶游说长沙太守张羡反对刘表，贾诩劝说张绣投曹操，都是在官渡之战相持，且袁强曹弱之时。他们深邃的洞察力也是其高深智谋的表现。曹操得到这些智士的效力，怎能不兴旺！

另外，曹操还使用了一些"诈术"来夺得人才，最有名的是"计赚徐庶"。

徐庶，字元直，与诸葛亮交往甚密，其才气与诸葛亮相当。刘备在新野得到了徐庶的辅佐，靠着徐庶的出谋划策，几次打败曹操。曹操便问部下是谁在为刘备谋划。程昱向曹操汇报说："此人是颍川的徐元直，他从小好学击剑，中平末年，曾经因为别人报仇而杀过人，事发后披发涂面躲避官府追拿。被官府捉住后，被绑在车上游街示众。后为同伴所救，更名为单福。此后更加勤奋好学，遍访名师，学得一身匡世之才。"曹操又问程昱："徐庶的才能比你如何？"程昱说："强我十倍。"曹操懊恼地说："可惜这样的贤士被刘备所得，这可怎么办呢？"

程昱大笑着说："主公不必担心，我自有办法让他来投奔主公。徐庶为人至孝，从小没了父亲，只有老母健在，他的弟弟徐康也死了，老母现在无人赡养。可把他母亲抓来，令她写信召回儿子，那时徐庶必然会来。"

曹操非常高兴，于是按程昱说的办法，派人把徐母抓至曹营。

然而，徐母不仅不为曹操写信，还拿砚台怒打曹操，骂他是汉臣贼子。无奈，曹操只好让人模仿徐母的字体给徐庶写了一封信，大意是：我现在被曹操关押，只有你来投降，我才能得救，你要速速前来，以全孝道，以后咱们再想办法回家耕作，好免遭大祸。

徐庶见信后，痛哭流涕，遂辞刘备来曹营侍奉老母。结果到了曹营徐庶才知自己被骗，而忠于汉室的徐母将其痛骂一顿之后自缢身亡。

曹操虽然把徐庶留在了自己身边，但是徐庶却为母亲自缢而死抱恨终身，心灰意懒、萎靡不振，一身的才气也未得施展。

后人对此事争议颇多，有人说是曹操奸诈的表现，也有人说是曹操爱才的典型，是非难辨。无论怎样，曹操求贤若渴之心可见一斑，为了争夺人才，他不择手段。

人尽其才

一个人就是精力再旺盛，他的时间和精力也是有限的，不可能事事躬亲。这就要求其在用人过程中，必须学会适当授权。尤其是处于高层的领导人物，他们的主要职能已不再是做事，而在于成事。授权就是用人者成事的分身术。

授权，具体说来，是由用人者授给使用对象一定的权力和责任，让权力的行使具有相当的灵活性。越是高明的领导人，越愿意授权给下级。特别是对于远离指挥中心、独当一面的负责人，更应该通过授权这一手段，来充分发挥他的独立负责作用。古语中的"将在外，君命有所不受"就是这个道理。

然而，授权不是交权，不是失去对权力的控制。曹操对这一点非常有分寸，拿捏得非常到位。看一看曹操用人的授权经过，对于我们加深对这个问题的认识很有益处。

张郃本是袁绍部下，后投降曹操，建安二十年（公元215年）跟曹操去汉中征讨张鲁。

张鲁知道曹操一生以招降纳叛而出名，也许对他不仅不会惩罚，还会升他的官，因此，张鲁早有降曹的打算。但是，他的弟弟张卫坚决反对。张鲁拗不过张卫的意思，就准许张卫姑且抵抗一下。

张卫选定了阳平关作为防御阵地，曹操攻了三天都没有攻下。后来曹军的前锋部队走错了路，走进了张卫的军营里。曹军的一个中级军官高祚想把自己的部队集合起来，以免零零落落地在敌人营中被消灭，于是大擂其鼓，大吹其牛角制成的"号"。这一举动竟然引起张卫极大的恐慌，以为曹军有一大群人冲了进来。结果，张卫大败。

张鲁听到张卫失利的消息，立刻就想出来投降。部下阎圃劝他不可如此性急，这个时候投降，一定会被曹操看不起。阎圃建议张鲁不妨做出一副抗拒到底的姿态，然后派人向曹操谈和平解决的条件。

果然，张鲁投降后曹操拜张鲁为镇南将军，仍然有统领军队的权力，并封他为阆中侯，食邑一万户。张鲁的五个儿子与阎圃，也都被封为"列侯"。

张鲁投降后，与夏侯渊一起镇守汉中。张鲁投降了曹操，这对刘备很不利，于是刘备亲率精兵来争夺汉中。这一战，刘备的大将赵云在定军山将曹军统帅夏侯渊杀死，刘备军团士气大振。统帅一死，曹军将士非常恐慌，唯恐刘备乘机杀来。就在这危急关头，夏侯渊的司马郭淮站出来说："张郃将军是我们魏国有名的大将军，就连刘备也怕他三分，今日事急，非张将军不能安定。"遂和众将士一同推举张郃为主帅。

此时曹操远在大后方的长安，知道这个消息后非常震惊，担心张郃大权在握会出什么乱子。但曹操很快平静下来，并采取了紧急措施，以掌控形势：首先，立即派人去汉中前线，正式承认并批准了诸将对张郃的拥戴，并授予他生杀予夺的大权；其次，宣布自己要亲自去汉中，安排下一步的军事行动。

这里有人可能会提出疑问：既然已经授权给张郃，前线肯定会安定下来，那么前线的一切事务由他处理即可，曹操何必再亲去汉中呢？其实这正是曹操善于用权的高明之处。第一，从当时各军对张郃的推戴情况以及张郃本人的才能看，只有授权张郃才能稳定局势；第二，失去了统帅夏侯渊，曹军遭到挫败，虽然军心暂时稳定下来，但在进还是退的重大决策上，张郃是难以做出决定的，如若自己迟迟不去，前线军队必然处于进退维谷的境地，内部矛盾也会集中爆发，难免会引起新的混乱。

果然如上分析，正在张郃进退维谷之际，曹操到了前线，他审时度势，迅速稳定了局势，然后果断下达了退兵令，全军顺利撤回。

在这一过程中，曹操的授权有三点值得称道：一是授得果断（虽有不得已而为之之意）；二是授得适度（只限于斩杀违令士兵，以稳定局势）；三是及时收回（曹操亲自去前线指挥，当然局势就由他掌控了）。这三点掌握得从容不迫、有板有眼，无怪乎一场大乱就这样被曹操的一套放权、收权动作化解于无形。

用人不疑

　　曹操在使用人才的时候所奉行的原则就是"疑人不用，用人不疑"。一旦认定是人才后，就开始大胆任用。有魄力、有作为的领导都能大胆用人。曹操在任用杜畿为河东太守的问题上，对荀彧和杜畿就是言听计从，充分证明了他对杜畿的信任。

　　三国时，河东混乱，曹操听从谋士荀彧的建议，派杜畿到河东接任太守。河东原太守王邑不愿被征调离职，他听到消息后，一边派兵封锁了杜畿前往河东的要道，一边派部下范先、卫固去找钟繇谈判，表达民意，要求取消这次征调。被钟繇拒绝后，王邑一气之下，带着印符跑到许都找汉献帝评理去了。曹操知道后，非常恼怒，欲派夏侯惇征讨，杜畿忙阻拦说："出兵征讨会给全郡的百姓带来灾难，不利于明公的恩泽惠及他们。现在请让我独自去，只要我在河东待上一个月，问题就可以迎刃而解。"曹操非常信任杜畿的才能，这才息下怒火，派杜畿前去河东。

　　杜畿刚绕道进入河东，范先、卫固就杀了郡官三十多人，给杜畿来了个下马威，想以此威胁杜畿。杜畿神色自若，不为所动，并对他们两人说："你们两个才是河东的真正掌权者，我还要依靠二位的势力才能当好这个太守，所以郡里的大事还要我们三人商量后才可定夺。"

于是，杜畿假意任命卫固为都督，管理郡政，范先仍统兵，以此麻痹对方。自己也放手不管，装作无心政事的样子，只是到各县去走访。实际上，杜畿是去壮大人脉，发展自己的势力。

没过多久，杜畿知道郡内诸县已悉数被自己掌控，便趁机征兵攻打卫固。曹操也趁机派兵配合杜畿内外夹击，从而迅速解除了卫固的大权。杜畿这才开始真正掌控河东郡的实权，他才能才得以发挥。

杜畿治理河东，政策务实且行事温厚。他鼓励耕种，着力发展畜牧业，老百姓日子过得很富足；他还注重教育，大力兴办学校；重视选拔人才，加强习武练兵。在其治内是一片欣欣向荣的景象。河东地区在他的努力治理下，逐渐安定下来。

杜畿治理河东十几年，使河东成为关中最殷实安定的一个郡，他的名望也达到了很高的程度。当时曾经一度流传一句话：治理河东，唯有杜畿。

曹操识人用人一向胆大而心细，从来都是谨慎使用人才，但也不放过任何一个有用之才。例如，他俘获张辽后，先要他投降，张辽不肯降。曹操于是命人将他推出斩首，张辽临死不惧，曹操就此判定此人绝对是一名非常忠诚的将才，于是立即叫停，并亲自挥剑斩断了捆绑张辽的绳索，让张辽坐在自己旁边，为他倒酒压惊，并晓以大义，表明自己爱惜人才的诚恳之心。张辽深受感动，最终投降了曹操，日后果然成为曹操手下的得力大将。可见，曹操不仅对人才以礼相待，尽力纳之，而且也很善于识人。

做人对己宽对人严的弊病在于不能平等地对待人和事，这就是韩愈在文中提及的那种人——严于律人，宽以待己。这样做的结果就是，既不能给人施加正确的影响，对人疑神疑鬼，又不能使人与人之间的关系和谐融洽。所以，正如曹操所说的那样，任何一个政治集团上台，要想取得长期稳定的发展，必须先求稳定、安民心，待巩固大局之后再循序渐进地施行改革措施。

曹操成功地任用了杜畿，这既是对荀彧的嘉奖，也是对自己的嘉奖，还是对杜畿的一种信任。一个是大胆推荐了贤才，一个是危急时刻敢于用人，一个是以自己的智勇和能力深受厚望和敬重，何乐而不为呢？

人才推荐制是我国古代朝廷获得人才的主要形式之一，特别是在六朝以前，朝廷把它作为选拔人才的基本形式。许多贤能之士都是由别人推荐才得以著称于世的。在这里，荐才是用才的前提，能够大胆任用才是关键。

曹操就是一个鼓励部属大胆荐才，同时也敢于对人才委以重任的人。他手下的人才一大部分是由他人推荐得来的，而被推荐的人又推荐新人，这样，就形成了一个人才来源的良性渠道，使人才从四面八方源源不断地汇聚而来，再加上曹操能不计高低贵贱大胆选用，使人尽其才，于是便拥有了一个强大的智囊团和一批英勇的将领。

曹操之所以能够雄霸天下，一是靠他拥有众多的人才，二是靠他对人才能够各用其长并能使其互相配合的结果。衡量一个领导者是否高明，不仅要看他揽集了多少人，更要看他如何合理地对之加以利用。聚才不是目的，用好人才是根本。人才再多而不善用，不是造成怨声载道，就是反使内耗丛生。这样，人才越多，反作用越大，不仅没有帮到自己，反而会坏大事。

曹操对人才的使用可谓手段多样、灵活机动。有的放心大胆地任用，有的则有所控制；有的让他独当一面，有的则是数人组成一个团队，恰似一个团结的整体。这样，曹操做到了对人才合理调控任用，措施得当，使不同的人都能发挥出各自的效能。

曹操所采用的策略就是"仁者用其仁，智者采其智，武将任其勇，文职尽其能，择人任事，最大限度地用人之长"。曹操对合肥会战人事的精心安排，说明他确实是一位知人善任的领导者。

建安二十年（公元215年），曹操准备西征张鲁，他料想孙权可能会趁他西征攻打合肥，于是就在临行前，写了一封密信交给合肥护军薛悌，并在信封上特别注明：等吴兵来攻时再拆开看。等到曹操去远了，孙权果然率兵来攻打合肥。

危急中大家拆开密信，只见信上寥寥数语："若孙权至者，张、李将军出战；乐将军守，护军勿得与战。"诸将疑惑不解。首先搞明白曹操意图的是张辽，他说："曹公的意思是，他远征在外，如果等他来救，我们早就被打败了。现在，只有趁敌人立足未稳，我们攻防结合，打敌人个措手不及，才有胜利的机会。是胜是败，在此一战！"

听了张辽一席话，李典恍然大悟。于是立即出兵，结果杀得江南兵人人惊恐，以至于江南小儿闻张辽大名都不敢啼哭。

曹操对这次战役的人事安排充分体现了他知人善任的能力。这次战役曹操安排了三个主将：张辽、乐进、李典，三人都是曹操手下的大将，无论是资历和能力，三人都相差无几，而且都立有大功。因此，三人向来谁都不服谁，关系闹得很僵。安排这样的三人守城，确实有一定的难度。

曹操之所以如此安排，是因为对三人有充分的了解。正如曹操所料，张辽见信率先表态，慷慨激昂地表示要决一死战，紧接着附和的便是李典。《三国志·李典传》中有这样的记载："辽恐其不从，典慨然曰：'此国家大事，顾君计何如耳，吾何以私憾而忘公义乎！'乃率众与辽破走权。"

一个队伍只有团结才会有战斗力。曹营内战将云集，有的性如烈火、视死如归（如典韦、庞德等），每有大战恶斗，曹操总是派他们披坚执锐、冲锋陷阵；有的智勇双全、文武兼备（如曹仁、张郃等），曹操平时把他们放在重要岗位，遇有战事，放手让他们统率诸军、独当一面；有的胆识不足、优柔寡断，曹操就因人制宜，将他们搭配在合适的主帅营中，当好配角。

这正是曹操在用人方面的超常表现。三驾马车，各有自己的方向，这样绝无战斗力可言。如把互不和睦的三人拧在一起，必先有两人携手。由此可见，用兵之法，目的在于才尽其用，将帅只有用人不拘一格才能够打胜仗。

不同性格、性情的人适宜做不同的工作。作为领导者，必须把握手下的不同性格特征，全面衡量、因人而异、量才而用。

对有特殊才能的人，一定要尽可能给他们最好的条件和待遇。特殊人才、特殊待遇，这是我们应该遵循的原则。

对能力很强的人，可采取多方面任用的方法，既能够让他们发挥多方面的、更大的作用，又可以调动他们乐于贡献、多出成绩的积极性。

人之长处固然值得发扬，而从人的短处中挖掘出长处，由善用人之长发展到善用人之短，这也是用人艺术的精华之所在。尺有所短，寸有所长。长与短都不是绝对的，任何时候都没有静止不变的长，也没有静止不变的短，关键要学会怎样充分利用。

曹操就是这样灵活地掌握并任用属下的人，会用才，并取得了出人意料的效果，我们不得不佩服他的用人智慧。

三国时期，曹操的实力最雄厚，也最善于笼络人才，却没有能够打动关羽,这是为什么呢？因为和刘备的义气在关羽看来更崇高。所以，从关羽的挂印封金而去，曹操也懂得了那些为了利益而来的人才与那些为了道义而来的人才相比，后者更死心塌地，更忠诚。所以，曹操在用人时对于道义方面也更加重视。

我们待人接物有时难免以利益为重，但利益相诱却并不总是有效的，因为天下讲义气的人，他们看重的并不仅仅是利益，而是对自己的尊重。

当年，袁绍派遣大将颜良攻打东郡，曹操调董昭担任魏郡太守，跟随曹操征讨颜良。颜良死后，曹操包围邺城。

当时袁绍委派同族人袁春卿担任魏郡太守，镇守邺城。袁春卿的父亲袁元长在扬州，曹操派人将其迎来。董昭写信给袁春卿说："我听说对父母孝顺的人不会为了获得功利而背离他们，仁义的人不会为了谋求私利而背弃君王，有志之士不会乘时局动乱而侥幸获取成功，聪明的人不会用虚假奸诈之道危害自己。您的父亲过去为了躲避战乱，不得已去了南方的百越一带。这并非疏远儿女，而是陶醉于吴会的山水。

"贤明的人常常见识深远，会认为这样做是很恰当的。曹公怜惜他坚守志向，离群索居，所以特地派使者前往江东，迎来送往，现在快到此地了。即使你现在处于最安全的地方，依靠的是有仁义道德的人，位置也像泰山一样稳固，身体像松树那样挺拔高健，但从道义角度来说，仍然应当离开百姓而去侍奉双亲。况且邾仪父开始同隐公结盟时，鲁人虽褒奖他，却没有爵位。可见未经君王下令，不能尊以爵位，这是《春秋》所阐明的大义。故人尚且如此，更何况你现在所依托的是一个危机之国，接受的是假托的命令呢？

"如果与作恶的人为伍，而不能体恤自己父亲的安危，不能说是孝；忘记祖宗所尊幸的是汉朝，安于担任不是正道的伪职，很难说是忠。忠孝都被废弃，说不上是智。再说，你曾经被曹公以礼相召，你亲近同族人而疏远父母，依附袁绍而远离朝廷，为了不当俸禄而背叛知己，远离幸福而接近危亡，抛弃道义而蒙受奇耻大辱，不是很可惜吗？如果你能迅速改过，辅佐皇帝、奉养父亲、跟随曹公，既能忠孝两全，也有显赫的功名。你应该考虑长远计划，早日拿定主意。"

这是一番明大义、识大体的劝慰之词，读来让人怦然心动。

自古以来的领袖，他们对人们的影响一般都侧重于社会道德、道义责任、国家安危，其用人之谋皆为经天纬地的大智谋。

历史上很多能人贤士出来做事，许多时候不是被重金收买的，而是出于大义和历史责任感。由于能人贤士的境界并非庸碌之辈能猜度的，若仍以世俗的一套对待他们，反而显得可笑。任天下之智力，争天下之归心，最值得称道的，还是曹操能正确对待反对自己的人，善于将对自己不利的人心，凝聚为对自己有利的力量。

曹操起兵时，只有家族的几个兄弟和侄子做骨干，人马也不多。他曾经想留用刘备，虽然未获成功，但在任用的方式上确实是非常正确的。只能说刘备同曹操一样是个放眼天下的英雄，不肯屈尊而已。正确的用人观使他在短短的几年内，造就了"谋士如云，战将如林"的庞大队伍。

荀彧和郭嘉，是三国时大名鼎鼎的智囊人物，都曾是袁绍的幕僚，荀彧"度绍终不能成大业"，率先弃袁投曹，曹操得荀彧，高兴地称他是"吾之子房也"；郭嘉看透了袁绍"未知用人之机"，也跑到曹操营垒，嘉曰："真吾主也。"

官渡大战时，袁绍的重要谋士田丰、许攸，大将张郃、高览等，除田丰被袁绍杀死在狱中外，都临阵倒戈，投靠了曹操。

此外，曹操在除掉吕布后，还得到了许多有用之才，臧霸就是当时投降的。曹操还通过臧霸收降了徐翕和毛晖。徐翕、毛晖原为曹操部将，后来背叛曹操投奔了臧霸。曹操让刘备给臧霸传话，让他把这两个人的头颅割下送来。臧霸不同意，对刘备说："我之所以能够自立，就是因为我不肯去做这不义的事情。我受曹公生全之恩，不敢违命，但有意建立王霸之业的人应该以义相告，不宜威迫，希望将军能够替我去说明一下。"

刘备将臧霸的话原封不动转给了曹操，曹操大为感叹，立即召见臧霸，并对他说："这是古代大贤才能做到的事情，而您却做到了，这正是我所希望的啊！"于是不仅不再追究徐翕、毛晖的罪过，还任命他们为郡守，加以重用。

其实，很多志向高远之士，都是可以用道义感召的。道义自古以来就是做人的根本，也是从事任何事业所必不可缺的一项美德。曹操正是抓住了道义的精髓——正义和真理，于是就站在了成功的一侧。

"名不正，言不顺。"许多战争说是正义与非正义之战，其实都是为名义而战。曹操之所以能够"挟天子以令诸侯"，就沾了名正言顺的光，做任何事都打着朝廷的名义，自然得到了民心，这也是人才纷纷归顺的重要原因。

物以类聚，人以群分。对于那些志趣相投而又有共同志向的英雄，曹操从来都是惺惺相惜，十分敬重。他虽然在政治和军事上对敌常常要诈用谋，但对于朋友、义士和敬重的人，从来都是敞开胸怀，以诚相对的。

曹操一直以来都用利益和情意两条纽带维系着他的团队，尤其重视以情义作基础建立起来的亲密关系。在曹操看来，人品之高下，从气节即可判断。成就天下者，所凭的就是一股勇气和义气，以及一种凛然屹立在天地间的正气，因此天下英雄必然赏识有气节的人。曹操敬重有气节的人，也很好地为自己塑造了重气节的英雄形象。

沮授是袁绍的谋士，是个非常忠诚的人。官渡之战后被捕，大喊："我死不投降！"面不改色，从容就死。曹操非常钦佩他对旧主的忠诚，为他建墓并亲笔题词：忠烈沮君之墓。

曹操虽然不得已杀了陈宫、沮授，但曹操的心里对他们充满了敬佩之情，同时也为他们的死感到悲痛，并分别厚待了他们的亲人。这表达了曹操对他们的尊敬之情和怜惜之意，使得身边的将士无不为之感动。

有一次，平虏将军刘勋因犯法被处死，抄家时搜出一封河东太守杜畿的信。刘勋原被曹操宠信，威震朝野。他曾向杜畿索取河东特产，杜畿于是就写了这封表示拒绝的信。曹操得知这事后，对杜畿不媚权贵的做法大为赞赏，说"杜畿可称得上是'不媚于灶'的人了"，意思就是"杜畿是从众人中挑出来的贤人，可以作为大家的表率，希望大家好好向他学习"。

建安十八年（公元213年）十一月，曹操任命杜畿为魏国尚书。关中平定后，接下来就是如何巩固统治的问题，进取汉中的军事行动也随即被提上议事日程，但河东的地位和作用仍不可忽视。于是曹操决定仍由杜畿留在河东，并专门为此下了一道手令："昔萧何定关中，寇恂平河内，卿有其功。间将授卿以纳言之职，顾念河东，吾股肱郡，充实之所，足以制天下，故且烦卿卧镇之。"

　　所谓"纳言"，就是负责传达天子命令的官名，后称为尚书。"卧镇"，即借重杜畿在河东的威望来镇守此处。这有一个来历：汉武帝时汲黯任东海太守，经常病卧室内，但该郡却治理得很好。后召他为淮阳太守，他以病辞，汉武帝说："我就是要借重你的威望，让你躺着治理淮阳。"曹操认为杜畿有萧何安定关中、寇恂平定河内那样的丰功伟绩，因此要把重要而又富庶殷实的河东郡交给他继续治理。

　　杜畿没有辜负曹操的厚望，把河东治理得政事和顺、百姓富足。后来曹操征汉中时，杜畿派遣五千人运送军粮，由于工作做得细致，运粮的人互相勉励说："人生有一死，不可负我府君。"整个过程没有一人逃亡，圆满地完成了支援前线的任务，可见杜畿的个人魅力和威望之高，这样的人得到曹操的赏识也在情理之中。

　　曹操以仁心对待别人，敬重并学习有气节的人。曹操看到他人比自己优秀的地方、比自己贤能的地方，不是一味遮掩、打压，以显示自己的高、大、全，而是能够做到随时称赞他人的长处。对那些有才能而又感念旧主、不肯归降的贤士，不仅充分表达惋惜之情，还尽可能地顾念其家小。其实，这种行为本身就是让那些贤士归附自己的最好暗示。让自己日益进善、日益进德，何乐而不为？

小有瑕疵又何妨

　　曹操看到东汉末年的人才选拔任用制度以所谓的德行为首，导致当时的士人多矫揉造作、沽名钓誉，从而使整个官场出现浮夸、虚假、华而不实的风气，于是他打破惯例，以唯才是举作为自己的用人标准。这是因为他知道，在汉末的动荡时期，没有一批有真才实学的文臣武将的辅佐，自己是不能扫平天下、成就霸业的。与其追求那些矫揉造作的人才，还不如提拔那些真正有才却难免与世俗不相容的人。曹操认为，只要有才干就应该大胆起用。所以，"大行不顾细谨，大礼不辞小让"是曹操用人的一大特点。

　　有人统计，曹操一生的谋士共有上百人，其中的核心人物包括荀彧、荀攸、郭嘉、贾诩、程昱等人。这些人为曹操开疆拓土、制定长远规划，立下汗马功劳，但他们并非完人，有些甚至做出了很多让人愤慨的举动，但曹操却能一一容忍。

　　谋臣程昱在初平年间曾拒绝兖州刺史刘岱、勃海太守袁绍、幽州牧公孙瓒等割据军阀的拉拢。后来，兖州刺史刘岱被黄巾军杀死，曹操进驻兖州后，纳请程昱，程昱即欣然前往，可见他善于识人。

曹操讨伐徐州的陶谦，陈宫、张邈等人却趁机反曹，兖州几乎全部沦陷，只剩下程昱与荀彧守住的鄄城、范县、东阿三城，这不仅使曹操有了立足之地，还保留了反攻的机会。曹操与吕布大战失利，就想打退堂鼓。这时，程昱劝他说："现在虽然失去大片土地，但我们还有三座城池和上万名能征善战的将士，加上您的计谋和征服四方的决心，是完全可以收复失地、成就霸业的。"程昱的一席话，在关键时刻帮助曹操做出了正确的战略选择。

后来，曹操接纳刘备，又是程昱劝曹操早日铲除刘备，以绝后患；刘备欲趁机率兵南下攻打袁术，也是程昱说刘备明为帮助曹操去攻打袁术，实际是想脱离曹操自立，极力劝谏曹操趁刘备立足未稳之际，就除掉刘备。虽然他的这一提议最终没有被采纳，但其对曹操的忠心和敏锐的观察能力仍给曹操留下了深刻的印象。

当曹操与袁绍决战之时，程昱仅仅带领七百士兵驻守鄄城。曹操认为太少，要给他添兵，程昱却认为不可，他分析说袁绍十几万兵马，见自己兵少，必定不屑前来攻打，如果增兵，则会引来袁绍的攻击。结果果然如此。曹、袁大战，程昱不仅没有要曹操添兵，还趁机编练了数千精兵去帮助曹操，使曹操终于打垮了雄踞河北的袁氏集团。

就是这么一位善谋多智、深受曹操喜爱的谋士，却性格乖戾，难以与其他人合群。因此，很多人在曹操面前说他的坏话，甚至有人诬告他谋反。曹操对这些都置若罔闻，也不反驳，但给程昱的奖赏却一次比一次丰厚。曹操的这一做法既平息了其他人对程昱的怨怒，又使程昱放下了心理负担，一如既往地为自己服务，同时还鲜明地表明了自己的态度，可谓非常高明。

在曹操的诸多谋士中，要数郭嘉最了解曹操，并且两人关系亲密，如朋友一般。据载，二人行则同车、坐则同席，其亲密程度可见一斑。在严于治军的曹操营帐里，郭嘉有很多不拘常理的行为，但在偏爱他的曹操眼里，"此乃非常之人，不宜以常理拘之"。

曹操手下有一位官员陈群，曾因郭嘉行为上不够检点奏了他一本。但是，曹操并没有处分郭嘉，也没有要求郭嘉改正他私人生活不检点的缺点，同时他又对陈群能够严格要求群臣的行为予以嘉许。

曹操的处理方式虽不免有和稀泥之嫌，但其实上曹操清醒地认识到，"水至清则无鱼，人至察则无徒"。对人苛求，要么会让人才分散注意力，要么会让臣子文过饰非、上下相欺。而嘉许陈群，又充分肯定了他的工作积极性，实在是最好的处理方法。

如果说对于大谋臣，曹操会因为舍不得他们的智慧而能够容忍他们的缺陷，那么，对一些有缺点的普通官员也能如此对待，则真正体现了曹操"大行不顾细谨"的用人标准。

曹操的一个老乡叫丁斐，颇有管理才能，但是爱贪小便宜，居然利用职权用自家的瘦牛换了公家的一头肥牛，结果被罢了官。曹操见到他，故意问："文侯呀，你的官印到哪里去了？"丁斐也油嘴滑舌地说："拿去换大饼吃了。"曹操哈哈大笑，回过头来对随从说："有人多次要我重罚丁斐，我说丁斐就像会抓老鼠但却偷东西吃的猫，留着还是有用的。"于是，又起用他为官。

曹操的谋士刘晔善出奇谋，但却有一个怪脾气——从来不愿当着众人的面提出自己的建议。曹操便特事特办，经常与他书简沟通。有时为探讨问题，两人竟然一夜间传递书信几十次。曹操对于谋士的怪癖居然能够这般容忍，其用人之诚心、胸怀之大度，不得不令人叹服。

　　曹操能够透过纷繁芜杂的现象，看到不同类型人才的优点，对他们量才善用，使得他们的才干得以淋漓尽致地发挥。也正是曹操这样宽松的用人政策，才能既聚拢了大量人才，又形成了融洽的合作氛围，让谋士们在南征北战中共同出谋划策，使将士们得以攻城拔寨。

　　曹操为自己笼络了一批能人贤士、文臣武将，并且长期以来一直保持这种做法没有改变，以至于其手下从没有出现过人才断层、青黄不接的局面。反观刘备，诸事都要仰仗诸葛亮，没有形成可持续的人才选拔机制。随着岁月流转，人才逐渐凋零，蜀国也江河日下，这也许是曹魏最终能吞并蜀汉的重要原因。

第十九章 喜怒无常

心机过人

　　曹操常常计谋百出，令人防不胜防。他能兵不血刃地就把一场谋反行动平息，并且干净利落地处理了领导者济南王刘康。

　　曹操在任济南国相的时候，济南王刘康在南面群山中秘密蓄兵、练兵，准备背叛朝廷谋反，结果被曹操慧眼识破，并用计将南山的藏兵骗下山，一举歼灭。而济南王刘康也被曹操的兵马困在街巷之中，不能脱身。刘康手下的亲兵也都一一战死，只剩下他这个"孤家寡人"在城内苦苦支撑，情况非常危急。

　　忽然，济南王刘康听见城外的喊杀声逐渐平静下来，以为是藏在南山的兵马已将官兵杀退，挽回了局势，自己马上就要获得胜利了。于是一心只等着赵虎、张豹两位将军前来解救。

　　不一会儿，就见从西城方向远远有一支兵马疾驰而来。待其来到近前仔细一看，济南王刘康大吃一惊，原来是官府杀气腾腾的士兵。只见赵虎被缚在马上，低头耷脑，一动不动；张豹的首级被官兵用刀尖挑着，已是血肉模糊。

　　刘康见状，急火攻心，"哎呀"大叫一声，扑倒在地。众军士见此情景，一拥而上，争着要上前擒拿。这时只见曹操摆了摆手，又摇了摇头，众军士也就不敢乱动了。刘康无精打采地抬起头，用哀求的眼光看着曹操，似乎在请求曹操放过他。

曹操拍马来到刘康面前，厉声呵斥道："大胆济南王刘康，你竟敢阴谋造反！幸亏朝廷早已知晓，如今派我前来，就是要等待时机讨伐你，如今你阴谋败露，兵败被俘，还有什么话说？就算今天不杀你，将来见了皇帝，你如何面对？你还有什么脸面活下去？"

曹操越说越激动。他的措辞严厉而刻薄，让人听了无地自容，恨不得死在当下。他为什么出言如此歹毒？原来，这是曹操的激将法。曹操认为，无论如何刘康是皇室宗亲，一代有名的藩王，是皇帝的亲戚，如果只是将他押送到朝廷，万一皇帝起了恻隐之心，看在亲戚的面上不忍杀他，而只是削去爵位、敷衍了事，那他曹操岂不是反而落下个大大的仇人？瘦死的骆驼比马大！一旦让济南王咸鱼翻了身，自己免不了身受其害。但是如果将他当场处死，皇帝知道了，恐怕以后也会怪罪他。况且，刘康家族的势力很大，狐朋狗党数不胜数，如果有哪个要找来报仇，自己岂不是得天天担惊受怕？再加上刘康并未抵抗就已经落马，倘若自己亲手把他杀死，反倒要落得个嗜杀的骂名。

出于以上种种考虑，曹操这才说出这番冠冕堂皇的话来，分明是要逼着刘康自行了断。这样，上下左右，都好交差，而且又除了自己的心头大患，岂不一举多得？这就是曹操心机过人之处，闪念之间，杀出狠招，既达到了目的，又让自己解脱出来。

刘康当然猜不透这份玄机，听了这番话，果然仰天长叹一声，自感无颜面对朝廷，抽出腰间宝剑，往脖颈上一横，立毙当场。

惩罚立威

　　曹操求贤心切，从他曾下三道求贤令就可见一斑。曹操也很愿意拢聚人才，尤其是才智超群的人，不管他们原来如何，只要能拉拢过来，就一定拉拢。这种广纳天下贤士的做法，为他赢得了不少美名。但这么多名人贤士齐聚帐下，怎样才能让他们规规矩矩，老老实实地为自己办事呢？

　　起初，曹操还能听进良善之言，但是到了后期，曹操就变得喜怒无常，开始胡乱杀人了。他既听不进与其相左的建议，也听不进忠臣对他的批评，没了早期能够大度认错的锐气，只想树立起自己的绝对权威。就连那位被曹操称为"吾之子房"的荀彧都死得冤枉。

　　荀彧坚决反对曹操做魏王，曹操因此对他怀恨在心。后来，曹操赠送食物给荀彧，荀彧打开盒子一看，见空无一物，知道自己已经一无是处，因此被迫服毒自尽。

　　曹操手下的第一号谋士，为曹操开创基业出谋划策立下了大功，何以一时冒犯了曹操就被置于死地呢？鉴于天下尚未统一，他希望曹操能"秉忠贞之诚，守退让之实"，不要让他的政敌们抓住把柄，这样正当的理由，也能得罪曹操吗？显然不是这一条建议就让曹操如此震怒的。只不过当时的曹操认为，自己决定要干的事，就一定要干成，即便有时欠考虑，也绝对不允许有人冒犯自己的权威。

崔琰辅佐曹操十几年，在选拔人才方面做了不少工作。史书上称崔琰"清忠高亮"，说他"量才录用"，而且从不讲情面，享有很高的声誉，可曹操却以有人说他"傲世怨谤"为由把他杀了。曹操怎会随意相信别人说崔琰的坏话呢？其实，崔琰"享有很高的威望和声誉"才是招致杀身之祸的根源。

曹操不仅处理了崔琰，还因此迁怒毛玠。崔琰死时，毛玠因感伤崔琰"无辜"惨死而被人告密，好在官员们替他求情，曹操只是把毛玠罢了官，令其归家养老了事。

曹操常叹服于娄子伯的才能，说："子伯出的计谋，我比不上啊。"但随着其声望日隆，曹操渐渐感觉到他威胁到了自己的权威，因而下令将他杀害。由此看来，谁要超过曹操的威望，触碰了他的权威，曹操就会毫不留情地予以绞杀。杨修之死就是典型的例子。

曹操不仅在军事、政治上处处维护自己的绝对权威，就是在日常生活上也是如此。有一次，他大白天睡午觉，告诉他的宠姬，过一阵就叫醒他。可时间到了之后，这位宠姬见他睡得很香，不忍心喊醒他，就让他多睡了一会儿。岂知这一下，竟冒犯了曹操的天颜，这个宠姬弄巧成拙，惹了大祸。曹操醒来后，不问青红皂白就把她乱棍打死了。此事若联系他因曹植的妻子违反家规，身穿锦绣华丽的衣服而将其赐死来看，倒真是符合他一贯的作风。

我们当然反对曹操的这种行为，但是作为领导人，维护自己的权威还是有必要的。领导者不能太软弱，否则很容易造成上令下不通。有时候必须坚定不移地保持自己的权威。

作为一个领导者，曹操总是于不露声色间将和蔼可亲和威严有加拿捏到位。作为领导者要勇于说"不"，一旦发现问题，就应当机立断，这样既有利于解决问题，也能树立自己的权威。

曹操当然知道自己的身份，也知道权威的重要性，所以他平时就注意打造自己威严的形象，这是现实的要求，也是曹操长期身居高位形成的习惯。

保持自己的威严，让部下时刻拥有戒备和提防之心，给他的工作开展创造了有利的条件。

领导的身份权威在，往往不是由语言而是由行为彰显出来的，聪明的领导者尤其如此。

敌友一瞬间

"朋友是通往成功的垫脚石"，在曹操眼中，别人都是他实现梦想的阶梯。也就是说，是敌是友完全是从自身的利益出发进行界定。他会待人如坐上宾，但是仅限于对自己有用时。一旦对自己没有用处甚至对自己不利时，曹操就会毫不犹豫地与之一刀两断。

曹操同刘备是同龄人，在三国时期，一个被称为"英雄"，一个被称为"奸雄"。曹操有统一天下的大志向，刘备也要匡扶汉室。二人既争人才也争天下，展开了长达几十年的较量。在曹操看来，刘备政治才能突出，又有远大的政治抱负，确实是个大英雄，有广泛的号召力，所以有一段时间，曹操曾留他在军中。曹操也是考虑到留着他对自己招揽人才颇有助益，所以才没有杀他。

曹操东征徐州时，刘备同青州刺史田楷一起前往救援，被陶谦表举为豫州刺史。陶谦死后，刘备不费吹灰之力接替陶谦成了徐州牧。

占据淮南的袁术也想扩大地盘，因此对刘备轻易获得徐州非常不满，曾多次对他发动进攻。曹操为了稳定自己的根据地——兖州东部边境的局势，同时也为了利用刘备来牵制袁术和吕布，对刘备采取了拉拢的策略。建安元年（公元196年），曹操表荐刘备为镇东将军，封宜城亭侯，并趁机对刘备集团进行分化瓦解，将其逐步融入自己的军队中。汉献帝到许都后，曹操特地写了《表糜竺领嬴郡》一文："泰山郡界广远，旧多轻悍。权时之宜，可分五县为嬴郡，拣选清廉以为守将。偏将军糜竺，素履忠贞，文武昭烈，请以竺领嬴郡太守，抚慰吏民。"

糜竺，字子仲，东海人，祖上经商，有雇工上万人，家产颇为雄厚。原为陶谦别驾从事，后奉陶谦遗命迎刘备为州牧。建安元年（公元196年），刘备被吕布打败，家眷被俘。此时，糜竺不仅在人力、物力和财力上大力支持刘备，使之得以重振人马，而且还将自己的妹妹嫁给刘备。

曹操表荐糜竺为嬴郡太守。嬴郡，郡治嬴县，包括从泰山郡划出的嬴、武阳、南城、中牟和平阳五县。糜竺却没有接受曹操的表荐，仍然跟着刘备。曹操还同时举荐了糜竺的弟弟糜芳，让他去做彭城相，糜芳也没有到任，可见刘备深得人心。

袁术虽曾多次派兵攻打刘备，但一直都没有什么效果。后来袁术勾结已投奔刘备的吕布，由吕布出兵打败了刘备。刘备失去了安身之地，不得已率部投靠了曹操。

曹操对刘备厚待有加，不仅表荐他为豫州牧，还给他补充兵员、调拨军粮，让他仍然驻屯小沛，对付吕布，二人暂时结成了互为盟友的利益集团。但这种暂时的结盟是非常不牢固的，刘备志向远大，随时都会离开曹操独立发展。曹操当然知道这一点，而且他还明白，一旦刘备日后成势，必定是自己的大威胁。但是曹操考虑到自己正处于发展壮大的阶段，对刘备这样有影响的人物，只有予以厚待，才会使天下人才聚集，不至于堵了自己的言路。所以，尽管有谋士建议杀刘备，他却没有下手。

建安四年（公元199年），袁术想从下邳北上青州，曹操准备派兵阻截。刘备乘机请求承担这一任务，伺机逃离曹操的控制。曹操便派朱灵等人同他一起带兵东进。

刘备离开许都以后，程昱、荀彧等人得知消息，赶紧跑来劝阻曹操。程昱说："您以前不肯杀掉刘备，考虑得确实要比我们深远。但今天把兵权交给刘备，他肯定会产生异心！千万不要把刘备放走！现在放走了刘备，以后必定会后悔！"

董昭也跑来劝曹操，说："刘备志向远大，加上有关羽、张飞做他的帮手，将来必定会谋取天下。"

曹操听了众位谋士的意见，有些后悔，但一来已有令在先，不便更改，二来刘备已经走远，追也追不上了，只好作罢。

刘备到达下邳后，袁术逃回寿春，不久病死。于是，曹操趁机命刘备率军回许都。刘备早就想脱离曹操的控制，让朱灵等人先行返回，以减少下邳的曹军力量，然后发动突然袭击，杀死徐州刺史车胄，公开背叛了曹操。

刘备扛起讨伐曹操逆贼的大旗，公开对抗曹操。他的这一行动引起了一系列连锁反应，使得很多原本归附曹操的人趁机脱离了曹操的控制。由于曹操尚无恩泽加于百姓，不少郡县也纷纷脱离曹操，归附刘备，使刘备的军队人数增加到几万人。刘备派孙乾前往冀州，与袁绍联合，共同对付曹操。

这样，刘备和曹操就立刻由原来的依附者与被依附者，转变为不共戴天的敌人。

曹操在特定时期、特定情势下对刘备采取的不同态度，充分说明了在政治博弈中没有永恒的敌人和朋友，只有永恒的利益。刘备来投奔曹操时，曹操听从郭嘉的意见，没有杀刘备，保持甚至进一步凸显了自己爱惜人才、广纳英雄的形象。他甚至表荐刘备为豫州牧，让刘备出守小沛，也有效地利用了刘备的力量来对付吕布，在包围下邳、擒杀吕布的战斗中还直接让刘备消耗了兵力，客观上遏制了刘备势力的发展。擒杀吕布后将刘备带回许都，更是曹操为了控制刘备而走出的一着好棋。

曹操即便一时不慎放走了刘备，他也能很快从失误中清醒过来，并立即采取行动。他利用袁绍善谋难断、举棋不定的性格和刘备错误估计形势、放松戒备的时机，果断出击，击败了刘备。通过这一系列的操作，曹操不仅化险为夷，还进一步巩固了自己在徐州的统治，暂时消除了刘备这个潜在的强敌，避免了以后和袁绍决战时可能出现的双线作战的局面，为官渡之战的胜利创造了有利条件。

由此可见，结盟与否都是出于自身利益的考虑，这种以利益为纽带的同盟关系是非常不稳固的。在上述事例中，这一点就清楚地体现在利益和盟友的比较上，谁重，就趋向谁。这种分分合合，曹操在其一生中可谓经历得不少，比如在同吕布、袁绍、袁术、张绣、张邈的交往过程中，大都经历了由分而合、由敌而友的过程。但无论怎样，一切都是围绕着自身的利益在变化，这也是曹操不断发展的关键所在——我可以放过任何人，但不能损失一点利益。

第二十章　毀譽由人

能屈能伸显本色

曹操初入仕途，只是一个小小的洛阳北部尉，但他很会当官，把权力运用得恰到好处，知道以法度行事，不畏权势，敢于以下犯上，朝着理想的目标前进。对于曹操能够执权伏势的行为，《诸葛亮集·将宛·兵权》中有很好的解释："夫兵权者，是三军之司命，主将之威势。将能执兵之权，操兵之要势，而临群下，譬如猛虎，加之羽翼而翱翔四海，随所遇而施之。若将失权，不操其势，亦如鱼龙脱于江湖，欲求游洋之势，奔涛戏浪，何可得也。"

意思是说，兵权是操纵三军命运的重要权力，如何掌握并使用它，直接反映主将的威严和气势。主将如果能很好地掌握、运用兵权，则可如虎添翼、威加四海，遇到任何情况都能灵活应对；如果有权而不会用，则不能很好地统帅三军，就像鱼离开水难以长存一样。

曹操有一种掌权用权的天赋，所以常常能把权力运用得很到位，既提升了权力的威严性，也利用权力的威严树立了自己的权威。

"治世"时代有"治世"时代的主体需求，而"乱世"时代也有"乱世"时代的主体需求，如锄强济弱、安定天下等。因此，时代特征不同，所需要的英雄人物也有所不同。

曹操生于一个"家家欲称帝，人人欲封侯"的时代，名人英雄辈出。那么，曹操是怎样称雄于乱世的呢？他成霸业的经历清楚地告诉我们：要想有所成就，应当掌握时代特征，给自己准确定位。

曹操出生在东汉汉桓帝在位年间，少年岁月也在汉桓帝时代度过；步入"弱冠"之年时，正值汉灵帝（刘宏）在位，被授为洛阳北部尉；他的后半生则主要是在汉献帝时期。

曹操所处的东汉末年，其时代特征非常明显。一是最高统治者皇帝大权旁落，落寞无能。汉桓帝、汉灵帝、汉献帝三代，一代不如一代。或由外戚掌政（如汉桓帝在位初期由以梁冀为首的外戚掌政），或由宦官专权（如汉桓帝、汉灵帝在位时均如此），或由军阀操纵权柄（如汉献帝即位初期由军阀董卓操纵实权），皇帝实际上已成为傀儡。二是封建统治集团诸势力间的争斗异常激烈、残酷。汉桓帝、汉灵帝在位期间均发生了"党锢之祸"，外戚、宦官、"党人"等集团势力无不阴谋诛杀异己、独断专权。三是由于官府横征暴敛，致使大量百姓破产，无法生存，因而统治势力与被统治者之间的矛盾日益尖锐。四是大小割据军阀不但图谋久霸一方，而且梦想扩大地盘，因而连年混战不休。

曹操掌握军政大权的后期，"三国鼎立"之势已见雏形。虽然仍有战争，但毕竟是相对稳定的时期。而东汉末年则是朝廷腐败、军阀混战、社会剧烈动荡的时期，百姓处于水深火热之中，社会各阶层对国家尽快解除混乱状态、达成统一的愿望非常强烈。曹操正是面对这一"乱世"来设定自己的人生角色的。

曹操认为，这样一个动乱之世，应是一个需要济弱锄强、一统天下、安定社会、"取威定霸"的英雄时代。因此，曹操一开始就按照英雄的标准严格要求自己。曹操从开始只是梦想做一名将军，并逐渐调整、提高自己的志向，直到最后想要匡扶天下，成就一代霸王之业。

厚积薄发成大事

委曲求全，可能是形势使然，也可能是为了使自己的事业更上层楼而采取的策略。曹操的屈身之举，可以说二者兼备。

各路诸侯讨伐董卓时，曹操没有自己的根据地，但他没有垂头丧气，而是屈身在陈留太守张邈的身边；起兵后由于在给养等方面也需要仰仗张邈的接济，因此在起兵之初曹操对张邈屈身事之，并主动接受张邈的节制。不久，曹操随张邈来到酸枣前线，代理奋武将军之职。曹操一方面屈身于张邈，受他的领导和节制，另一方面也在趁机积蓄自己的实力，为后来开拓自己的天下打基础。

曹操在前往酸枣途经中牟时，该县主簿任峻率众前来投附。曹操非常高兴，任命他为骑都尉，并将自己的堂妹嫁给了他。

骑都尉鲍信和他的弟弟鲍韬也在这时起兵响应曹操。鲍信是个颇有见识的人。董卓刚到洛阳时，他就劝袁绍说："董卓拥兵自重，心怀篡逆之心，如不早想办法对付，朝政将会被他控制。应当趁他新到疲劳之机，发兵袭击，可一举将其擒获。"但袁绍畏惧董卓，不敢发兵。鲍信见袁绍不能成事，便回到家乡泰山，招募了步兵千乘。曹操刚起兵，鲍信便起兵响应，同时来到酸枣前线。曹操和袁绍推荐鲍信为破虏将军，鲍韬为裨将军。当时袁绍的势力最大，不少人趋奉他，只有鲍信对曹操说："有大谋略的人在世上找不到第二个，能统率大家拨乱反正的，只有您一个人。而那些刚愎自用的人，即使一时强大，最后也是要以失败告终的。"于是同曹操倾心交往，曹操也从此把他当作知己看待。

曹操对自己所屈身的人也总是尽心尽责，勇敢承担自己所应当承担的责任，希望共同支撑危局、共图大业。但是，要成大事也不能久居人下，因其志向和行事风格不可能与自己完全一致。因此，不能一味屈就，还是要坚持自己的信念，不亢不卑。

汴水一战失利后，曹操招募兵员，重新建立起自己的武装队伍，向北而归，但不是返回酸枣，而是渡过黄河、赶到河内，同驻扎在那里的联军盟主袁绍接触，企图游说袁绍出兵，改变现有局面。但结果很令人失望，他在许多问题上也不能同袁绍取得一致，有时甚至完全针锋相对。从此他对袁绍更加不满，并产生了伺机消灭袁绍的想法。后来，随着袁绍乘机发展个人势力，曹操更加坚定了自己的想法，也加快了发展个人势力的步伐。

随后，曹操同袁绍的关系更是若即若离，及至曹操迎天子于许都，袁绍由曹操的"上级"变为他的"下级"时，曹操鉴于自己的实力，也还没有和袁绍闹翻，直到建安四年（公元199年）的官渡之战，双方终于不可避免地正面交锋了。

三国时期，风起云涌，能够有所作为的英雄，大都有以屈求伸的经历。刘备曾依附曹操；孙权后来也在东吴面临被蜀、魏两面夹击的危急形势下，不顾文臣武将的阻挠，从大局着眼，不惜屈尊下就，先向刘备"上表求和"，并做出了一系列外交上的让步，后又向曹丕"写表称臣"，并恭顺地接受了曹丕的封爵。这一系列卑屈之举，对避免东吴陷入两面受敌的不利境地起到了积极的作用。

　　世上没有只伸不屈的英雄，只有向谁屈、什么时候屈、什么地方屈的问题。有时候退一步，也就退出了繁杂的圈子，很好地保全了自己，这比进十步更有利。时机一旦成熟，就能更容易发力，自己的事业也会更进一步。像曹操这种能伸能屈的人，注定能成就霸业。

贵在自知明进退

　　人贵有自知之明，其实就是能够清楚自己的实力，依势行事。势不如人时可以妥协，暂时满足对方的要求，待危机过去，再寻求他策，这是在不利形势下实行的一种"退让政策"。想做到这一点，必须从当时形势出发，权衡利弊，牺牲眼前利益以救大局。如果没有高瞻远瞩的能力，也难以有这样的魄力。

　　曹操不乏英雄气概，但他更有自知之明。他迎汉献帝移都许县后，虽然有了政治优势，但他也知道，自己当时的势力还难以驾驭它，因此还不能"挟天子以令诸侯"，反而还会让他成为世人注目的焦点，也可以说是成为众矢之的。毕竟与袁绍等军阀相比，他仍然处于劣势。因此曹操采取避开锋芒、壮大自己的策略，最终将袁绍打败。

　　对于曹操的得势，袁绍有些后悔，他摆出盟主的架势，倚仗自己兵多将广，以许县低湿、洛阳残破为由，要求曹操将汉献帝迁到鄄城。因为鄄城离袁绍所据的冀州比较近，便于他控制汉献帝。可是曹操岂会在重大问题上让步？他断然拒绝了袁绍的这一要求，而且还以汉献帝的名义写信责备袁绍只顾发展自己的势力而不勤王。袁绍只得无可奈何地为自己开脱。

曹操又以汉献帝的名义任袁绍为太尉，封邺侯，实际上是试探。袁绍见曹操任大将军，自己的地位反而不如他，拒不接受任命。

曹操有自知之明，知道自己当时的实力还不如袁绍，他不能在这个时候跟袁绍闹僵，决定暂时做出让步，把大将军的头衔让给了袁绍。自己任司空（也是三公之一），代理车骑将军（车骑将军仅次于大将军和骠骑将军），以缓和同袁绍的矛盾。但由于袁绍不在许都，曹操仍然总揽朝政。

羽翼未丰，不可高飞。曹操深知自己实力还不够，暂不能太过于表现自己，因此对袁绍的要求尽量满足，对朝廷的封赠表现出"力所不及"的谦恭。等到羽毛一丰满，他就大肆征伐，无所顾忌了。

当对手比你强大时，不去碰硬，而是借机发展自己的势力，是可行的，但不可因此而失去原则，丧失独立性，要时刻把握自己的命运。

曹操因有自知之明而屈从袁绍，私下里对发展自己一刻也没放松，终于在官渡一战彻底打败了袁绍。

曹操后发制人打败袁绍后，又以大英雄的心胸举止对待袁绍，可谓仁至义尽，还借机扬了自己的好名声。

官渡之战后不久，袁绍身亡。曹操攻破邺城后，立即下令没有他的将令，任何人都不得擅入袁宅。当曹操完全控制了邺城后，又做了一件常人无法理解，但于英雄又极富传奇色彩的事：泪祭袁绍。

他亲到袁绍墓前致祭，痛陈时世艰难、生灵涂炭之苦痛，历数他与袁绍相知相交、相约救民于水火的人生历程，又赞扬了袁绍的英雄业绩。

学会隐忍善保身

　　过早将自己的底牌亮出去，或在不足以制胜的情况下出手，往往会在较量中失败。羽翼未丰满时，不可四处张扬。君子更要善于保护自己，要学会待时而动。

　　曹操处于东汉末年，天下大乱、群雄四起之时，可谓"家家欲为帝王，人人欲为公侯"。当曹操逐一清除了来自各方面的阻碍，名声日隆，完全具备取代汉室登基为帝的条件时，他却没有这么做。按说此时逼皇帝禅让，对他来说易如反掌。可曹操直到临终之时，也没有称帝。实在是当时的形势使然。

　　曹操独揽大权却又不做皇帝，反映了他的清醒、明智与沉着。我们知道，随着汉献帝越来越被边缘化，曹操取而代之的意图也越来越明显，这就招致了政敌的不断攻击。如周瑜骂他"名为汉相，实为汉贼"；刘备说他"有无君之心""欲盗神器"。如果对这些指责听之任之、不加辩解，贸然称帝，结局不会好，袁术就是一个活生生的例子。曹操不仅可能因此丧失"挟天子以令诸侯"的政治优势，而且还可能成为四方诸侯征讨的对象，内部的汉臣势力也会起来反对他。

赤壁之战后，天下三分的局势已成定局。孙、刘对北方虎视眈眈，而以马超为首的关中诸将又心怀不轨，这都是曹操的心腹大患。在这种情况下，内外政敌加紧了对他的攻击，企图动摇他的政治基础，有的甚至要求他交出兵权，以削弱他的实力。为了反击政敌，安抚内部的拥汉派势力，继续保持自己"挟天子以令诸侯"的政治优势，曹操只得将自己的代汉意图更深地隐藏起来，更用力地表明自己对汉室的忠心。

他还曾专门上书《让县自明本志令》，以此表明他忠于汉室的决心。令文的第一部分说他当时的最大愿望只是做征西将军并能封侯，死后在墓碑刻上"汉故征西将军曹侯之墓"几个字。此言旨在表明自己从年轻时起就志望有限，只想为国立功，并没个人野心。第二部分回顾了他举义兵、讨董卓以来的经历，旨在表明自己为阻止别人称帝称王而戎马一生，又怎会再去自称帝王呢？令文的第三部分说明自己一来世受汉恩，已经超过三世，二来汉无负于自己，所以自己对汉室的忠心是毋庸置疑的。令文的最后一部分则针对政敌对他的攻击，明确表示自己不会放弃兵权，回到他的封地武平侯国去，这既是出于对自身及子孙安全的考虑，更是出于对国家安全的考虑；他会将自己所封的四县交出三县，食户从三万中减去二万，以减轻自己所受的各方压力。

其实，曹操作为一代枭雄，又何尝没有帝王之心？他之所以深藏不露，只是等待时机而已。

建安十八年（公元213年）五月，曹操被封为魏王，加九锡。这时，关于曹操有"不逊之志"的议论又风行起来，曹操于是又写了诗作《短歌行》。诗中以周公吐哺自比，表明自己虽然被封为魏公，加九锡，但仍会谨守臣节，遵奉汉室，决不会做出危害汉室的事情来。

建安二十四年（公元219年），孙权给曹操上书，劝曹操称帝，自己北望称臣。曹操将信出示给群臣，大笑着说："孙权这小子是在火炉上烤我啊！"

曹操明白，他如果以魏代汉，必招致各方面反对，就像在火炉上挨烤一样。其实曹操把这封信公开给大臣，并说了一些表白心迹的话，一来是为了揭露孙权的真实用心，二来也是试探一下群臣的态度。群臣对曹操的用意自是心领神会，纷纷上表表示"以魏代汉，正是其时"。曹操听了大家的建议后，冷静地说："若天命在吾，吾为文王矣！"

曹操这句话，实际上已表明了他心中的代汉意图，只不过是像当年周文王给周武王奠定基业那样，积极创造条件，让自己的儿子去做皇帝。

曹操知道自己政敌太多，而且多次明确表示不称帝，有了这块挡箭牌，他乐得大权在握，其隐忍功夫之深确实了得。

蛰伏谋远虑

一个欲成就霸业的人，必须把握好进退的节奏。在事业略有小成、取得一些进展的时候，千万要在心理上做好跌宕起伏的准备。因为一步踏不到点子上，苦心经营的大厦或许就会坍塌。因此，有必要控制好进退的节奏。如果把握不好进退时机，很容易就此沉落下去，退出政治舞台。如何避免这种情况的发生？我们且看曹操的进退之道。

曹操在镇压颍川起义军后，因军功被升迁为济南相国。曹操在任济南相国的两年中做了两件大事：一是罢贪官，二是毁淫祠。这使他的影响力大增，政绩卓著，仕途可谓一片光明。

曹操在任济南相时所做的两件事，确实是他的得意之作，但他也因这一系列操作不仅得罪了朝中宦官，还让地方豪强也对他恨之入骨。曹操不愿意为迎合权贵而丧失了匡扶社稷的大志向，也不愿意家人因为自己屡次触犯权贵而受到连累，为了避免发生不测之祸，曹操急流勇退，马上辞去了济南相的职务，请求回到宫中值宿，担任警卫，实际上是要求赋闲。

曹操的担心是非常有道理的。诸常侍和豪强怎么能容忍他如此损害他们的利益呢？曹操乞留宿卫，纯属以退为进，实非本意。朝中那些宦官和贵戚岂能不知？他们的算盘是既要把他调离济南相位，又要把他排挤在京师以外，于是"征还为东郡太守"。东郡太守与济南国相地位相等，用现在的话说是同级调动。且就当时的地域重要性而言，东郡太守的地位和济南国相的地位也不相上下。曹操通过这次调动更加验证了自己的顾虑，因此托病不去赴任。

朝廷考虑到他的贡献和能力，便再次给了他一个差事，任命他为议郎。此时曹操的头脑很清醒，他既要躲祸，又要保持自己的名誉，因此对于议郎一职也是"常托疾病，辄告归乡里"。

曹操回到家乡谯县之后，"筑室城外，春夏习读书，秋冬弋猎，以自娱乐"。鉴于当时的大局动向，曹操托病归乡，实乃韬光养晦的绝好机会，也是充实头脑、自我休整的好机会。

曹操这样做当然有前述这一层面的考虑，但这并不是唯一的原因。曹操早在做洛阳北部尉时就敢于棒杀小黄门蹇硕的叔父，那时也有遭受打击报复的危险，但却没有如此行事，却是为何？何况，这时他的父亲曹嵩还大权在握，是一个有钱有势、有头有脸的人物。朝中有这样的人撑腰，曹操自然也无须有这方面的顾虑。他之所以托病辞官，还有更深一层的考虑。

东汉末年，名士隐居是十分盛行的时尚，而有大志者往往能够屈身拜贤，其中最著名的便是刘备"三顾茅庐"，请诸葛亮辅佐自己。隐居在当时被认为是有才能而又清高的人的作为，因此隐居可以抬高身价，成为当政者注目的对象，遂不失为一条扬名的捷径。

曹操常以"非岩穴知名之士"而感到非常遗憾，如果能得机会做一"隐士"，他当然非常乐意。由此看来，曹操在《让县自明本志令》中说的另一段话也是可信的。他说："去官之后，年纪尚少，顾视同岁（指同年举孝廉者）中，年有五十，未名为老。内自图之，从此却去二十年，待天下清，乃与同岁中始举者等耳。故以四时归乡里，于谯东五十里筑精舍，欲秋夏读书，冬春射猎，求底下之地，欲以泥水自蔽，绝宾客往来之望。然不得如意。"

从中我们不难看出，曹操曾做过长时间隐居的准备。首先，既然"不能违道取容"，隐居当然是避开乱局、保持自我的最好选择；其次，天下乱局一时难以平定，既然不能驰骋沙场，"待天下清"后再出来实现抱负也是上策。当然，他的落脚点是即使不得已等几年再做官也不算晚，但不能终身隐居，这不符合他的性格。所以说，曹操"称疾归乡里"的最终目的是等待时机，而且其间他更是窥视局势，一旦形势对自己有利，他就会复出。

曹操在家闲居期间，地方军阀叛乱和黄巾军余众起事不断，整个政局非常混乱，我们不得不佩服他的这种退而求其清的先见之明。机会终于来了，这年八月，汉灵帝为了加强守护京师、保卫皇室的力量，组建了一支新军，即西园军，设置八校尉统领。西园新军可以说是皇帝的禁卫军团，以随时应对可能出现的动乱局面。至于统领的人选，汉灵帝选中了宦官蹇硕、武官袁绍，也选中了曹操，他被任命为八校尉之一的典军校尉之职。

其实曹操此前最大的理想就是为列侯、当将军，进西园新军当将领是个极好的机会。典军校尉对曹操的诱惑力太大了，他马上结束"隐居"生活，心情愉快地进京上任了。

曹操能接近皇室并任要职，能和红得发紫的大宦官蹇硕共事，这说明他在仕途上又迈上了一个新台阶。从这一点上讲，他以退为进的策略取得了成功。这种成功一靠他本人才能出众，二靠他在政治上已经树立了好形象，博得了好的威名。

　　曹操的一生和其他成大业者一样，有进有退，且都能很好地把握进退的时机。曹操以曲求伸策略的胜利，使他及早明确了自己的目标，他的政治欲望也随之膨胀起来。当初只打算做一郡太守，现在却想凭着手中的兵权为国讨贼，以便获得封侯做征西将军，死后在墓道前的石碑上刻上"汉故征西将军曹侯之墓"。志向的高远，城府颇深的官场谋略，这一切都表明，曹操的政治作为将无可限量。

静观其变等时机

人们常说：当局者迷，旁观者清。为什么？当局者是因为身处其中，精力都着眼于某个局部，难以观全局。而旁观者因为置身事外，头脑冷静，更能看清事物的来龙去脉。所以，当你身处困惑之时，千万要慎之又慎。曹操就做到了即便处在局中，也总能够冷静思考、等待时机、选对路线，屡屡化险为夷。

官渡之战，袁绍气势汹汹，兵强将广。曹操设计斩杀颜良、文丑后，袁绍大怒，不顾谋士的劝阻，挥师南征曹操，急于与曹操一决雌雄。

曹操虽连胜两仗，但袁绍的实力还没有遭到彻底的破坏，军队士气仍然高涨。所以，曹操主动撤退到官渡（今河南中牟东北）一带设防，寻找机会破敌。

曹军撤至官渡后，与袁军相持不下。两军你来我往，曹军虽然不断取得一些局部胜利，但时间一长，军需匮乏、军力不足的弱点就逐渐地暴露出来。若不能尽快击退袁绍，曹操的形势将会非常危急。

此时，荀攸见袁军后方补给线拉得很长，是袁军的一大弱点，便对曹操说："袁绍运送军粮的军队很快就要到了，但袁绍不会用人。护送车队的将领韩猛虽勇猛善战，但有轻敌冒进的毛病，可趁此机会去袭击他，一定能够成功。"他还建议派大将徐晃去完成这个任务。

曹操接受了荀攸的建议，派徐晃率军袭击袁绍的运粮大军，果然大获全胜，烧了袁军大量的补给粮草。

正在此时，原来降曹的汝南黄巾军首领刘辟投靠了袁绍，在许都一带滋扰百姓。袁绍还派出刘备前去配合，打算趁机攻打许都。

刘备南下后连续攻下几座县城，再加上一些地方起兵响应，弄得许都以南地区人心惶惶，曹操对此十分忧虑。曹仁说："目前大军滞留官渡，许都以南地区有事，我军来不及做出反应。而刘备恰在这时以大军压境，军民暂时叛离我们也是可以理解的。现在刘备刚刚接手指挥袁军，想必不会得心应手，我们应当趁机率军出击，打败刘备是不成问题的。"

曹操听了曹仁的话，立即派他带兵南击刘备，果然没费多大力气就把刘备和袁绍派来的援军打败，不但解了许都之危，使曹军没有了后顾之忧，还使得袁绍再也不敢分兵出击了。

一波尚未平息，一波又起。虎踞江东的孙策趁曹操正在官渡同袁绍对峙之机，企图袭击许都，劫走汉献帝。消息传到曹营，众人都大惊失色。

郭嘉道："孙策是英雄豪杰，能使人为他效死力。但他轻敌而无戒备，即使有百万大军，也不过如同一人独行中原一般。如果派出刺客刺杀他，一人就能对付。"听了郭嘉的话，众人才稍稍安定下来。

不久，从江东传来消息，孙策果然被太守许贡的门客刺死，江东袭击许都的计划也落了空。郭嘉从孙策的性格特点中分析出他的弱点，料人料事之神，令曹操刮目相看。

但弱小的曹操毕竟在军、粮各方面都处于下风，特别是军粮匮乏更是无时无刻不让曹操着急。曹操感到这样拖下去不是办法，加上后方常常受到滋扰，就有了撤回许都的想法。为此，他特地向留守许都的荀彧征求意见。

荀彧很快就给曹操回信说："袁绍把所有的人马都集结在官渡，要与明公决一死战。您以最弱小的力量抵抗最强大的力量，如果不能制服对方，一定会被对方趁机制服。这是争夺天下最关键的时刻，现在虽然军粮短缺，但还不是十分危急，明公只以十分之一于敌人的军队，占据咽喉之地，坚壁固守，使敌人无法逾越，历时已经半年。如今敌人的弱点已渐渐暴露，他们的力量正在耗尽，相持的局面很快就会过去。这正是取胜的大好时机，千万不可失去啊！"

看了荀彧的信，曹操茅塞顿开、深受鼓舞，但为慎重起见，他就同一问题又征询了贾诩的意见。贾诩分析认为，我军之所以不能在半年之内安定局面，是为了万无一失。现在只要等待时机，时机一到，局面就会为之改变。

荀彧、贾诩都建议曹操坚持下去，等待时机。这是十分高明的，他们看透了袁、曹双方，因而把握住了大势。

强弱对比是可以随着时间而变化的，因为强中必有弱的因素，弱中也蕴藏着强的能量。要它们表现出来，只待时机。找出并抓住时机，人生、事业便可发生改变。摆在曹操面前的这个时机，曹操差点就与它失之交臂了。是荀彧的一封信和贾诩的一席话使曹操下定了坚持下去的决心，从而抓住了时机，赢得了最终胜利。

曹操下定决心后，就一直在等待有利的时机。就在他急需机会的时候，机会果然来了。

袁绍的谋士许攸因不满袁绍而连夜投奔了曹操，曹操非常高兴地接见了他。许攸给曹操献计说："现在袁绍有一万多车军粮屯放在故市和乌巢，防备并不严密。可派一支精兵袭击，出其不意，以火烧粮，不出三天，袁绍必然全军溃败。"

许攸的计策与曹操寻找战机、出奇制胜的战略意图完全相符。曹操听后，大喜过望，立刻传令曹洪、荀攸留守大营，自己亲率五千步骑连夜把袁军屯在乌巢的粮草烧了。

袁绍军团在内部相互猜忌、外部粮草尽失的情况下一片混乱。曹操乘胜全面出击，袁军不战自溃，袁绍只带八百骑兵渡黄河逃命。

这次战役，曹操在最危急的关头也曾犹豫、打过退堂鼓，但最终还是理智占了上风，坚持到了最后，这其实也是曹操意志品质的胜利。

赤壁大战，曹操以压倒多数的优势兵力进攻东吴，却大败而归。对一向自比军事天才的曹操而言，实在是颜面扫地。之后更大的打击袭击了他，一向最心爱的幼子曹冲在一场疾病中夭折。曹冲聪慧机智，曾经巧妙地称出了大象的重量，曹操当然非常高兴。可惜曹冲年幼早夭，再加上战败后心情不佳，曹操怎能不伤感哀叹？

他曾经在很长的一段时间里意志消沉、低迷，对公务心不在焉。他对曹冲的怀念，甚至使他做出了荒唐的决定：曹操请求司空掾邴原，将其早亡的女儿和曹冲合葬，给他们配阴婚。

邴原很清楚，如果曹操继续这样下去，将对大局不利，于是冒着风险表示反对，他说："给自己早夭的子女配阴婚，即使是出于对他们的怀念和关爱之情，也是违背常理的。一般人这样做倒是无可厚非，我邴原之所以能坦然效力于明公，幸而明公也能信任我，在于彼此严守礼节。如果我破例接受明公的恩典，那就违背礼节了，这会让我们落于俗套。请明公三思而行啊。"

曹操觉得邴原的顾虑很有道理，并且也明白了邴原是在委婉地规劝自己，不能因私忘公，要以国事为重。

建安十四年（公元 209 年），曹操决定回乡度假，也趁此机会重新思考今后的战略方针。临行时，他吩咐荀攸、程昱、于禁等将领，强化水军的编排训练。他认为赤壁之战失利的主要原因在于北方士兵不习水战，所以，要强化水军的作战训练，以图东吴，大有卷土重来、报仇雪耻的气势。

而东吴方面，赤壁之战后，孙权和刘备的军队声威大震、信心暴涨。周瑜军团镇守江陵，程昱军团在江夏布阵，吕蒙军团驻屯浔阳，长江流域的广大地区，已完全纳入孙权的势力范围。另一方面，刘备也在赤壁之战后，乘机攻占了长江以南的荆州地区，并在刘表去世后，由孙权推荐出任荆州牧，在长江南岸的公安设立指挥中心。

东吴的一系列举动，让曹操以为是在欺负他的新败，是对他的轻视与挑战。虽然此时北方水军训练未成，关中地区和北方诸郡的局势也是起伏不定，按照常理不宜贸然发动战争，但为了鼓舞士气、保持军队的战斗力，曹操亲率水军南下，从涡水入淮水，在淝水的沿岸合肥摆开阵势。

孙权见曹操亲率大军南下，而周瑜此时又病情危急，难以率军，于是亲率大军到合肥布防，和曹操形成对决之势。曹操本来就是为了鼓励军队的士气，没有开战的意图，又见孙权态度坚决，于是，匆匆视察了前线东吴军的布防后，便率军返回北方训练基地了。

建安十五年（公元 210 年），表面上是难得平静的一年，但其实背后气氛紧张。南北情势更加危急，特别是在第一线直接和曹军对峙的周瑜军团，更是丝毫不敢松懈。

这一年，一个对曹操有利而让东吴悲痛万分的消息传出：周瑜因病情恶化去世了。他死前推荐鲁肃接任江陵军团主帅，并兼东吴西军总指挥。

周瑜死后，东吴军队的士气遭到沉重打击。幸好继任的鲁肃气度恢宏而稳重，是当时名将中少数具有远见及政治头脑的军事家之一。他秉承了周瑜的战略思想，决定再度联合刘备，共同对抗曹军的威胁。在他的劝说下，孙权将荆州以北三郡（包括江陵）全部借给刘备，并由刘备军团负责西方前线的防务，两家合力抵抗曹操。

曹操虽数次派人南下窥察，但每次都发现两家防守严密、配合默契，认为无机可乘，短期内绝难击破孙、刘联军，于是决定暂时放弃南下统一中国的打算，全力治理势力范围内的事务，并安定关中地区，为后续南征积蓄力量。